献　词

献给先父、母及未经那个忧患重重时代的人们。

历劫志不摧

翻译家范希衡的风雨人生

淼 焱

美国华忆出版社
Remembering Publishing, LLC. USA

Copyright © 2022 by Remembering Publishing, LLC. USA

ISBN： 978-1-68560-018-1 (Print)
　　　 978-1-68560-019-8 (Ebook)
Remembering Publishing, LLC
RememPub@gmail.com

历劫志不摧
——翻译家范希衡的风雨人生

淼焱 著

封面艺术画： 李诗文 绘

出　　版： 美国华忆出版社
版　　次： 2022 年 1 月第一版，第一次印刷
字　　数： 212 千字

All rights reserved.
No part of this book may be reproduced in any form or by any electronic or mechanical means including information storage and retrieval systems, without permission in writing from the publisher. The only exception is by a reviewer, who may quote short excerpts in review.

作品内容受国际知识产权公约保护，版权所有，侵权必究

自　序

历史是由活着的人和为了活着的人而再现逝者的生活。

——雷蒙·阿隆（法国历史哲学家）

  人生犹如一段旅程，在时空的轨道上漫游着、奔跑着，时空是漫长无垠的，人生总是短暂有限的。人们多么需要能在这无垠的时空中自由飞翔，然在复杂的社会中，人生的经历，往往都存在着一种艰辛，一种谨慎，一旦被甩出人生的轨道，那就会命入黄泉。回观时，自然会有一种惆怅。我的父辈那一代知识分子绝大多数由少到老，一辈子都在努力改造自己、改造社会，努力适应新的环境。结果呢？不少人家庭、职业、身份、地位、财产等等，一切都随着时代而改变，可就是那份遗传下来的精神没有改变。我已迈入耄耋之年，向前看一无所能，等待的自然是一种生命的"回归"。那只有向后看，我常回忆往事，用一种暮年的心态去观人、观物、观事，仿佛有一种超越在思想中产生。

  我一直没有想将父亲悲怆的人生旅程较系统地写出来，一则，我胆怯，我不敢正视现实；不愿打破老年生活的平静，也不愿触动我那受伤的心灵；二则，更不愿为迎合现实而美化或删节人生经历的某些社会历程，回避一些事实。尽管有出版社约我写点家庭回忆，但我怎么写都会难以达到出版发行的要求。然而历史的混沌、历史的错综复杂，如果抹去了对往事的真切记忆，历史不是变得模糊不清了吗？历史不就会被改写了吗？唯有多层次、多角度的各式各样的史实记录出现，才能使历史更贴近其原貌。各类人的往事能够编织成一部社会的历史，也蕴含着人生的真谛，生活的原生态往往能反映出历史的本来面目。社会记忆是一个民族的良知，一个没有记忆的民族，一个对过去无论是经验、是教训还是荣耀，无论是成功、是失败还是苦难，都把它忘掉的民族是很"悲摧"的，也是可耻的。

我常想记忆是什么？记忆实际上是思想的源泉，是理性的泉源。它饱含着复杂的情感，蕴涵了对人与事的感受与体验。记忆在本质上是记录人与社会、人与历史、人与环境、人与时代、人与自身最持久、最细致，也最深刻的联系。我们之所以要记忆，是因为我们需要以史为鉴，通过记忆历史来认识社会、明辨是非，探索人生，推动历史的进步。常言道："苦难是人生的财富"，一个民族、一个国家、一个人如果苦难不被记住，不被讲述，如果苦难没有进入历史，完全消失掉了，怎么能成为人生的财富？犹太民族人数不多，但它遭受的苦难是世界各民族之最，可是它给人类做出各方面的贡献也是巨大的。这说明一个人经受苦难，并非全是坏事，在某种意义上是人生的一种财富，是成功必经之路，一个人没有经历苦难，也就缺乏完整的人生。历劫方显钢骨硬，经霜更知秋水明，烈火炼真金。昔日司马迁在《太史公自序》中说："昔西伯拘羑里，演《周易》；孔子厄陈、蔡，作《春秋》；屈原放逐，著《离骚》；左公失明，厥有《国语》；孙子膑脚，而论兵法；不韦迁蜀，世传《吕览》；韩非囚秦，《说难》《孤愤》；《诗》三百篇，大抵圣贤发愤之所为作也。"这些都一次次地说明了这个道理。最近看到一套李辉主编的历史备忘书系，其目的也在于此。"今不想前事之失，复循覆车之轨。"人们的生活将难以得到改善，希望我们的子孙后代能通过前车之鉴，改弦易辙，让人们有一个翱翔自得的生活环境。

在写这本回忆录时，我仔细阅读了家谱、家训，祖父和父亲的诗集，父亲写的生平小传和母亲的记事本（间断的日记），我仿佛穿越了时光的隧道，在曾祖父、祖父、父亲那辈人之间来回穿梭，为了去搜索、去了解、去查证、去钩沉真实的历史，我三次去安徽桐城市档案馆、图书馆、市政府文物保护办公室查询资料；看望并不相识的父老乡亲，从大量的资料中反复佐证，才组成了这个富有时代感的真实的素材，才比较了解了父亲范任（希衡）及其家族的往事。正如近代文艺批评之父，夏尔·奥古斯丁·圣勃夫所言："要研究文学，必先研究人，要研究人，必先研究他的幼年。"我遵循着这一思想来记录父亲的人生旅程。

由于记录史实的时间跨度有100多年，从清末穿越了民国到今天，经历了废除科举、五四新文化运动、文字改革，几代人的语言系统相差巨大，从文言文到今天的白话文。为了保持各个时期的原生态，考虑良久还是保持各个时期的语言系统为基础来叙述，这样读者可以原汁原味地体味当年的众生相，无不是一种享受。

我的父亲范任（希衡）先生出生于光绪末年，即1906年10月9日，他的一生可以说是那个年代知识分子的命运与时代关联的缩影。那一代知识分子的精英——他们继承了国学精粹、引进了西方文化、开拓了中国近代历史的中西文化交流；他们的业绩和品德不仅充实了中国近代历史的内涵，并对今天许多知识分子的发展方向和精神世界都产生了影响；他们对于时代的意义、人格的力量，常常远胜于单纯的才智。但是自二十世纪五十年代开始的三反五反、思想改造、反右整风、文化大革命等各项政治运动，则如影随形地伴随着他们，特别是在十年文化大革命时期，都难免遭受了不该遭受的不幸，他们的命运又以不同的方式刻上了时代特有的烙印和传奇。对于他们的品德和他们取得的成果，没有人去宣传他们，也没有人敢于宣传他们，他们被历史的尘土淹没、被时代遗忘，我的父亲当属于其中。最后我决定将父母亲那个忧患重重的时代及其人生浮沉撰写成册，来弘扬老一辈知识分子的人格魅力及其对社会的影响，以惠及后代子孙。

这本书基本按第一人称并以时间为主线，将父亲从出生到回归于自然的一生经历忠实地记录下来。我没像小说家那样考虑故事的趣味性、可读性和完整性，文字上也没有那种华丽的修饰，我认为保持原汁原味才是真实，最后的结果当然也是顺其自然让时间来评判。

我的家族祖祖辈辈是读书人，谈不上多有名气，却有着自己的诗词著作，有着自己的家谱、家规、家训，遵循着孔孟之道教育子孙。一个人的成长与道德修养、家庭教育及读书多寡有着密切的联系，在这本书里，我将从家族史料，祖辈遗留下来的著作及我儿时的记忆来写我的祖辈；写父辈时，除上述历史资料外，又增添了个人小传、信札、诗词集、笔记及我的亲身经历，来反映他们刚直不阿的气概、坚忍不拔的品质和对下一代的影响。时代赋予了我的父亲太多的色彩，各项政治运动又给家庭生活平添了更多的调味。父亲的经历折射出时代的一个特殊侧面，反映在那个年代，个人的命运与时代的关系。

我祖露着一颗透明的心来书写我的父亲所经历的点点滴滴与坎坎坷坷，包括那些不愿与人分享的隐私，全都和盘托出了，书中所涉及的名字都是真实的。我仅仅是把看到的、记得的和想到的真实记录下来而已。有关书中所涉及的一些名人轶事，如中国著名的外交家、曾任外交部副部长的王炳南与德国夫人安娜·利泽之间不得已分离的故事；抗日期间左翼剧作家洪深全家自尽未遂的缘由；等等，这些与网络文章有所不同，但却是我掌握的第一手材料，我就按此记录了。此外，有很多重要的东西，比如1955年父亲被打入无中生有的、所谓"反革命小集团"而被捕审查一年以及1958年被判刑的狱中生活的情况，我无法知道也只能在此留白了。其中由于时代久远可能把自己以为是真实的东西在此说了，但我绝没有把明知是假的硬说成是真的。最后一章尾声是借用亲友、读者的语言文字向父亲的灵魂抒发自己的怀念之情，除让父亲的灵魂在九泉之下得以安宁外，也为了"嘤其鸣矣，求其友声"。

我是闻着硝烟弥漫的气息来到人间的，有过童年之快乐，少年之烦恼，每到人生的关键时刻，诸如读书、升学、就业，我都碰上了各项运动的高潮，家庭的变化使我长时间落入低谷，我是从曲曲折折的泞泥路上走出去的人。天堂、地狱、人间成了我人生的三部交响曲。

当我为这本书敲击键盘的那一刻，我感觉到语言和文字永远无法表述出一个人的内心世界，包括爱恨、苦乐交织的感情。我静静地坐在电脑前，往日悲痛生活的影子总是漂浮在眼前，我的双手显得那么无力，麻木的指尖缓慢地在键盘上移动，仿佛敲击着我心灵的伤痛，青少年时代的苦楚突然像洪水般地夺眶而出，泪涕俱下，视线慢慢地模糊了，模糊了，这是多么沉重的一段回忆啊！我对自己说，哭吧，痛快地哭吧！以前不敢哭，偷偷地哭，现在可以放声大哭了。哭吧，痛痛快快地哭吧！哭也是一种人生的权利。

我虔诚地将这本小书敬献给我的父母，感谢他们养育之恩。我知道他们在天堂的另一方看着我们，带着平静而慈祥的眼神。

这本书得以完成首先是美国华忆出版社给了我开放的出版平台，还有网友、桐城的乡邻、地方文史爱好者汪久玲先生提供的家谱和父亲在家乡强制劳动的点点滴滴。我在此致以衷心的感谢！

目 录

自 序 I

第一章 故乡的文气 1
一、文城的熏陶 1
二、家族的遗风 8
三、我的外公、外婆 17
四、为女性尊严抗争的新女性 21
五、孙荪荃大表姐 26

第二章 父亲的成长历程 30
一、享誉县城的神童 30
二、艰苦的求学年代 33

第三章 发轫期 47
一、走上教育与中法对话之路 47
二、漫漫爱情路，终结连理枝 49
三、尽责、尽心的兄长 57

第四章 战乱羁旅生活 66
一、为抗日救亡疾呼呐喊 66
二、炸弹声中一个婴儿诞生 68
三、上饶皂头镇第三战区长官司令部 71
四、上饶皂头镇毛湾乡——别开生面的抗日课堂 74
五、日本鬼子血腥轰炸 76

  六、为战区办学参与教育兴国 77
  七、重庆沙坪坝 85
  七、夫家往昔的联想 110
  八、抗战胜利重建家园 126

第五章 翻开历史新一页 139
  一、历史的重大转折 139
  二、五十年代初在上海的日子 144

第六章 伟大的父爱 154
  一、爱的教育 154
  二、父亲将德、智、美的教育寓意于生活中 157
  三、父亲教我习诗 158
  四、父亲给我解读《格兰特船长的儿女》 160
  五、将"名利"置之度外 162
  六、一种做人的境界 165

第七章 理性与愚昧的对撞 171
  一、麻雀遭殃记 171
  二、铁水映红半边天 177
  三、饥肠辘辘的困苦生活 179

第八章 池鱼堂燕之殃 184
  一、坚强背后的酸辛诉说 184
  二、厄运再次降临 191
  三、一场切肤之痛的经历 197
  四、跨进高校的校门 202
  五、用坚毅谱写人生 205

第九章　曙光初现..230
　　一、人生的拐点..230
　　二、走上国际专业会议的讲坛..................................233
　　三、赴台湾参加学术会议有感..................................236
　　四、撒哈拉大沙漠的硕果......................................239
　　五、管窥德国、比利时大学....................................243

第十章　父亲归来..246
　　一、一纸红头文件..246
　　二、另类的教学风格..254
　　三、对文学艺术艰难执着的追求与坚守..........................257

第十一章　尾声..279

第一章　故乡的文气

黯乡魂，追旅思，夜夜除非，好梦留人睡。

——范仲淹

人啊！当他年轻的时候总是怀着理想憧憬着未来，年老的时候却又念念不忘过去。那些逐渐淡去的记忆，从朦胧中开始浮现，变得越发清晰如见，它引发我的深思，启迪我的心灵，我的人生感悟也就随之加深。

我的家族世代读书，祖祖辈辈与笔墨相伴，泼水弄墨，挥笔著文。甜酸苦辣的生活、忧国忧民的情怀，总是被裹挟在时代动荡的洪流之中，犹如一叶小舟，无论被推向风口浪尖，还是坠落于低潮之谷，先辈们都表现出一种不屈不挠的精神。

一、文城的熏陶

1. 乡魂

父亲的祖籍安徽桐城别名文城，顾名思义它是一个文化气息浓厚的城市，有着"穷不丢书，富不丢猪"的风俗，和"没有先生名不成"的民歌，反映了当地尊师重教的良好风气。桐城县源自唐初以前的同安县，公元757年因忌讳安禄山叛唐，去郡县名称中的"安"字，改同安县为桐城县，此后沿用至今发展成今天的县级市。在离开家乡65年后的2013年夏，我曾和珊妹一起回到家乡扫墓，古老的文城已散发着现代化的气息。时代的进步促使民国时期狭窄的石板

图 1-1 安徽省桐城市图书馆悬挂的范希衡照片与简介（中）

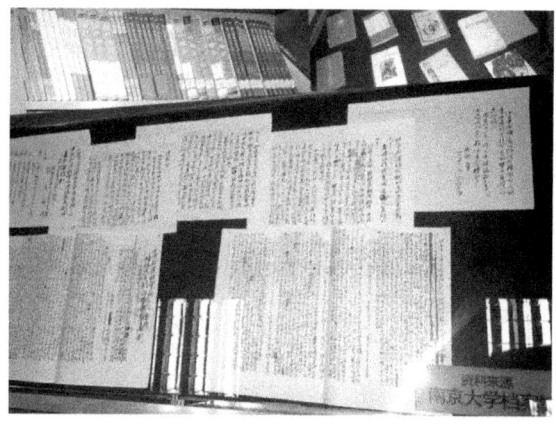

图 1-2 安徽省桐城市图书馆范希衡译作及手稿展

路、鹅卵石路和乡间的土路转而变成沥青、水泥、沙石路；独轮车、马车乃至人力车为现代的汽车、轿车、摩托车所替代；以往砖木结构的庭院平房已成框架结构的楼房。当然，文化名人遗存如'讲学园''潇洒园''啖椒堂''宰相府'及'六尺巷'等遗址，仍处处可见。在古城区还可以找到造型典雅、曲折回旋、具有桐城民居特色的"七拐八角九弄十三巷"的拐弄巷。桐城在繁华中仍透着安静与文气，没有其它一些小城市的浮躁与喧哗。龙眠河水经历近半个世纪的冷落、污染后，现已恢复我儿时记忆中的丰满与清新，成了当地的一道风景线。我爷爷家的庭院几经变迁，现在成了一片火柴盒式的商品楼，已看不到昔日的树木和炊烟。

然而，在我的脑海中浮现的仍是那书香飘逸、瓜果累累的庭院和我躺在竹床上数星星及母亲在夜里挑灯书写的情景。随着互联网的发展，微信使我与未曾谋面的大姑、二姑的子孙们联系上了，2017年我与大姑父孙女张文等人一起再度回到家乡寻根问祖、瞻仰祭拜。张文是父子宰相张英20世孙女，她曾经为张氏家谱续谱回过桐城，并拜谒了我父、母的墓冢、寻访了我爷爷的故居北门外一号。这次我们从马鞍山出发驾车直奔桐城北门，经过狭窄曲折的深巷，在转弯角处见一户残垣旧瓦、破败不堪的房子，我们沿墙绕到门前，门牌上写着"北后街33号"，我的表侄女张文告诉我，这就是我小时候住过的地方。我简直不敢相信自己的眼睛，记忆与现实竟然有那么大的差距，可是周围的老人都知道这是范家老屋。自上一次我们去文物管理部门后，政府部门也去看过，还挂上了"桐城市文物保护"的牌子。我轻轻敲开了大门，一位年迈的老奶奶走了出来，她很热情接待了我们。她说，这是范任家的老屋，被拆了就只剩下二间半屋，里面住了三户人家。我仔细观察、追思，勾起了依稀的回忆，这二间半的房屋是后进靠西的厨房间和杂物间。范家大院的果园成了一片楼房，剩下的土地被桐城中学扩充为校园了。老奶奶是姚鼐的后裔，一位退休医生，由于姚家老屋被桐城中学包围进去，政府就将范家老屋残余的房屋分了一间给她。看来，老奶奶和我一样是个顺从、怕事的人。

据说，在市场经济的浪潮中范家老屋一度成了工厂，大院围墙尚未有什么变动，直到21世纪初中国房地产兴起，范家大院这块不可多得的风水宝地，就成了房地产商馋獠生涎的猎物。他们毫无顾忌地大摇大摆拆、砍、伐，哪有物权保护所言！我们兄妹原决定将此祖上遗产赠予政府，希望将其改造成百姓休闲娱乐之地，谁知连物主人的这点善心，也无法实现。树犹如此，人何以堪。果真是"周遭风雨城如斗，悽怆江潭柳。昔时曾此见依依，爭遣如今憔悴不成丝。"世代交替，历史轮回，50年的变迁已经是物毁人非了。

次日晨，我们在方季元表弟的带领下，驱车向月山父母亲的坟茔驶去，初冬天清日淡，黯黯惨惨。雾结烟愁，迢迢隐隐。季元表弟是桐城市有名的石刻书法家，桐城博物馆的有些石碑雕刻出自于他之手，他知道父母的墓地大致的位置。一路寻寻觅觅，冷冷清清，凄凄惨惨戚戚。在月山的一座不知名的小山岗上，前行难觅上山路，纵横侵路草丛生。富有经验的季元表弟带了一把镰刀走在前面披荆斩棘为我们开路，我走三步下滑两步，在丛草灌木林中蹒跚而行。当听到表弟在前面喊"找到了！"我心急如焚地抓住野草、灌木根向上爬，跌倒又爬起来，我依稀听到父母亲在远处呼唤我的名字，那么亲切，我迫不及待爬了上去，看到父、母亲的墓地保存依然完好，祭台上还有人敬香、献花的痕迹，我内心很宽慰！我知道这是祖上的长工，曾祖母的族亲，方苞直支第六代孙方长庚祖孙三代人几十年的照顾结果，他们不仅为父亲找了一块墓地、亲自埋葬了父亲，还长期护理了这块墓地，真是难能可贵！我深深感谢忠厚、朴实、知恩图报的这一家人，他们传承了中国传统文化品质的意涵和现代文明的价值，也是我敬重与学习的榜样。在寂静的小山岗上，我追思着父母亲一辈子为教育事业鞠躬尽瘁，在艰难的环境中对我们含辛茹苦的培养，一时难以自抑。我站在碑前、涕泪交流、心绞如碎，我掩面而泣，不知道什么时候，也不知道如何下了山岗。二姑家的小儿子李家干和小女儿李启明不断来电话催促我们去他家，我们从未见面，但血脉之情也让我迫不及待想见他们，第三天一早驱车前往挂车河镇与表弟妹相会，我听着乡音，吃着地道的家乡菜肴，彼此互吐衷肠，仿佛回到了童年。

　　下午表弟家干带着我们去父亲和珊妹曾经劳动和居住的村庄，车缓慢行驶在乡间小路上，一座座村落点缀着绿油油的菜地，在一片青菜地旁车停了，表弟指着三十米外堆着几块石头的一块菜地说，那就是爷爷住过的地方，早已没有了房屋的痕迹。

　　横穿菜地约莫百米，另有一块略为突起的菜地，曾是父亲与珊妹的蜗居之处，旧日的房屋、稻田与蛙鸣不见踪影，唯一留下的是那条通往村庄的田间土路。我站在这条因雨天防滑而铺着稻草的小路上，表弟指着远处的树丛，对我说那曾是父亲棺柩存放的地方，我向手指方向呆呆地凝视着、默默无语，柔肠寸断望天涯，不见归鸿悲酿恨。一个孤零零的身躯曾躺在这广袤的田野上，却无一丁点葬身之地。12月的天气，我穿着羽绒大衣并未感到多么寒冷，此时此地不禁打了个寒颤，凉气从心底透到了脊梁骨。当我们走到小路尽头，跨过一条小河沟，有六、七位老人迎面而来，无须介绍老人们就估摸着我们是范任之后，他（她）们七嘴八舌地说，"范任父女吃苦了，我们看他的相貌、说话，就知道他不是坏人，那时候没办法啊！"这是中国最底层老农的朴实语言，在那恐怖的年代连布衣、草根都怕惹祸上身，人人成了惊弓之鸟。临走时村民们抢着留我们吃饭和住宿，在感谢之余，让我看到的是几千年来中国人的善良、友好的品质已经在逐渐复苏。

  回程路上表侄方勇带我们漫步在离爷爷家不远的龙眠河边，龙眠河水依然回到儿时的丰满清明，水面上倒映着高楼、亭台、绿树白墙，在古老中透露出现代化的气息。沿途竖立着几十米长的朱红色石壁，石壁上雕刻着浮雕画像，有姚鼐主持的紫阳书院；及其提出的"义理、考据、辞章"的创作主张；有姚莹、戴名世、方以智等桐城古代文人的简介和画像；还有晚清文学家、教育家吴汝纶先生创办的桐城中学堂题词："后千百年人才奋兴胚胎于此，合东西国学问精粹陶冶而成。"横批："勉成国器""勉成国器"后来就成了该校校训。这座现代仿古朱红色浮雕石壁可以说是桐城市文明古城的一张名片，展示了这座古老城市的文化底蕴。沿浮雕石壁向东不远处，有一座紫来桥，有着"紫气东来"的寓意，那是一座五孔四垛，用麻条石垒成的古桥，这座有着 350 多年历史的紫来桥几经修缮，现在已拓宽修建成可以通汽车的大桥了。想不到 70 年后我能再次走上这古朴的紫来桥。桥面的中间，那条笔直、光滑、顺畅的独轮车的车辙依然存在，它在第一时间吸引了我的目光。我在想当下踏上这座桥的人们可曾注意到它的存在？可曾知道它承受过多少独轮车的碾压，又经多少春秋才能压出这道深深的印迹啊！然，这道车辙却印证了紫来桥往日的繁荣与沧桑。此刻我陷入了儿时在紫来桥上玩耍的回忆。每当父亲从合肥回桐城，傍晚时光父母亲常会带我们到紫来桥乘凉，河面反射着日落霞光伴着星星点点的渔船，晚风习习吹拂着，好舒畅；铮哥滚着铁环，我和玲姐扒在桥栏杆上看鱼儿嬉戏；依稀记得父亲看着铮哥滚铁环，讲起了紫来桥和车辙的故事。他说古代独轮车轮"嚯嘞"一声合辙而入，推车人就会感到轻松、稳当，所以推车人都要沿着前人压好的车辙上前进，滚铁环也是一样。于是，铮哥就高兴地将铁环放进车辙里滚着，铁环滚得很远不倒下。我和玲姐也抢着要玩，铁环一拿到手就霸住不肯放了。后来听父亲讲写诗词要讲究音韵时，他用"合辙押韵"来形容，合辙押韵的诗词，令人朗朗上口难以忘怀，对"合辙押韵"一词也就比较容易理解了。紫来桥的东头是东作门的北大街，一条融古雅和简洁于一身的徽式建筑，今天仍然显现出其独有的艺术风采，狭窄的石条路、清清静静；街上有一座二层楼的桐城最早的商务印书馆遗址，爷爷的一些诗书，就曾经在这里印刷出版；还有一扇一米多宽的铁门，曾是明代的衙门，大门已经破旧得没有丝毫衙门威严、堂皇的感觉。

"黯乡魂，追旅思，夜夜除非，好梦留人睡。"我思念家乡，因为那里留有我童年的美好回忆，那里有秀美的自然风光、浓厚的人文气息及淳朴的乡民；我思念家乡，更是因为那里埋葬了我的骨肉亲人。

2. 田园乐

我的爷爷奶奶家住在桐城北门外 1 号，界于城乡接合处，现改名为北后街 33 号。整个大院是他们花了几十年的心血打理而成。砖砌的围墙，院墙的大门是一扇朝西对开的原色木门，门闩经常是打开的，人人可推门而入，却从未有过担心事。一进大门，古树拂墙，浓阴蔽日，除鸟鸣数声，别无它响。有一条二米宽的青砖铺设的甬路，通至前院。路的右边是青砖内墙，金银花屈曲盘旋，虬枝攀墙而上；迎春花在墙脚横斜逸出，串串鲜黄；左边是一排苍劲的老杏树，沿道生长。每当季节变换，都给人带来明显的新鲜感。初春时节，迎春盛开，杏花绽放，金银花散发出阵阵清香，繁繁复复的花枝，簇拥着这条甬路，路面落花点点，犹如锦绣铺就。花潮的涌动，花枝的伸张，一股生命力在不断上扬；朱夏时光，绿荫斑驳，微风习习，杏叶映橙，杏子累累，令人生津；金秋时分，杏叶渐变，枝不扶叶，随风飘零，满地黄金；隆冬来临，叶离枝去，温和阳光洒在甬路上，给人一丝暖意、一丝温情。然天气阴沉，西北风刮起，外出就要在寒风凛冽中逆风而行，寸步难移。每到这时，我总想赖在家里不愿上学，爷爷拿着一块花生糖塞在我的口袋里，反复唱着"寒风刺骨我不怕，我是一个好娃娃…"每天就这样拉着我的手，低着头在甬路上小跑步跨出门，我高高兴兴顶着刺骨寒风上学去，归来却是顺风而行了。打那时起我就懂得"只有吃得苦中苦，方能成为人上人"的古训，也就是当今说的"成为拔尖人才"，其实这仅是先辈的期望而已。至少，能吃苦的人能把握住自己的生活吧。这条路似乎是祖辈为子孙铺设的人生之路，它寓意着只要勇于从寒风中走出去，就会有美好的前景。我打小就喜欢这条小道，它不仅像一幅幅风景画印在我的脑海里，更成了我后来生活的启示。

我不知道爷爷家的桃园究竟有多大，在未涉世的我看来似乎很大。我记得爷爷家的老屋被一座大果园环抱着，由内墙包围的三进平房和前庭、后院及偏院组成。前庭是爷爷修身养性练虚空之气场所，他精心设计，亲自栽培了青松、绿竹、暗香、金桂，兰、菊盆盆。"斋居栽竹北窗边，素壁新开映碧鲜。青蔼近当行药处，绿荫深到卧帷前"正是爷爷家窗前一丛竹的场景写照。我想爷爷不只是为了桂馥兰馨、闲适旷达的士大夫情趣，而更欣赏它们那种宁静、淡泊、低调和无私的品格。

正堂是爷爷给人看病的地方，朝南靠墙是一张大方桌带着两把靠背椅子，东西各放了几条长椅。东边二堂是爷爷的书斋，门头有"补拙轩"三字，墙上挂着字画和匾，靠二边墙的条桌上叠放着线装书籍、毛笔、砚台和宣纸，屋中间的条桌旁放着几把椅子，这是爷爷泼墨、写诗、著文的地方，爷爷管叫它"补拙轩"，也是学生跟爷爷习文的场所。在20世纪30年代初有很多公立学校兴起，爷爷年岁已高，不再教书，但在我们那个城乡接合处，还有些人喜欢跟爷爷学文诵经。西厢房是我们住的地方。二进和三进是爷爷、奶奶和姑姑、犬哥的卧室和客房，中间置有天井，摆着几盆花草小景，最后面是厨房和堆放柴火的杂物间。西侧院被猪窝、狗棚、茅厕占据，也种了些葱、蒜之类，后院则是鸡鸭饲养之地。

在爷爷和犬哥精心的打理下，说不清是菜园、果园还是花园，园子中间开辟了一陇陇菜地，各种蔬菜瓜果应时节间种或轮种，蔬菜品种颇多，都是赶在鲜绿肥嫩时入口。如出了九的头刀韭菜，刚出芽的豌豆苗，打过霜的青菜、菠菜、茼蒿。至于萝卜、黄瓜、山芋、花生乃至莴笋，犬哥和铮哥都会随地拔出，兄妹们坐在田埂上边吃边笑边打闹，那种乐趣，那种逍遥自在，那种清甜可口的味道，成为我对童年的无穷回味。当然，看到大人们整天忙碌着松土、播种、施肥、浇水、收获、储存，这些细致而繁重的农活真是很辛苦，特别是施肥、浇水，都是从百米外的粪坑、水潭里一桶桶挑过来。除人粪外，还要在鸡舍里、狗棚里、猪圈里收集粪便，这是犬哥的事，我们常跟在后面，指指点点，跑来跑去，只要不碍事，犬哥就很高兴了。唐代诗人李绅的《悯农》是爷爷教我们学的第一首古诗，也是我教给女儿和外孙们的第一首诗。

在儿时，最让我盼望的日子是春节，妈妈早就忙着给我们买新衣，姑姑们也都提早前来帮忙杀鸡宰猪，做桂花松糕和芝麻花生糖、炒瓜子、花生，忙得不亦乐乎。爷爷则忙于为乡邻们写春联，孩子们却跑前跑后吃个不停，那种热闹欢快景象难以忘怀。直到现在我还想念着家乡那松软甜香的松糕。

二、家族的遗风

1. 先贤的风骨

先贤的风骨常在家族中传颂着，可追溯到宋末元初迁入桐城的几大望族后裔，他们多以务农耕读起家，而后科第绵延，簪缨不绝，子孙兴旺。几大家族间常以婚姻关系相连，盘根错节。他们虽官职不高，却都勤奋好学，在儒家气氛的家庭中长大，热心教育，工书法，善诗文、有思想、有气节。明初，我外公一支，迁桐的始祖孙以忠，虽身陷囹圄，仍不改其气节，为后代所仰。康熙、雍正间布衣孙学颜，不应科举，游历四方，以讲学授徒为业，执着于理学探索。他在湖南授业期间，因推崇吕留良《四书讲义》，搜集《吕氏讲义》刻印，并作序冠其首。有"维挽风气,力砥狂澜"之胆识,孙学颜虽然与策反事无关,但以印《吕氏讲义》为名,被"文评案"的张熙乱供,被诬陷为传播反清思想,晚年竟以文字之祸,在雍正十二年(1734年)11月被斩,血溅西台。孙学颜临死而不渝,其光彩流传至今。孙学颜逝后,家中藏书被当政者化为灰烬,唯有《麻山遗集》流传人间。他是继戴名世之后,又一个死于清廷文字狱的桐城文人。

戴名世在他的《南山集》的《与余生书》一文中提出应给明末几个皇帝立"本纪",要写真实历史。此事竟被左都御史,赵申乔揭发,戴名世全家及其族人受牵累而定死罪者甚多。我外婆的祖辈方苞也因《南山集》序文上列有其名,被捕入狱,以奴隶身份入值南书房,康熙皇帝死后才被特赦,解除旗籍后累官至礼部侍郎。清朝统治者一面开科取士笼络汉族读书人,软化他们的抗清意识,一面用"文字狱"来压制具有抗清意识的知识人,打击利害关系不同的政治异己分子。每当在朝代更迭、历史变迁中,总有一些忠心耿耿为国为民的知识人会被新政所摒弃。尽管具体的历史事件不会重演,但是历史的演变常会异代同型,此时知识人家的遭遇则首当其冲。

我的父系家族本是文明世胄,理学名臣代代不乏其人。自范仲淹编纂家集作为家谱,姑苏之范氏,文明益甚,到元、明代为鼎革之际。范仲淹后人,廷翰公因做官,由苏姑迁居鄱阳,在元朝末年,姑苏范仲淹第十八代后裔范受三由鄱阳涉居桐城,聚集于范岗,遂形成范岗集市。他们克勤克俭、艰苦耕读,延续了范文正公的好仁、义举、续家谱、办义田的传统,用祖上的俸禄赏赐和一代代勤劳节省的积蓄购义田,选择同族中贤明之士管理结算收支项目。我的爷爷蒙族里众公推举经管义田,将义田收入施予穷人和养活族人。奶奶曾因家族公墙被毁一事,谴责欲诉之,积劳成大病,两度死还生。爷爷在京闻之笑曰:"心似祖龙,纵有长城何足恃;量存师德,不妨唾面任自干"。"义田有讼缘曾祖,唾面无争况毁墙,今是昨非从此觉,且乘振悦集鸳鸯。"爷爷的宽容旷达,使族人豁然开朗。

我的高祖父雨村公打算修谱因乱而止。曾祖父拙夫拟修谱,怀着未遂志愿故去。爷爷目击沧桑世道变化，若不以修谱为己任，坐令数千百人丁流散四处，生死不知，埋葬失所。从敬祖宗，收拢族人之心来看有所缺失，从继承祖宗遗志上更觉亏欠。自思，我们怎么能够成为社会的一分子呢？又怎么能成为高平的一名子孙呢？爷爷承先君遗命，继而来续宗谱。北宋理学家与教育家程伊川曰："写史，要秉承春秋之笔，善恶都要记载。而谱写的是亲人，鉴于亲之谊，要写善而回避恶。"所以爷爷本着以疑者缺之，知者补之，隐恶扬善的见解，他以自己的诚心，联合叔伯兄弟，合并诸公之力，在1913年（民国二年）续成了范氏宗谱。这样一来，范氏家族孝悌之心油然而生，文明之象勃然而盛。

桐城范氏为"高平郡，忍义堂"，堂联为："高平世泽流芳远，文正家声衍庆长。""受爵承先志，师书启后昆，文章华国重，礼义经帮兴，家声欣远振，德积自成基"。范国存（福一公）喜爱龙眠山水，涉居龙眠山西，成了我家这支范氏的鼻祖。在地方志、家谱、祖辈留下的诗文墨迹，代代相传的轶事中，记载了祖辈如何在社会动荡中万难不屈，艰苦创业的经历，如何大义凛然，报效祖国的高风亮节以及尊师敬长、睦邻和亲、勤劳节俭、尽忠职守、厚德载物、自强不息的家训家规，这种潜移默化的影响代代相传直到父辈，而在我们这一辈已逐渐削弱。

以桐城派家族来说，桐城派自方以智、钱澄之开派之初就在文坛上奠定起正统的地位，到姚鼐桐城派文风开始遍及全国，形成了"家家桐城、人人方姚"的局面。桐城派的兴衰与时代的变迁息息相关，到了清末民初，姚鼐之后的文人由于朝政腐败及在纷纭繁杂的政治与学术思潮的推移变换中，桐城派终于寿终正寝。我的祖父一辈人正处于这一时代，然而却为后人保留着书香水墨人家的家风、文风及为人之道的儒道互补的教育思想。

2. 仁慈好义的爷爷、奶奶

七十余年过去了，直至今日我那挺着胸膛的大白胡子爷爷和那佝偻着腰杆、裹着三寸金莲的奶奶还不时地出现在我的脑海里。

爷爷范畏堂，号甲胸，字汝俨、名其严，笔名老鹤，1875年出生于一个读书世家，自幼寄居在桐城松山湖畔桂林方氏外祖宅旁。

曾祖父晓康，号拙夫，增贡生候选训导。在爷爷13岁时，曾祖父痛洋烟流毒，上戒洋烟策并以稿，示儿辈聆之，"兴利祛弊立志，澄清天下具为儿"。在曾祖的思想影响下，爷爷14岁就为乡邻方茂才争讼事，表现出泾渭分明、仗义执言的秉性。翌年，爷爷涉居到牛埠镇小枫树东，赁居近宗范老屋，16岁小试名列前茅。

然清末政治腐败，时事多难，洪水肆虐，引发帝国主义瓜分中国的狂潮，外患内忧动荡不安。面对帝国主义的坚船利炮，面对满目疮痍、文盲遍地、风气未开的中国，爷爷开始厌倦科举制度，选择以教育救国为己任，他自办私塾，也游走于各地学堂教书。

爷爷一生喜爱读书、关心社会，一生写有诗文千首，以诗为史是他的一种融入个人生命的追求。他自称"诗虽不工，然感物纾怀，胥发自胸臆，绝非为诗而诗，摩拟古人，附会风雅，亦可见平生出处之痕迹"。科举废除后，爷爷38岁时考入了公立法政自治学校，以优异成绩毕业，试用于初级审判厅，任常德市承审，现今审理案件的法官。

辛亥革命后，民国成立初期，临时约法规定："人民有言论、著作、刊行之自由"。当时军政、城乡团体和地方人士开始办报，1918年北洋军阀时期，中国出现了军阀割据混战的局面。这一时期由于军阀割据，政局混乱，政府对人们的思想控制更松，言论更自由，出现思想大解放潮流，促进了中国人民的觉醒。

《公言报》发行人和主笔都倾向同盟会，思想激进，拥戴共和，在报纸上猛烈抨击袁世凯窃国称帝阴谋。爷爷在长沙《公言报》任编辑接受了新的思想，他以"探究事实，不欺阅者"为自己的第一信条，关心纪录时代，正如他诗文中所载"敢为民众鼓箜篌"，为公平正义呐喊。

爷爷一生清廉、克俭，他为了一家人生活，也为了实现自己的理想，四处奔波、漂泊不定。奶奶操持家务，教养六个子女。曾祖离世后萁豆相煎急，爷爷为分荆忍泪迁，三次迁徙借租屋，浮家泛宅十七载。直至四十七年岁，购得北郭仙姑井单都宅（桐城北门边），亲稳龙眠山才了

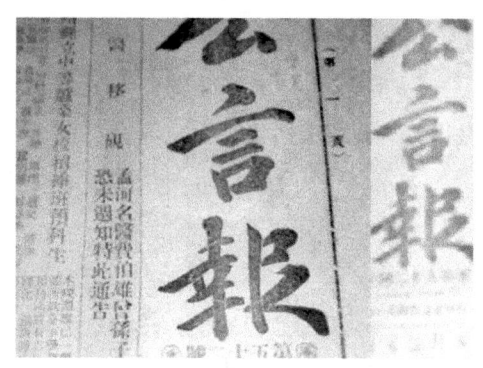

图1-3 中华民国元年7月5日公言报

愿，爷爷笑曰："绕门何所有，瀼水与廉泉。"爷爷奶奶从此安度了三十余载。1928年爷爷接友人电召去燕京（即北京市），受聘供职于河北省府司法承审官。

那时爷爷正值五十三岁，他做了两三年官后，由于刚正廉直，执法不挠，不习惯官场一套，便辞职回乡行医，又做起教书先生。那时候文人大多数赏事远游，将自己的喜怒哀乐尽情挥洒于大自然之中。爷爷足历荆、湘、燕、蓟诸地写下了不少诗章。他在燕京留下了"北海沧桑史""荒京杂詠"诗集五十余首，每首詠古均有纪实，对今日北京园林历史的考证也是难得的诗篇。爷爷中年后虽然为官一时，但精医术、通古文，清末与民国初年确是名噪乡里的术高德重的儒医兼私塾、学堂先生。

1947年爷爷临终前一年，抱病到合肥看望父亲，他说自己一生唯一的遗憾与痛惜是所藏遗书及先人手墨，以及儿子从欧洲带回国的外文书，近两万册被寇匪焚掳一空。而唯一的嘱咐是在当时干戈未定之日，先期，亟印一部他的诗集，余则以待候时。希望后辈族侄在公余之暇，将古近体诗编次，承蒙题跋。他还很谦虚地说："自愧余诗如鷇音之学鸣，鸣其所自鸣者，亦不知其鸣之工拙也，清商室弟云，人生在世，留得几行笔墨，被人指摘，便是有大福兮人，读者其何以教我乎。"父亲读懂爷爷的心，他尽力以最快速度先托商务印书

馆代印部分诗文成集,当爷爷捧着自己成册的诗文集后,那喜容可掬的样子,父亲也打心底高兴。

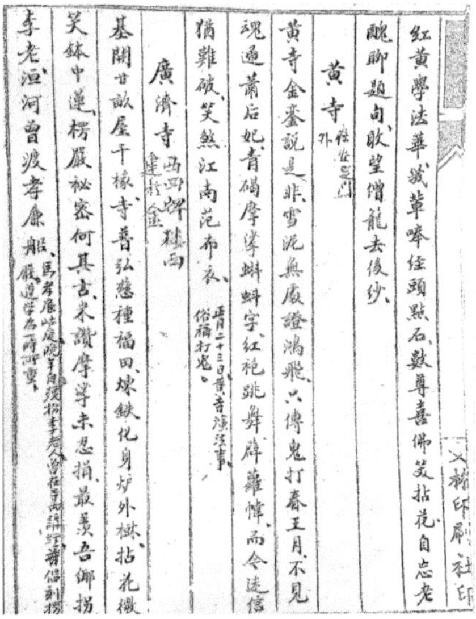

爷爷在 1948 年临终前给自己的诗集作了跋。作为读书人家,自然希望为后代留下一些笔墨文字,传承中华民族的道德文化。爷爷已将先人诗文遗著编成一帙名曰《家乘拾遗》,先人之传状文集遂得入安徽省通志馆编纂的安徽通志稿,成文出版社出版于 1934 年铅印本。在爷爷的观念里,事莫大于敬宗收族,孝莫大于继志述事如。此文集于 1985 年由中国地方志丛书,华中地方第 269 号[1]。而今,对爷爷如此高尚而谦卑的夙愿,子辈们却未能实现。叹矣。

图1-4 祖父《荒京杂詠》片章

奶奶瘦小体弱,经常躺在床上呻吟,床头放着一个饼干盒,里面装着饼呀、糖呀,各类杂食都是母亲买的,奶奶逢人就夸奖自己的儿媳,对孙辈儿钟爱有加。她身体好的时候会给我们兄妹三人讲巾帼英雄的故事,还会抑扬顿挫地教我们唱《木兰词》"唧唧复唧唧,木兰当户织……"玲姐总是乖巧地跟着唱,也博得奶奶一点小吃,而九岁的铮哥总是调皮捣蛋地大声唱着:"你急我不急,木兰给我吃。"我

---

1 中国地方志丛书成文出版社:该丛书按 A 华中(01 江苏、02 浙江、03 安徽、04 江西、05 湖南、06 湖北、07 四川)、B 华北(08 山东、09 山西、10 河南、11 河北、12 陕西、13 甘肃)、C 华南(14 广东、15 广西、16 福建、17 云南、18 贵州)、D 西部(19 新疆、20 西康、21 青海、22 西藏)、E 塞北(23 宁夏、24 绥远、25 热河、26 察哈尔、27 蒙古)、F 东北(28 辽宁、29 安东、30 辽北、31 黑龙江、32 兴安、33 吉林、34 合江、35 松江、36 嫩江)、G 台湾(37 台湾)七大片区归类。

也跟在铮哥后面学着唱，奶奶笑得前俯后仰，骂我们两个捣蛋鬼，就是不给东西吃，逼得我俩后来也跟着唱，像小和尚念经一样，竟然也唱全了整首歌词。

后来从家谱和爷爷及其笔友的文章中得知，奶奶汪鉴予系出名门、长归、望族，清诰封奉政大夫，拣选知县同治庚午科举人、五品衔，州同贵州省土厘局长讳纷次女。知书达理、心存仁厚、好义，邻里有急难必周济之，甚至脱簪珥不惜，遇有不平者，必力争之，任劳任怨不悔。我的大姑、二姑未进学堂，却写得一手好文字，学到一手好绣工，这都归属于奶奶悉心教授而成。奶奶刺绣很有灵性，也富有诗意。据二姑说奶奶看到天上一群南归的大雁和地下一片飘零的落叶，她用多种色彩深浅的丝线穿梭在布上，不必底图脱手就是一幅刘彻的《秋风辞》的景象呈现而出。也许受奶奶血统的影响，后代子孙不乏绘画爱好者和小有名气的画家。我怀念奶奶，怀念她那难能可贵的思想品质，一位出生在满清时代的弱女子将进入耄耋之年，仍然不忘巾帼英雄报效国家、代父从军的大爱与孝道。

3. 爷爷的身教言传

记得在一个寒冬的傍晚，雨雪交加，我们兄妹仨和爷爷正围在火盆旁烤山芋，爷爷顺手在彤红的炭火上加了几块新炭，掩盖了火苗。这时母亲从学校回来浑身潮湿，把换下的湿棉鞋放在墙边，我见此状就将湿棉鞋放在火盆的黑炭上烤，吃饭的时候一股焦煳气味散发出来，正当大人们去厨房查找时，我一溜烟跑到床上蒙头睡起觉来，不久母亲走过来在我肩上轻轻拍慢慢推，我一动不动装睡觉。于是，母亲将我抱起来，细声在我耳边说："是你帮妈妈烘的鞋子吧，妈妈谢谢你，不过任何东西不能放在炭火上烤啊！它会烧起来的，这很危险！"又听到爷爷在客堂喊："琅琅做了件好事呀，她知道关心妈妈了。"这时，不知为什么我扑倒在母亲怀里哭了起来，也许是没有挨骂反感到惭愧吧。

爷爷端庄儒雅、和蔼可亲，有着高大的个子和一对炯炯有神的眼睛，无论坐或立，都是端端正正，胸膛挺起，夏天总爱穿着一身白色对襟布挂，感觉特别精神。父亲和爷爷不仅形貌相似，家教的思想方式也极为相同，他们都是言传身教、以理晓人、以情动人，记忆中我们兄妹从未挨过打。在我九岁之前，我们放学回家，或坐在庭院里或躲在树荫下听爷爷讲故事，眼前的一景一物，爷爷几乎都能说出有趣又有寓意的故事来。我记得当我们听到鸟叫"布谷，布谷"的时候，爷爷就说布谷鸟叫着催促人们播种了，于是讲起布谷鸟的传说，并告诉我们炎帝小时候种谷子屡屡不得成功，但他坚持不懈，从不气馁，终于在神鸟帮助下结出黄澄澄、沉甸甸的稻、黍、稷、麦、菽五种谷物，炎帝高兴地把收获的谷物分给百姓吃，还将种植五谷的方法传播给百姓，于是五谷丰登。

人们为感激炎帝，称他为神农氏。每年春季，神鸟飞到各地，叫喊着"布谷，布谷"，催促人们及时种植，莫违农时。人们为感谢神鸟的帮助，便根据它们的叫声，取名为"布谷鸟"。爷爷说，一个人只要不断努力像炎帝那样，总有一天会成功，成功后不要沾沾自喜，要学会与人分享，这样人们就会尊重你、喜爱你。爷爷给我们讲的故事很多很多，如"百鸟朝凤"表现古代人对自然力的斗争和对理想追求的故事，还有戚继光、司马光、郑成功、屈原等名人的轶事。

此外，他还给我们讲述松、梅、兰、竹的品质，他指着庭院的那两棵杆正、枝直、花茂的梅树说，你们看这棵树"浩然正气"，而指着那棵盆景梅说，你们看它从小被人绑住了躯干，受到摧残，虽有形有态，但却是一棵病梅啊！进入中学我才知道爷爷说的是明代散文家龚自珍《病梅馆记》，龚自珍借"病梅"来揭露和抨击清朝封建统治者束缚人们的思想，压抑、摧残人才的行为。爷爷意在告诉我们要打破思想禁锢。

每当清明时分或是秋天丰收的季节，爷爷还带我们去龙眼山采药，他采的是当地盛产的柴胡、元胡、桔梗等，爷爷告诉我们"路边草，颗颗是个宝"，让我们不要随意践踏。其实，爷爷带我们去龙眼山，主要还是游览，传授一些知识，让我们去面对如诗似画的自然风

图1-4 清末水患时,救济灾民的场景

景,引导我们幼小的心灵去感受龙眠山的大气与隽永。他一路上向我们讲述不事张扬的翠竹、花草和松柏;体验清澈见底、永远向前的溪水;见识风雨中、阳光下不改本性的山石。每到一处遗址,一座茔墓,一块石刻,爷爷都会向我们述说那远去了的时光,讲述着如烟往事和不朽人物的故事。有时爷爷还吟诵几句诗词,在爷爷口中,一块石头、一滴水珠,仿佛都有灵性。其实我和玲姐似懂非懂,常在旁边扑蝴蝶、捉蜻蜓,而铮哥却听得津津有味。不是长大后铮哥告诉我这些,我的确是遗忘了。

爷爷家里并不富裕,却继承了曾祖父乐善好施的品行,乡邻称他"范善人",每当灾年时,他都会拿出一些米煮饭布施难民,乡邻有揭不开锅的,资以钱谷,不要偿还。每年五月初五总是制九散膏丹济人疾病。贫苦人家来看病从不收费用,有时还把自家制作的中草送给病人,有些病人带上两只鸡、几条鱼,爷爷很少会收下。爷爷收养了一个被遗弃的病儿,管他叫犬儿,祈望这孩子容易长大。犬儿比我大七八岁,不仅有羊痫风病,而且天天尿床,爷爷每天为他熬药、督促他晒被子,天长日久犬儿病愈了,也成了家里田园种植与管理的能手。我们兄妹喊他犬哥,相处得像亲兄弟妹般,直到爷爷奶奶去世,他参军了,一个孤儿终于获得了美好归宿。

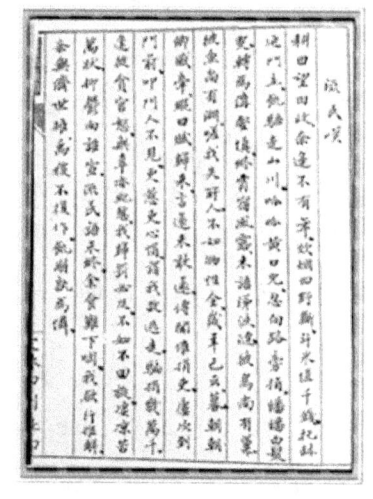

图1-5 祖父范畏堂五古诗《流民叹》作于1909年

三、我的外公、外婆

我的外公早在1936年就病逝了,享年61岁。我未见过外公,对外公知之甚少,多从父母亲、荪荃大表姐和老保姆方妈妈那里听到一些,谈不上有对爷爷的那番感情。每当我走到外公家的客厅,一个高大魁梧的身影就从墙上的镜框里跳入我的眼帘,那戴着金丝眼镜的脸上嵌着一双充满智慧的大眼睛,精神矍铄;一对浓密的双眉透着一种成熟男人的顽强,墙上还有三枚勋章镶嵌在另一块镜框里,使我对外公有一种敬畏感。

图 1-5 外公孙发绪书法

儿时的我和舅舅的大女儿祥云表姐常爱翻阅家里的老相册,在那个服装清一色的五十年代,看到照片中的外公衣着是那样的精致讲究,总是穿着当时最流行款式的洋服,戴着一顶礼帽,手套,文明杖和其他显示其派头的饰品,像小说里描写的欧洲绅士一般,很是好奇。也许这就是外公给儿时的我留下的印象吧。

外公名叫孙发绪字莼斋,号琴斋、远公,系桐城孙氏苍基十九世,节憨公孙临[2]之后,国学生(亦指太学生)五品衔,以书法、诗词著称。由于他的一手好字好文章,成了安徽巡抚朱家宝的幕友。1911年武昌起义爆发后,他被朱家宝派往武昌,又由于他的文笔口才、精明干练,被黎元洪任为顾问。曾为湖北候补知县,民国纪元历任湖北都督府赴京办事特派员,获三等嘉禾勋章,算是北洋军阀时期活跃的政

---

[2] 孙临(1611-1646)字克咸,后改字武公,安徽桐城人,明末武官。兵部侍郎孙晋之弟。诗人,方以智妹夫。明崇祯初年,与方以智、方文、钱秉镫、周岐等人成立诗社泽社。能文善武,参加抗清活动,在福州保卫战中与姜葛嫩娘一同壮烈牺牲。

治风云人物。

1912年，37岁的外公和黎元洪等人在上海成立了民社，成员主要是军官、官僚、部分同盟会员和清末立宪派份子，他维护以黎元洪为首的武昌政客集团的利益。两年后，他上任了山西定州知事不久，外公注意到翟城村教育发达，提出了一整套村治方案，创建了中国的自治模范村。成为民国时期乡村治理方式的变革，从而闻名全国。翌年中华民国北京政府授予外公二等大绶嘉禾勋章，金色八角形，角之间有数量不对等的光芒，圆形中心嘉禾图案，五枝金黄的稻穗，由绿色稻叶相扶，下端是五色彩带，绶带呈黄色白边。外公还获得一枚三等文虎章，这是一只坐立着的老虎翘着长长尾巴，以绿色的草地和蓝色的天空衬托着，背面镌有银匠的戳记。外公曾先后接任了山东省和山西省省长，任期都不长。

1923年，外公起草了一份《统一北方意见书》，由直系曹锟、吴佩孚、张绍曾联合西北地区冯玉祥共同签字，正式提出了《统一北方意见书》。黎元洪对此事大为不满，在一次宴会上痛骂外公公然造反，外公也是个个性鲜明的人，他立当摔了酒杯离开筵席，宴席也就随之而散。由此外公前往保定就任曹锟高级顾问。外公一向主张对外积极维护国家主权和领土完整，对内发展实业。

当时虽然时局动乱，中国民族工业仍出现了发展的春天，出现了思想解放运动、五四运动等。那时埃德温·杰·丁格尔，一位英国战地记者——亲身经历了这场辛亥巨变，曾写过一本书《China's Revolution 1911—1912》[3]，记录了1911年10月发生在中国武昌、汉口和汉阳那段辛亥革命的历史，那场革命的现场。透过这位英国记者对外公采访的记述，我才对外公的政治观点、思想风貌有了点了解。

在这位记者的笔下外公是一个有贵族气质的绅士，一个彻头彻

---

3 《親歷中國革命（1911-1912）》埃德溫·J·丁格爾编著，陈红民等译，浙江大学出版社，2011年。

尾的贵族，说话很慢，声音不高，总在思考，不时打手势补充解释，以使自己的意思表达得更加清晰，当别人抓住他谈话核心时，外公就会大加赞许。在该书中这位记者提到"孙先生一直是黎元洪都督的得力助手，熟知革命阵营里所发生的一切。他是那些唤醒世界的革命檄文的起草者，被看作是那个阵营的学者。"

采访时，武昌临时政府外交部长胡瑛[4]也在场，丁格尔先生听到外公和胡瑛的交谈表现出对政府里的每一个人都很友善，还赞扬了一些人，这让丁格尔感受到他们不会说任何一个人的坏话，相信他们所说的一切都是真话。于是丁格尔问："谈判到底要持续多长时间？"，这时记者是这样地记录了他对外公的采访："孙先生透过他那在太阳底下熠熠发光的金边眼镜，从下到上打量着我，然后正视着我，语气略重地说：'在这个世界上没有别的民族像中国人一样具有良好的天性和忍耐性，他们如此强烈的热爱和平。但一旦被激怒，他们将进行有力的反击。很少有民族能够忍受满族人妄自尊大和腐败，我们忍受了二百多年，那足以证明我们的耐性'，但是，他伸开细嫩的手指表明他此刻的感受，'任何事情都有一个限度，剑已出鞘，中国千百万爱国者将不会放下武器，直到将满族王朝消灭殆尽和中国人民再次按照自己的方式决定国家的事务。'这时他停下来，缓了缓刚才的想法带给他的愤怒，看了看他一旁没有吭声的胡瑛。

我追问道'但是，如果说清朝做一些坏事，你得承认它却教会了人民去捍卫和平，热爱和平'。孙反驳说：'中华民族的大部分倒退与落后，都得归咎于满族王朝的错误统治，每个人都知道这一点，也承认这一点。满族人的第 1 条原则就是想方设法让中国人民保持无知和贫穷。它就像土匪一样通过纯粹的武力获得这种权力，中国人民获得知识和财富都是为了削弱满族的最高统治权。因而，中国的解放意味着一个富有而开明的中国的出现。世界上除一两个喜欢领土掠

---

4 胡瑛：（1884年-1933年）黄兴的弟子，兴中会，同盟会会员，辛亥革命武昌起义的组织者之一，武昌临时政府 外交部长，南京临时政府山东都督，与宋教仁、覃振并称桃源三杰，六君子之一。

夺，战争屠杀的国家外，我们相信整个世界都希望中国成为一个进步的开明的国家'……"。

这一翻对话使我感受到外公对满清统治者的仇恨是何等的深刻，使我认识到外公到处东奔西颠就是为了推翻腐败的清王朝，为了一个富有而开明的中国的出现，我开始改变了对外公的偏见。

北洋政府时期中国民族工业兴起，军阀们都办了实业，外公也在天津投资了铁路，将家安置在上海瑞金二路明德村 312 号一栋三层楼的普通房子里。1928 年外公退归林下，笃志清修，且受菩萨戒，自称孙纯斋居士，在家修佛。在外公弥留之际留下遗嘱，将约十余万家产作了安排，以一部分田产，约六万金捐造伽蓝（指佛教寺院），交朱、胡等诸老先生保管；余之大部分给侧房钟氏作赡养费；小部分作春秋祭扫祖茔之用；子女已受大学教育，不给一钱，不留一物与儿孙，励其自立。可见外公晚年洵属热心弘法，打破了遗产分配的世俗观念，真是难能可贵。

外婆姓方，生于 1872 年（同治十一年），比外祖父长三岁，系出桐城县北门月山"桂林方"方以智七世孙方昌翰孙女，方友陶（字慕唐）之女。婚前一直随她的父母和祖父居住在桐城凤仪里。父亲常以先辈的故事教导我们，不勉提到我的曾外祖父方昌翰，自小绩学、继志，诗文等身，在咸丰元年中了举人。他亲民、爱民，在河南新野当知县时，禁止过境官员征用民间车马，深受百姓称道。

高外祖父用毕生之力搜集了先祖方孔照、方以智、方中履、方正瑗、方张登五代人的墨迹，并邀名流题诗作跋，汇成了该支《方氏五代遗书》，书内有钤印 23 枚，篆隶并蓄，古拙素雅。其诗文大多迭失，唯存留《虚白室文钞》四卷、《虚白室诗钞》十四卷，留下了令人心潮澎湃的励志名篇。如《避地危如巢幕燕》中诗句"吾辈几人思蹈海，中原时事拟探汤。隆中圯上今何有，俯仰千秋意激昂。"表现出他在危难之时，从容对待，充满信心的精神，给了后代奋发向上的力量。

外婆就是在这种书香家庭气氛中长大，幼承家学，长于吟咏绘画。闲来素墨写诗,研墨为情。尽管外公给家庭带来了安富尊荣,作为出身于旧时书香人家的女子,更向往的是与夫共守一抹书香,同在墨香里细数流年。然而外公长期在外,为实现自己理想化的政治报国情怀,四处奔走,外婆对外公思念之情只有寄托在纸墨上。外婆常展纸研墨,挥笔书画以解脱心中的忧愁。我曾在外婆家阁楼的大木箱里看到外婆的一幅字画,画面是"枫红菊黄鸿雁归,树叶飘零白云飞"的一片深秋多情而婉约的景象,留白处抄录了宋代晏几道的《思远人》:

  红叶黄花秋意晚,
   千里念行客。
  飞云过尽,归鸿无信,
   何处寄书得?

  泪弹不尽当窗滴,
   就砚旋研墨。
  渐写到别来,此情深处,
   红笺为无色。

  字体飘逸而秀美,灿若游云。外婆对外公的相思绵绵意,柔丝万般情并没有唤醒往日的闲捧诗书与墨欢,字字馨香结墨缘的外公,外婆渐渐意识到什么,忧郁的心情令外婆的健康每况愈下,她不知道自己还能撑多久。随着偏房钟氏进门,子女的长大,母亲的离开,一位出身于书香名门的诗情才女,就这样在忧愁寡欢中、在病魔缠身中离世了。

四、为女性尊严抗争的新女性

  1910年农历5月23日,我的母亲孙其节在上海降临人间,外公喜出望外,大办宴席。之后姨妈孙其真、舅舅孙其朴相继出生。当时外公活跃于政、商两界,常东驰西骋,很少能照顾家庭,外婆则在家相夫教子。孩子每次上学和放学时,外婆总是站在凉台上用慈祥的目光送迎着孩子们,嘴里还念念有词地祝福着。这种骨肉深情,母亲和我说过多次。

母亲从小就读于上海中西女塾,这是一所闻名的教会学校,坐落在沪西的忆定盘路,今天的江苏路155号,经家花园。由美国基督教监理会创办于19世纪90年代,创办人是美国卫理会驻沪传教士林乐知,首任校长为美国传教士海淑德女士。当时是以传授西方文化为宗旨,除了国文,其他课本一律采用英文版,学科中强调英文、数理化、音乐、家政,其中家政教育在上海滩闻名遐迩。学制十年,由于学费昂贵主要是富家女子入学,教师绝大多数都是美国人,20世纪30年代改为中西女中,被誉为近代老上海名媛的天堂,现代才女的摇篮。学校教育每个学生"要有坚强的意志,虚心求教的精神;要目光远大,有明辨是非的能力;要看到自己对家庭社会的责任所在与影响所及;要为祖国的繁荣、国民的幸福贡献出自己的聪明才智"。当时学校流传这样一首校园歌曲:

> 扬子江滨兮歇浦旁,有女校兮世界光。
> 春风和蔼兮读书堂,教人处世立身方。
> 幼而学长为众所望,邦之英俊国之祥。
> 积中发外兮端且庄,凭将学识整纪纲。
> 更愿身心健与康,驰誉中西翰墨场。
> 智圆行方柔且刚,转移风俗兮趋纯良。
> 精神永兮岁月长,勤勤恳恳名显扬。
> 中西女校兮百世芳,吾校万寿永无疆。

学校要求学生们个个"独立、能干、关爱、优雅",要求她们争取女权、有着强国强民的思想。中西女塾曾培养出了不少德才兼备、秀外慧中的现代化开放性女子人才,宋庆龄三姐妹都就读于此校。由于它是一所闻名遐迩的女子学校,当时一些富家弟子以娶中西女塾毕业的西方"淑女"做妻子为荣。我的母亲从小在中西女塾读了十年书，属于那种力求上进的女生。我还曾经保存了一枝金发簪和一条心型金项链，就是母亲在中西女塾获得的奖品。可惜，在20世纪60年代中国文化大革命中作为"四旧"上交了。

母亲在中西女塾培养了一种坚强、独立的性格和女性主义思想。她希望建立社会公正，争取性别间的机会平等，获得女性的生存和发展的自由。所以，她对于外公要求她在中西女塾毕业后，读上海圣约翰大学家政系颇为不满。她不愿意将来成为富家子弟的花瓶，更厌烦那些纨绔子弟像苍蝇一样围着女生转，也很少跟随她的父亲参加一些社交活动。就在母亲快毕业的时候，外公提出让一位比他年轻19岁的钟氏作偏房。在当时社会，娶妾并不少见，但是作为濡染书墨馨香的家庭，犹如晴天霹雳，一家人都难以接受。

外婆生儿育女温雅体贴，和我奶奶一样是一位上得了厅堂，下得了厨房的贤内助；钟氏是个上海滩小有名气的戏子，据说是外公替她赎了身。也许，这里有她悲情的故事，但我从来未听说过。戏子这个职业在当时是没有社会地位的人，孙、方两家人都看不起她，她虽年轻俊俏，却识字不多，又有抽水烟搓麻将的恶习，很少料理外公的生活。我母亲的奶妈、老保姆方妈妈后来告诉我们，其实外公对外婆还是很尊重的，无论外公在多么气急的时候，都不愿意和外婆争执或反驳，只会不停地喊着："太太，太太，唉，我的太太呀！"。

我母亲本有着女性主义思想，家庭的变故更激发了她公然反抗的意识，她指责外公纳妾有辱门风，是违反道德行为，有损家庭的和睦，于是带领弟妹坚决抵制并提出声明，如若纳妾就断绝父女关系，外公抛出了断绝经济供给的筹码。最终，子女未能说服外公，钟氏仍然进了孙家门。当时，母亲的心像玻璃一样碎了，她不堪阿妈的情感遭遇，但又无可奈何。母亲当时在记事本中写道："当我看到阿爸的妾进了家门的时候，一种莫名的恐惧袭击而来，虽然没有仪式、没有热闹场面，三楼的大房间里却不断传出靡靡之声，让我心烦，我想此时阿妈的心一定也碎了。……，我害怕，我担心，这样的情况今后会在我的身上出现。不，我绝不能读家政系，这明摆了今后会成为富家子弟的花瓶，不，绝对不能"。

母亲不愿待在这样的家庭环境中、不愿意外公安排她的前途，外婆完全理解女儿的心，为了女儿的幸福，外婆忍痛答应母亲离开上海，去北平找孙荪荃帮助。孙荪荃比母亲大7岁，却比母亲小一辈，刚从国立北平师范大学国文研究科毕业，她支持了母亲的想法。这时母亲才十七八岁，像棉花冲破柔韧的壳子，有一种强烈的新生的感觉。当她意识到自己即将离开家庭，开始独立演奏一部生命交响乐时，她的心被激荡起来了，生机盎然的生活将展现在她的面前，这是怎样激动人心的时刻！

于是母亲请妹妹其真照顾外婆，自己断然拒绝了外公的经济抚养，在侄女孙荪荃帮助下前往北平，考入了北平师范大学攻读英国文学。当时，读北平师范大学的学生基本上是寒门子弟，像母亲这样富家"大小姐"出身是微乎其微的。母亲选择读师范除爱好教师职业外，北平师范大学当时不需交学费并提供伙食费也是因素之一，至于日常生活费以勤工俭学来解决。

母亲临行前和外婆相拥而坐，撕心裂肺的离别之情，久久难以抚平。母亲好一阵身在北平，心却在挂念着外婆，久久挥之不去。外婆又何尝不是如此？两年多后，外婆在忧郁中撒手人寰，母亲又为自己没有能在外婆身边而内疚不已。不久外公提出将钟氏扶正，除了舅舅外，两个女儿都没有同意签字。没过两年，其真姨妈也离家而走，再没有回到过上海的家。

1936年外公病逝后，只有舅舅和钟氏住在一起，由方妈妈和一位外公从天津带回来的老管家李升照顾。舅舅从上海圣约翰大学毕业后，在香港华孚石油公司从事商业贸易，舅舅和舅母带着小女儿祥凤定居香港，将大女儿祥云留在上海和钟氏居住。由于钟氏扶正的事造成母亲与舅舅关系疏远，彼此很少联系。在抗日战争困难时期，父母亲在上海都没有住在外公家，也没有要外公家的任何财物，这就是母亲的骨气。

1949年3月，我们跟随母亲回到上海，住在复兴中路1295弄

（又叫桃源村）12号，离外婆家相隔不算太远。钟氏外婆和舅舅的大女儿祥云还住在一起，仍然由老管家李升和老保姆方妈妈长期照顾。祥云表姐与我同年，小时候在一起玩得甚欢，每逢过年过节、寒暑假，母亲都会带我们去钟氏外婆家看望，父母亲还为祥云表姐的读书、升学和前途问题提供帮助，这也许是血浓于水和职业本能相融合的感情吧。

钟外婆见到我们也总是客客气气地打个招呼，从不多语，而方妈妈和李升却热情地和妈妈聊天，方妈妈还会做些特色菜、千层饼、小笼包等各种面点给我们吃。假期我会留下来小住数日，和祥云表姐一起玩"做家家""捉迷藏"。我们躲在阁楼里，甚至躲到装字画的大木箱里。直到初中我们才注意到十几个大木箱里的字画、信笺和一些线装书籍，虽不知其价值，却喜欢翻找里面的信笺，偶然翻得亲外婆的诗画倒也喜欢。我和祥云表姐便从阁楼的木箱里，拿出几张印着淡雅水彩的花鸟空白信笺，将我们感兴趣的诗词抄下来。后来这十几大箱字画、诗书不知去向。

钟外婆来到孙家后再也没有去唱戏，也没有生育过，没事常躺在贵妃椅上抽她的水烟，要不然就和三朋四友搓搓麻将。我们都不喜欢她那种饱食终日，无所事事，对外界社会的一切都是那样麻木不仁的寄生生活。但社会的动荡诸如抗日战争、内战及一九四九年后的各项运动都未波及她，她的生活仍然很平稳，没经历过任何风吹雨打，好像是在温室一般，倒也可以苟且偷生。相对一些有抱负之人士往往随着气候的变化受到风沙的袭击，跌倒了也许再也爬不起来，天公真是如何地道矣！

1954年，在母亲病逝之后的两年，钟外婆也去世了。1957年祥云表姐考取了清华大学后极少回家。这栋房子只剩下管家和保姆二人，直至"文化大革命"前，管家李升回到老家天津，保姆方妈妈女儿大宝子一家住了进来。随着时代的变迁，我们和舅舅的后代再也无人过问这栋房子和房子里的物品。原本一个美满和睦的家庭就这样走到了尽头。

五、孙荪荃大表姐

回忆我走过的曾经,就像昨天,可又好像一切都是那么的支离破碎,让我组织不起一幅完整的景象!我不知从什么时候开始,自觉地抵制一种思念;不知从什么时候开始,自觉地屏蔽一份牵挂;不知从什么时候开始,自觉地删除一段记忆;不知道从什么时候,我开始刻意地拒绝和灵魂对话,以为这样才能忘记、才能放下、才能开始新的生活。我懦弱,我不敢回首那年青时痛苦的往事。可是我错了,有些东西是烙在了生命里永恒的印迹,任凭时间的消磨岁月的冲刷,都无法拭去。

在那么多的回忆里,有我挥之不去的影子,其中之一是我的大表姐孙荪荃。孙荪荃原名祥偈,在孙家是祥字辈,我们管叫她祥偈表姐或大表姐。她的父亲,我的表舅孙其铭是陈独秀新文化运动的积极追随者、积极参与者,他们提倡民主和科学反对封建专制和伦理道德,要求平等自由,个性解放,主张建立民主共和国;提倡科学,要求以理性与科学判断一切,其铭表舅相继在《新青年》发表文章,他为年轻人撰写了《失败与成功》一书,在当时青年中有一定影响,其书法与文字也颇具一格。正是当时新文化运动的影响,和家庭的熏陶,使大表姐成为民国时期一位巾帼不让须眉的革命斗士、女中豪杰,一位热心于教育、爱人又被人爱的教育家,诗人,社会活动家。

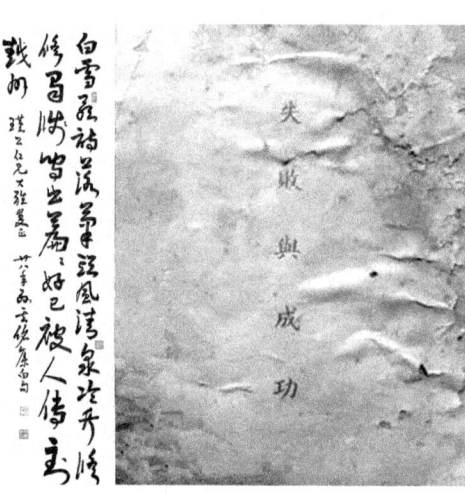

图1-6 孙其铭《失败与成功》
1915新文化运动,及其书法

她是革命先驱谭平山[5]的夫人,她不仅能作旧体诗词,还能写新诗。她的诗集《生命的火焰》,在三十年代曾激励了很多年轻人。在中华民族最危险的时候,在阶级关系发生了重大变化的时候,她总是站在革命的最前方。1935年冬,她与张申府、刘清扬、姚克广(姚依林)共同发动和领导了北平的"一二·九"学潮,他们在西单亚北咖啡馆楼上设立指挥部,指挥北平学生大游行。游行的头一天晚上,孙荪荃还让父亲到她家密谈如何赚开阜城门,让阜城门外的清华大学、燕京大学学生进城游行。那天父亲与刚从云南到北平的法国知名教授邵可侣[6]同乘一辆吉普车抵达阜成门,以邵可侣教授要进城办事为由,赚开了阜城门,于是事先安排好的学生涌进了城门。

那时南方各校在当局和校方劝导下结束游行,恢复了上课。但北平在学联地下党员姚依林领导下坚持罢课。国民政府、北平大学的校长和一些大师们,纷纷站出来呼吁学生"读书救国",把这学问之舟平稳渡过到中日冲突的惊涛骇浪中……大表姐由于协助共产党积极组织、参与"一二·九"的学生运动,被国民党排挤掉了北平女一中校长的职位,改为高中语文和历史教师。清华大学囿于当局压力也把张申府[7]解聘了。当时孙荪荃和爱国人士张申府关系亲密,曾一度是志同道合的情侣。她是属于匈牙利诗人裴多菲笔下"生命诚可贵,爱情价更高,若为自由故,两者皆可抛"的巾帼英雄。

1935年的下半年,孙荪荃在学校先后公开向同学们宣传:"女

---

5 谭平山(1886-1956),原名谭鸣谦,别号聘三,广东高明人。中国共产党早期领导人,后为中国国民党革命委员会主要创始人之一。
6 Jacques Reclus.
7 张申府(1893-1986)原名崧年,河北献县人。北京大学、清华大学教授,哲学家,数学家。中国共产党主要创始人之一,他介绍张国焘进入北京共产主义小组,也是周恩来、朱德的入党介绍人。曾担任过蒋介石的德文翻译。参加了黄埔军校的筹建工作,被孙中山任命为黄埔军校政治部副主任,是当时中共在黄埔军校最高的任职。他推荐周恩来进入黄埔军校任政治部副主任,并为周恩来解决了赴法回来的经费,也是他将周恩来推上了政治舞台。在北大曾是毛泽东的"顶头上司"。大革命时期因政见不同退党。"一二·九"运动的重要组织者和领导者。1957年被打为右派分子,曾任第五、六届全国政协常委。1986年逝世,享年93岁。

一中是李大钊创办的,就是为了争女权,反对北洋封建军阀的统治"。因为她有学问,在群众中有威望,好多人都支持她。1945年参与组织三民主义同志联合会,但她的思想倾向共产党。1958年我高中毕业时曾读过她的一首诗:"风雷虫鸟孰多情,春夏秋冬各有鸣。香草美人何又托,琅琅流尽不平声。"这首诗我竟然记忆至今。孙荪荃的词还得到毛泽东的赞赏,1945年重庆谈判时,民主人士柳亚子在诗画联展上发表了毛泽东的《沁园春·雪》,遭到了国民党一些文人的围攻。此时柳亚子、郭沫若、聂绀弩等人或唱和,或撰文,纷纷奋起回击。大表姐也参加了这场反击,她的和词是:

《沁园春》

三楚兴师,北进长征,救国旗飘。
指扶桑日落,寇降累累;神州陆起,独挽滔滔。
扫尽倭氛,归还汉土,保障和平武力高。
千秋事,看江山重整,景物妖娆。
文坛革命词娇,有锄恶生花笔若腰。
谱心声万里,直通群众;凯歌一阕,上薄风骚。
谁是吾仇,惟其民贼,取彼凶顽射作雕。
同怀抱,把乾坤洗涤,解放今朝。

一个月后毛泽东在致柳亚子先生的信中,谈了自己的感受:"先生的和词及孙女士(即孙荪荃)的和词,均拜受了。'心上温馨生感受,归来絮语告山妻'"。可见那个时期有着诸子百家彼此诘难,相互争鸣,不同的阶级与阶层的代表人物,对社会变革发表不同主张,各流派之间争芳斗艳的局面。

在母亲十七八岁正处在人生岔路口的时候,大表姐帮助母亲脱离专制的家庭枷锁,支持母亲走上独立、自主的前程。事情往往有很多巧合,在我十七八岁时,又是她伸出手来帮我。

当时父亲蒙受不白之冤,突然间身陷囹圄,这闪电般的打击犹如泰山压顶,悲不自胜。我除了有两个上小学的妹妹需要照顾和遭受周围人的冷眼相待外,还失去了经济来源和上大学的希望。这时候大表姐看我在中学的成绩一贯优秀,怕我有人生的绝望,就让我去北京和她一起生活,她提供我的教育费和生活费。顿时,我仿佛眼前看到了生命的火焰。可是我冷静思考,我不能为了我一个人的前途而丢弃两个幼小的妹妹,我也不放心坐牢的父亲,我盼望能有探监的机会给父亲一点希望和安慰,我相信父亲是无辜的,他没有做过对不起人民的事。最后我没有去北京,但我对大表姐不怕受牵连的那份爱心,永远铭记在心。

1963年大表姐夫潭平山去世后,她将北京的房产全部无偿捐献给了国家,一人独居小屋。她担任过国家政务院、国务院参事,九三学社第二届中央理事、第三、四届中央委员和第二届全国政协委员。作为一位政治活动家,爱国的民主人士,都有自己的政治思想与抱负,在她无法释放时,内心是苦闷的。当岁月消逝在她的花甲之年,她仍没有看到希望,而人与人之间的往来也逐减,失望、孤独不免缠绕着她的心。

没想到1965年噩耗传来,曾经那样坚强的大表姐,竟然走上了引决自裁之路。临终时,全身洁净没有任何束缚,进入了自由的太空,她用自己的理念来解脱了人间的烦恼。然而,临终前,她所做出的令人深思不解的举动,虽惨,却是他思想的无言告白。如果我能陪伴在她的身边,也许能让她自然而终,可是人间的事真是难以两全,为此内疚之心一直跟随我多年。

图1-7 大表姐孙荪荃像,摄于1930年

第二章　父亲的成长历程

幼承父志少年游，万象纷纭放眼收。

——兰芝谱

一、享誉县城的神童

爷爷和奶奶共有五个女儿，三个儿子，其中二个儿子在灾荒时夭折，全家对父亲当然重视有加，寄托着家庭的期望。父亲排行第二，爷爷给他取名为范耕、字耕绿、名起莘，期盼儿子勤于耕耘来实现自我的生命价值，以创造美好的未来。父亲自名范任，以天下为己任，鞭策自己要有敢于担当责任的胸怀。自号希衡，这是警示自己做一个忠诚、笃敬、值得信赖的人。

1906 年（光绪三十二年）丙午八月十九日，一个秋风习习、金桂飘香的晨曦，太阳刚刚露脸，冉冉初升的时候，一个婴儿的哭声响起，接生婆喜悦地叫着"儿子，儿子"，室外顿时欢跃起来，曾祖父母、爷爷、姑姥姥们围拢起来看望这个刚出世的孩子。孩子瘦小，有着一副宽额头和一对细长的大眼睛，颇像爷爷，这就是我的父亲，他随着丰收季节来到人间。

我对父亲儿时的了解主要是从姑姑们和长辈们那里积累的，有些乡亲们在我们面前，总爱提及父亲儿时的聪颖超群，述说父亲儿时的故事。尤其是大姑，住在马鞍山儿子家，那时我在南京工作，暑假常带女儿去马鞍山玩，不免要去看望她，在她那里小住一宿。大姑总是滔滔不绝地讲述着父亲儿时趣事，有时还吟诵着父亲儿时的对仗和诗词。父亲从小聪慧好学，不到四岁就被爷爷送到私塾进行蒙养教育，四岁时即能吟诗对仗，五岁能背诵经文章句，十岁习读四书五经，在桐城县被誉为"神童"，名噪一时。在家谱中专有父亲儿时的记载，令人惊叹，父亲的聪慧已成了宗族的骄傲。

一日父亲骑在爷爷肩上，有人笑道："子把父当马"；父亲应声对答："父望子成龙"。又一日，爷爷在私塾授课，出了上联："猫添碗"，学生们个个沉思良久，无人应答，父亲却在一边翻筋斗一边突然发声说："孬孬货喂！鹤守梅嘛！"，可爱至极，聪颖至极，使爷爷惊得大瞪眼睛，原来一个筋斗让父亲看到了墙上挂着的一幅水墨画，画面是一对仙鹤立于梅下，就此灵感而对答。传出去，街坊邻居都称奇。

有一次山西抚州知府倪廷庆太守出上联考他，说："孔门三千子弟"，父亲对答："范老十万甲兵"。"孔门"是指孔圣人门下自不必说，范老则指北宋名臣范仲淹。因父亲是其后代，此对儿就多了一层自豪的意蕴，令人赞叹。又如爷爷在安徽政法学校的同学张君汝启出题："远望青山"，对答："近见红日"。同学刘君季乡出题："龙生龙子登龙位"，答曰："麟化麟儿坐麟阁"。

舅舅汪乔岳为五品衔出题："花纸贴花满窗花色"，对答："黄金做屋一屋黄光"。任教于安徽政法学校的教书先生王君出题："烟因火起"，对曰："地也土成"。对苏东坡诗："两个黄鹂鸣翠柳"，答曰："一双白鹤守梅花"。当时人们都称父亲为神童，两次登上报纸，口口相传、闻名县城。为此坊间就流传着父亲儿时对对儿的佳话，"神童"之名由此而起。桐城县曾集有《神童片片录》，记载父亲幼儿时期的诗联，可惜后来毁于1968年文化大革命，好在家谱中还专有父亲儿时对仗的片段记载。

曾祖拙夫诗文稿序中也提到"孙耕绿甲胸长子，五岁时属对惊人。乡里谓有凤慧，将以昌君之家世焉。论曰君负超群轶众之才，不获操尺寸柄以行其志，仅以惠泽闻于乡里，义行称于宗族，亦可谓不遇矣。然世之印累绶若者，受国家寄托之，重人民责望之，殷而一无所建白，不且对君有愧色。乎况君志虽未发，抒而有丈夫，子五敦行力学，不坠其家声。文孙复以髫龄，其远大之器，谓非造物，留以有待耶。德门昌后吾于斯益，信天道之不爽云"。曾祖的这番言语给儿孙提出了警示，这是多么深邃的爱的教育啊。

父亲年方七龄，被友人为之作文。范氏家族续谱时将"赠神童范起莘序"两篇增录于家谱中。摘其一序：

"赠神童范起莘序"

"杨亿、寇准、李泌、刘宪、刘锡禹、李东阳诸人皆吾中国四千余年历史上之所谓铮铮佼佼者也，其幼时之口吻敏捷，早为天子士大夫所必器而增族党光。此秉天灵也，非人力所能致也。吾友范君畏堂之子耕绿入世四年，聪颖冠侪辈，有戏之者嘱以对，即信口应之，无不妙想天开，令人绝倒。一时争以神童目之，今年甫七岁，貌魁伟，性倜傥，尝过余以手抚其额曰：何物老妪生此佳儿，洵佛门之舍利子也。是年适范氏修家乘，畏堂出其稿百首以示余，嘱加评定。余阅一过辄改容曰：君之子人中麟也，翩翩不世出之奇男子也，其敏捷不在杨、寇、刘、李诸人下，将来发达必压余辈而上之。余赠数言于简端，以俾刊刻异日之光，范氏者必此子也。小子勉之，吾将拭目俟之"。

为髫龄作序这在家谱中少之有见。纵观历代史册，罕为幼聪作记者，惟名臣硕儒于史界独着光荣，如甘罗、黄琬、寇准、李东阳诸先贤，其列传中有记其少时之凤慧，数事、言论、风采足为建大勋业之。

直至在 2017 年 2 月，我在南京大学学报上看到曾在南京大学中文系任教的乡亲许永璋先生说到家乡桐城旧事，还谈到有个神童，每次老师出题考试前，他总是喊"快发卷子，文章憋不住了"，结果是下笔千言，倚马可待。后来他才知道这位神童正是乡贤范希衡。

父亲受此荣耀，自有他天才过人之处，而爷爷又能受而劳之，导以先哲嘉言，懿行异日，望其通儒硕学，充其才力娩美前贤之举，以不见陋于君子。爷爷的教育着实影响了父亲的一生。

二、艰苦的求学年代

1. 中学时代

爷爷遵循曾祖的"操尺寸柄以行其志"的教导，没有将父亲留在家乡过安定的生活，而是随同带往各地经风雨见世面。1918年爷爷外出办报和出任司法承审，十二岁的父亲开始跟随之，先后在长沙养正中学、常德督署的衙内中学读书，父子俩四处为家。给父亲留下印象最深的算是在长沙福胜街（后改为太平街）租住的贾太傅祠的店屋。贾太傅祠为贾谊故居，有着百代沧桑的历史，曾为东晋名将陶侃的住宅。在清光绪元年，由粮储道，专掌皇粮或军粮的夏宪云重新修建了贾太傅祠，增建了一座典雅园林"清湘别墅"，别墅内有秋亭、怀忠书屋、古雅楼、大观楼等。

1911年辛亥革命以后，大部分地基售与商人营建店屋，爷爷和父亲就居住在这店屋里。父子俩常去怀忠书屋读书，与守园人已结交成友，这给父亲读书提供了很大帮助。在太傅祠墙根下有一口双眼古井嵌在麻石条铺砌的地面上，这井口极小而深，上敛下大，形状如壶，大家称贾谊井，亦称长怀井，它由杜甫诗句"长怀贾谊井依然"而得名。井边一隅有座石床，石床背后还有一棵大柑树，民间流传亦为贾谊所种。父亲每天清晨起床，首先在井里打四桶水回家，有一次他看到一小脚老妪手提木桶欲打水，便帮她从井里打了半桶水，老妪颤巍巍提走了，此后父亲就每天给她送二桶水去，乐得老妪向四邻赞扬范氏男儿。

爷爷和父亲寄宿外乡几遭盗窃与火险。在常德有一夜邻居失火，火烧到自家房间一堵木板墙上，火苗往房里直窜，发出噼噼啪啪的轻微响声，父亲惊醒拼足力气把爷爷推到门外，端起一盆洗澡水泼了上去，拼命喊"救火！救火！"又去唤醒邻家，幸好火势刚起，无大损失。后来爷爷给奶奶家书说："莘儿临危不惧，遇事冷静、果断，救了老夫一命矣"。

1919年是不平凡的一年，5月4日父亲放学后和往常一样去爷爷报社取报卖，他看到报上头条新闻是"爱国救亡、民主科学、文化启蒙"，于是他立即以满腔激情奔走于大街小巷叫喊"号外！号外！德先生、赛先生来了！"一些民众不知其然，便驻足买报欲看其所以然。五四运动爆发后，父亲天天去卖报，将当天的新闻要点一腔热血的呼唤出来。这种新思想、新文化的传播，在父亲少年的心中埋下了爱国的种子。1920年父亲独自到安庆就读安庆六邑中学，这所名校最初的校名为"安庆府中学堂"，民国建立后，府制废除，以"六邑"二字为校名，传承至今仍是安徽省重点示范名校。

在中学时代，父亲参加爱国运动，有了民主意识，看到军阀子弟的骄横，开始愤恨军阀。1922年父亲考取上海震旦大学，这在当时思想意识封闭的桐城，一个普通百姓的子弟取得这样的成绩，犹如封建时代中了状元一般，乡亲说"神童中状元，前途无量"，爷爷却告诫父亲"大智若愚，勿恃聪明"，而父亲表示"上善若水，处下不争"。当时爷爷奶奶需要抚养六个子女，生活相当克俭，家庭清贫飘浮不定的艰苦生活，磨练了父亲的意志。

2. 遭受震旦大学的开除

父亲十六岁，在安庆六邑中学毕业，他从报纸上看到上海震旦大学是中国近代著名高校，由中国神父马相伯创办。当时震旦大学被喻作旭日东升，担负着以教育开启中国曙光的重任，必将前途无量。父亲被震旦大学的招生广告所吸引，于是当年报考了震旦大学并录取。在特别班专修法文，三年后入文本科。

父亲，一个在交通闭塞、信息闭塞的乡村和小城市长大的青年，独自前往十里洋场的大上海，参加入学会考是要多么大的自信心和勇气啊！然而父亲胸有成竹，信心十足。报考前奶奶挑灯赶制了二件长布杉，一双布鞋子，硬要父亲穿上赶路。父亲看到针针线线如此细密是慈母的一片深情笃意，感受到孟郊的《游子吟》在自己生活中的生动写照，可怜天下父母心，欲报之德，昊天罔极。于是父亲穿上了这套新衣新鞋走上了新的人生旅程。

那时，龙眠河是家乡人走出来的主要水上交通，乡亲们称之为"母亲河"。父亲说当时他拿着一把油纸伞提着一只柳藤箱，没有乘马车一直步行到龙眠河码头，他登上了一叶摇橹船，沿着龙眠河顺流而下，经嬉子湖、菜子湖再沿长江抵达安庆港。那时他的心很平静，闲眺龙眠河两岸，漾漾泛菱荇，澄澄映葭苇；稻黄菜绿间，茅屋一片片；河面上雨声才过，涛声又起，漫言前路风波险，心到平时水自平。父亲沉溺在诗的意境中，仿佛自己不是去赶考，而是水上游龙眠。

摇橹船到了安庆后父亲换上了轮船直达上海，旅途花了近二天时间。赶考途中父亲的心境如此平稳，泰然自若，应得益于爷爷平日教育。当时应考的学生，多来自名校以及各地天主教会所办学校的毕业生，他们多数人西装革履或衬衫长裤，穿长衫倒成了另类。笔试通过后，父亲在口试那天特地穿上了原来整洁的旧长衫，他觉得舒服自在，并昂然自得地认为穿长衫是自己的民族情结和穿着习惯，先生是看"才"不看"装"的。

震旦大学坐落在吕班路，现今的重庆南路227号和280号。除国文外，全是法文教学，它以法国近代科学为内容，在课程设置、教学方法、校园文化、发展规划、管理机构乃至管理理念、规章制度诸多方面直接引进法国的教育模式，成为近代中法高等教育交流的渠道之一。只因主办者又都是宗教的神师们，他们信仰基督教，仁爱是他们的胸怀，给人心灵的慰藉是他们的天职。中间有多位主任教员亦是法国籍的宗教家，当你有问题质疑时，他们总是怀有一腔热忱，带着一脸笑容，给你解释开导，使你满意。

全体教职员皆以'诚信'与'友爱'精神，从事于教育，故全校师生，犹如家人。他们纯以'诚信'与'友谊'之精神，待遇教员与管理学生。强调"天下一家，与人为善"，弘扬诚实、团结、爱人、勇敢、忍耐、谦虚、宽恕、慷慨、自主、奉献等美德，这些都是学校要求学生所必须具备的，加之西方文化崇尚人生来是自由的，在权利上是平等的，这些都深深地影响着学校师生员工的人际关系，并是其建立亲密、和谐的人际关系的重要理论和思想基础。

父亲由于家庭清贫，受法国教师照顾半工半读，他心存感激，但父亲说法文称："父亲"为"père"，震旦大学对神父也要称"père"，尽管是法国基督教的习惯，但他一开始总感到很不自在。当时父亲年仅十八九岁，在震旦大学寒窗苦读期间的困境及对前途充满的愿景，充分体现在他的诗词集中。他当年的一首词"丑奴儿慢"中写道"……，欲起还眠，欲眠还醒，心事千重；一会价思家、思国、儿女、英雄。踟蹰搔首问天公：为空，为色，学书学剑，何处何从？"。充分表露出他作为十八岁的青年，胸怀着报效祖国、报效人民的宏愿。这里的"空"与"色"包含着很深的哲学思想。"色即是空，空即是色"这句心经里的名言，按我粗浅的理解就是物质与意识的关系，意识即是物质。佛经告诉人们只有认识到了"色即是空，空即是色"的因果关系，才能让人行善并以自身个体的德性度人，真正关心世间万物。

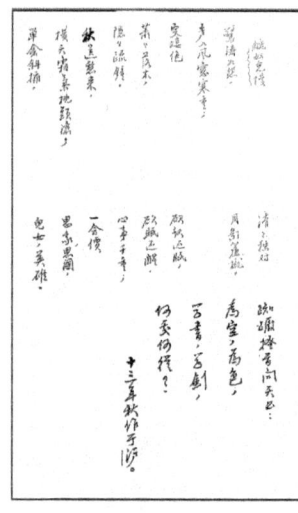

图 2-1 范希衡 18 岁时在震旦大学填词手迹

1925 年父亲在震旦大学读完三年法文预科进入文本一年级时，"五卅"运动暴发，作为一名爱国的热血青年，父亲和学校里的一批同学在租界内散发传单，喊口号，抗议日本纱厂资本家镇压工人，打死工人顾正红，声援工人大罢工，并要求收回租界，废除一切不平等条约，推翻帝国主义在中国的一切特权。眼看被英国巡捕逮捕了一百余人，父亲在气愤不平下，下午又到南京路老闸门巡捕房参与万余群众示威活动，声援蔡和森的演讲。蔡和森唤醒民众，为什么帝国主义枪杀中国工人顾正红倒没有罪？！中国工人、学生在自己的国土上声援被害同胞，反而有罪。遭工部局逮捕、坐牢、判刑，这是什么世道？！哪一国的法律？！帝国主义这样横行霸道,难道我们中国人能忍受吗?!愤怒的学生们要求释放被捕学生,高呼"打倒帝国主义"等口号。

第二天父亲因参加"五卅运动"被校方开除,同难者还有室友某君。父亲决心离沪北上而难友则南下,同学们恋恋不舍地为他俩送行,其情景正如1925年夏天父亲为同室难友别离时所作《送友南游》:

> 人生若飞鸟,
> 奄忽背相驰。
> 昔与君燕婉,
> 今与君别离!
> 置酒为君行,
> 欲饮泪沾衣;
> 击节为君歌,
> 未歌心已摧。
> 相望一挥手,
> 临别复迟疑。
> 江湖多风波,
> 世路多坎坷;
> 愿子慎行迹,
> 毋罹网与罗!

父亲还作另一首诗《离沪赠别诸同志》:

> 河山劫后金瓯缺,
> 齐世沉迷事可哀!
> 四大苍茫知我在;
> 万潮汹涌逼人来。
> 十年潦倒君休笑,
> 百劫曾经志未灭;
> 好趁长风携剑去,
> 劈开阊阖放春雷。

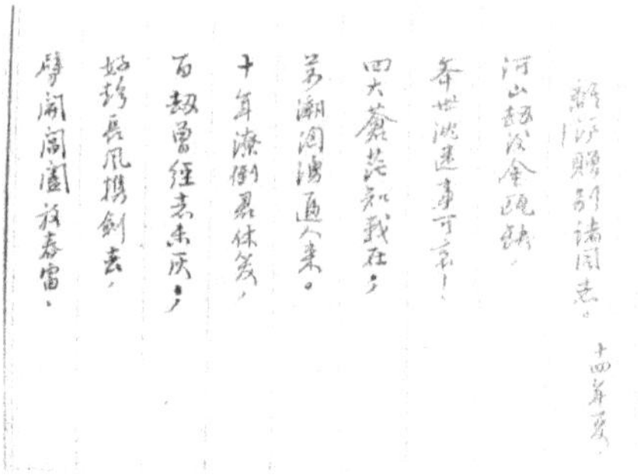

三十年代这"同志"一词有别于"同学""诸君",在"同志"一词里蕴藏着一颗"革命"的种子,这时父亲年方十九。七律中"好趁长风携剑去,劈开阊阖放春雷。"多么磅礴的气势,多么不同凡响的志气啊!

图 2-2 范希衡 19 岁时在震旦大学填词手迹

3. 在北京大学求学期间

1925年秋,父亲离沪北上,考入北京大学文学院西洋文学系,插班法文专业三年级兼修沈尹默[8]先生的词学。蔡元培当时是北大校长,他支持新文化运动,提倡学术研究,主张"思想自由,兼容并包",实行教授治校。在这样学术环境中父亲的思想成熟得很快。沈尹默先生是"新文化运动"的先驱,具有光明磊落、温润如玉的人格魅力。他长父亲23岁,爱才惜才,他知道父亲家里还有三个妹妹需要供养且母亲又得病,便介绍父亲在大同中学任法文教员兼任中法文化出版交换委员会秘书。

父亲集求学、教书、秘书于一身,表现出非凡的毅力和才干,得到了沈尹默先生欣赏,一段时间父亲居住在沈先生家。父亲跟沈老学诗词,沈老便向父亲学法文,亦师亦友。我从爷爷的诗词集中看到一首《题吴沈星联女士琴韵月圆轩诗草》云:"……有象囊中销粉气,无声画里现诗

图 2-3 沈尹默先生为范希衡作画

---

8 沈尹默(1883.6.11-1971.6.1),初名沈实、君默。后更名沈尹默,字中,号秋明、鲍瓜、君墨,别号鬼谷子,斋号"秋明室""鲍瓜庵"。原籍浙江吴兴(今湖州),生于陕西兴安府汉阴厅。我国著名的学者、诗人、书法家、教育家。早年留学日本,后任北京大学教授、北平大学校长、辅仁大学教授,《新青年》杂志编委。

肠。一家机杼文章线，羡煞明星襄……"，吴沈星联，名毓珠，是沈尹默先生之姊，可见爷爷和沈家早有来往。后来沈老因眼睛深度近视，几乎失明。夫人诸保权就站在他身边，替他研墨。诸保权用自己的双眸替代沈老的双目，帮助他研磨、上下左右移动宣纸。

图2-4 81岁沈尹默伏案写字

20世纪50年代父亲常带我们去沈家，一进太老师家门，我们就高兴地喊着太老师、太师母。我们在他家也必定会替他研墨、看他写字。这对老人非常和蔼可亲，他们没有孩子，见到我们就像自己的孩子一般高兴。我们和太老师家的相知相识，即使在父亲身陷囹圄时，太老师也从未避嫌。

父亲在北京大学读书期间结识了不少同学、挚友，毕业时同学们都恋恋不舍，父亲一首《别——》抒发了当时在火车站送别之情。

别——

问人生学子韶华，
能消几度分离乍！
昨朝萍水，
今朝劳燕，
明朝是地角天涯！
月台西畔夕阳斜，
惨凄凄欲语翻无话……
汽笛一声行也，
望裡云遮！
问车儿，你也不管离人恨煞！

1927年夏天父亲从北京大学毕业后思乡心切，一找到工作就回家探望父母、姐妹和乡亲们。在喜悦中父母寄托着厚望，姐妹为之骄傲，乡亲们给予了美好的祝愿，父亲在家乡度过了一个快乐的暑假。开学后父亲在中法大学孔德学院当讲师兼北京孔德学校法文教员，开始了他的教育生涯。

当时父亲身兼两份工作，自己的生活却很克俭，为的是贴补家用和三个妹妹生活教育费。这时候爷爷奶奶生活有所改善，才购得住房一处，一家人终于过上安稳生活。

图 2-5 范希衡北京大学毕业后，回桐城与父母合影（1927年）

父亲自幼受到儒道思想的熏陶，有着相当深厚的国学功底；在北京大学学习期间，父亲博览群书，也读了些孙中山先生的'三民主义'和马克思的'资本论'，而沈尹默先生的进步思想也深深影响着父亲，深重的民族灾难和严峻的社会现实迫使他想突破旧学藩篱，出国寻求新知识，探寻救治中国的新途径。然而他又不能中断对家庭的接济，影响妹妹们的教育，《诗经》云："父兮生我，母兮鞠我，拊我蓄我，长我育我。顾我复我，出入腹我。欲报之德，昊天罔极。"

正在两难之际，他和比他大四岁的同乡、北京大学化学系刚毕业的徐贤恭[9]先生闲聊。当时徐先生已受聘于安徽大学，他为人正直富有正义感与同情心，他深知自己少年时代辍学之苦，不愿看到挚友家庭有难而不顾，他救急父亲之困，答应从自己工资中抽出点钱接济父

---

9 徐贤恭（1902-1994）安徽省怀宁人，我国著名的化学专家。早期毕业于北京大学化学系，1936年获英国伦敦大学化学博士学位。历任武汉大学理学院化学系教授，兼总务长、中山大学教授。

亲的妹妹,待父亲学成归国后来接济自己的家庭,他再出国深造。父亲对此一直念念不忘,他常教育我们要助人为乐。他引用《战国策》中一句话要我们熟读牢记:"人之有德于我也,不可忘也;吾有德于人也,不可不忘也"。

有了徐贤恭伯伯的相助,父亲参加了庚子赔款奖学金的选拔考试,他选择了比利时鲁汶大学,不仅因为鲁汶大学是当时世界著名大学之一,而且比利时生活水平比巴黎低得多,又与法国毗邻,使用的是法语。父亲事先对比利时、法国庚子赔款奖学金有所了解,语言不成为障碍,学子们又结伴而行,这比七年前孤身一人到上海,听不懂上海话,闹出一些尴尬的笑话要强得多。父亲兴奋而宁静致远,他想的是自己终于拿到了中国最高的奖学金,要去他的祖辈们从来没有见过的地方,进入一所陌生而著名的学校,如何去应对新的挑战!

这些考取庚子赔款而留学归来的中国学生,在后来的几十年间不愧成了中国学术界最闪亮的明星,他们都具有共同的特点就是有较广阔的学术底子,凭一己的天赋,在各自的专业里,执着坚持,发愤力行,抵得住疾风严霜,在苛刻的条件下,不求名,不求利,几十年如一日地为我国学术的基础,打下一个个结实的桩子,他们的言传身教,又深深地影响了后来者。然而,20世纪的第二次历史巨变后,随着一次次运动上下起伏,作为社会栋梁的知识分子几乎没有人能逃过一场场对他们天性与自由的剥夺。

4. 在比利时鲁汶大学深造

爷爷奶奶闻讯儿子要留洋高兴不已却又分心挂腹,奶奶听说船要绕非洲到欧洲,需要一个多月时间,路途遥远,他担心父亲是否适应西洋的环境,是否吃得惯洋餐。奶奶虽没有为父亲再做长衫、鞋子,他知道当下的穿着不兴这一套,但还是做了一大盒骨髓油炒米粉,让爷爷带给父亲在邮轮上吃,这种母爱的淳厚真挚,谁言寸草心,报得三春晖呢!

1929年8月2日傍晚,海风习习,父亲与几位获庚子赔款奖学金留欧学生在上海码头与至爱亲友道别。突然间父亲在人群中看到身着一袭白色衣裙的少女,手执一款白丝巾不断地挥动着,像海鸥挥动着翅膀看着远方一样,父亲眼睛一亮,视线转向那纯白的裙装,这不正是思念中的人儿在向自己召唤?父亲喜出望外,他万万没有想到节(父亲对母亲的称呼)会从北平赶来上海送别。当年青涩的母亲找了一个很好借口,回上海看阿妈,顺便来送行。父亲说,少女的心往往是矜持的,送行也好、探亲也罢都是爱心表现。

在母亲去世多年后,父亲还跟我们讲述过这一难忘的情景。我俏皮地问:"爸,那时你的心也一定随丝巾的节拍跳荡起来吧?"。父亲笑而不语。这流星般的相见,双方都留下了深深的回味,这是一种甜中有酸、苦中有辣的味道。我们每个人都曾经历过年轻,那时父母亲的离别之情,也是像李白《秋风词》中所描绘的那样:"相思相见知何日,此时此夜难为情"。

父亲恋恋不舍地登上了赴法国的斯芬克斯号邮轮,他顾不上去找仓位,而是站在甲板上挥动着手,邮轮缓缓驶离港口,逐渐消失在远方。此刻,爷爷目送爱子远赴重洋,那悲喜交加的心情也是难以用笔墨来形容。但是爷爷不会想到和他一起送行的还有他未来的儿媳妇。经历了数千海里的海上航行,横渡印度洋,穿过红海、苏伊士运河,进入地中海,三十多天的海上颠簸后,终于在法国马赛港登陆,然后父亲改乘火车抵达比利时鲁汶。

父亲在鲁汶大学享有学费减免的待遇,并在为期三年的时间里,由比利时的中国协会每月发放生活补助费。父亲有了奖学金、生活补助费和徐贤恭伯伯的帮助,一心钻研学业,他攻读了拉丁语系语言学、拉丁语系古文及现代文学、比较文学、历史语法、比较语法。

比利时鲁汶大学 [10]是一所将近六百年悠久历史的最古老的天主教大学,也是欧洲顶尖高等学府,近一百多年来,它始终在全球大学排名前二十名。鲁汶大学拉丁文与希腊文是当时欧洲人文主义研究

10　Université Catholique de Louvain 简称 UCL。

的中心，人文学科的教授们致力于培养学生精湛的学术能力，积极专注于丰富和推广社会与文化遗产，在语言工程等领域都很有建树，成为处于欧洲领先地位的研究领域。鲁汶也类似英国剑桥那样，整个城市就是一所大学城。一座座罗马式、哥德式、文艺复兴式、巴洛克式等风格多样、古色古香的建筑物散落在富有着现代化气息的小城中，给人一种古朴厚重感。鲁汶大学没有围墙，没有统一的教学区或学生宿舍区，整个大学掩映在多彩的鲁汶城中。

父亲曾经就读的哲学与文科教学群位于校办公大楼西部，离市中心很近，学生在课余时间购物、娱乐非常方便。在大学图书馆前的广场旁；在迂回蜿蜒的石板路上；在市政厅；处处林立着书店、餐厅、酒吧，每到周末晚上小酒吧里总是人声鼎沸，鲁汶几乎成了一座不夜城。据说建校以来一直如此，只是气氛越来越浓。父亲在留学的期间，自己从不去这些酒吧消费，但一些成绩差的同学或贪玩的公子哥们在学习上经常要求父亲帮助，借用父亲的笔记本来抄，同学们也会请父亲吃饭、喝啤酒，作为答谢，特别是临近考试。后来借的人多了，父亲看到高年级同学将自己的笔记打印装订起来销售，父亲也如法炮制，这样父亲也就有了买书钱。

鲁汶大学升学的淘汰率非常高，尤其是文、法学科。学生每年一次大考，有七月及九月两次选择。第一次考试失利，可申请在九月再考一次，如果仍旧败北，必须全部重修。考试维持已经沿用数百年的口试制度，考试成绩分最优等、优等、及格、不及格。考试要求很严格，一般能答出基本理论者为及格，对学术观点能通晓无误，对答如流者为优等；对导师课堂没有讲，而有新观点能回答正确、发挥得当者为最优等。

口试前，教授先发一道题目，给予二十分钟思考时间，然后当场作答。每个学生一天考完一年所学的课程，各授课教师评分后集体讨论，一人一票，一票否决制，当场公布结果。所以，要获得最优等总成绩是相当困难的，这不只是非母语国家学生因语言问题而对口试感到紧张，就连本国学生对这关键性一役也是忧心忡忡。

父亲的学习成绩非常出色，他的成绩单上写有"Grande distinction"这个词。在那年，一名中国留学生，以当时唯一的一个最优等成绩，获得了这所世界知名大学的拉丁语系语言学和拉丁语系文学双博士学位。我为这样一位非欧洲籍的中国留学生所取得的成绩而自豪，为有这样一位勤读好学的父亲而骄傲，我希望后代能学习他勤奋进取的精神。然而，一向谦虚无华的父亲，从未向子女炫耀过自己。

拉丁文与希腊文是鲁汶大学成为当时欧洲人文主义研究的中心，人文学科的教授们致力于培养学生精湛的学术能力，积极专注于丰富、推广社会与文化遗产，在语言工程等领域都很有建树，成为处于欧洲领先地位的研究领域。

图 2-6 鲁文大学文学院雕塑

父亲的博士论文《伏尔泰与纪君祥——对〈中国孤儿〉的研究》[11]所以他在最后一学期是住在法国巴黎完成了他的博士论文。这是一篇比较文学的学术论文，"是把中国文学放在世界文学的框架内加以对比论证，用西方的文学理论和美学观点来观察和思考中国文学的历史与现实，把比较研究作为一种方法论广泛应用于文学研究和评论的实际工作中，开创了一代新文风，为现代意义的比较文学在我国的兴起，作了开创性的贡献"，"从我国比较文学发展史的角度看，这篇博士学位论文应该是中国学者首次在欧洲用欧洲文字对中外文学影响关系作了历史性的论证和分析研究，对中国文学在世界的影响和贡献作了实践性的探讨努力，为中国

---

11 Voltairet Tsi Kuim-Tsiang: Etudesur L' Orphelin de la Chine.

比较文学事业的发展作出了自己独特的贡献。"（引贾植芳先生为范译《中国孤儿》的序）。

这次去巴黎临行时，他的鲁汶大学同学学经济的洪传经先生赠给父亲七言律诗一首（押阳韵），可见当时海外留学生之间的友情。送范希衡至巴黎搜集论文资料，刊登于洪传经诗词选（今、现代本）。

"人生何处无长短，不计短长自是长。
且种文筠添夏绿，应多余荫到秋凉。
诗书质难深深境，金石相期曲曲肠。
小聚兼旬更暂别，临歧能不独彷徨。"

父亲在比利时常去巴黎参加英、德、法、比、意留学生聚会。1931年，"九一八"事变爆发，王炳南、严济慈和蒋正涵、徐直民、常书鸿等部分旅欧学生聚集在巴黎意大利街一所留学生公寓里讨论声援抗日，父亲刚一进门，王炳南就高兴地说："才子来了！才子来了！"父亲受命于中国旅欧留学生抗日救国联合会组织委托，执笔起草了'旅欧学生的抗日救国宣言'，当他写完后读给大家听时，一致赞成通过。"才子"是当时同学、年轻朋友给父亲的绰号。

父亲在国外生活非常克俭，他想节省每一分钱来买书带回祖国，他曾经很得意告诉我们，在比利时跳蚤市场看见一幅17世纪欧洲的羊皮长画卷，里面的人物栩栩如生、颇具神韵，他爱不释手，看了二次终于一咬牙买了下来。

图 2-7 1932年范希衡与部分旅欧留学生在巴黎合影

父亲爱书画如命，在欧洲他竟买了近万册书

带回祖国，1932年归国时口袋里所剩无几。在船上一个多月时间里，他吃的都是码头上买来的食品。父亲说在邮轮经过非洲码头的时候，那些非洲人很爽快，一个子儿（钱币）不管面值多少换一大串香蕉，随便什么材质的一顶帽子也可以换取几大串香蕉，和父亲同船的还有一位余正起[12]先生，他们就以香蕉、罐头、面包为餐，倒也挺高兴。

父亲青少年时代在艰苦的环境中刻苦学习、努力拼搏、忠实待人，受到了周围人的尊重与赞赏，他在知识界的朋友很多，也结识了不少挚友，为自己铺上了成功之路的基石。

---

12 余正起（1911-2003），籍贯孝感，出生于上海。祖父余联沅。比利时列日大学骨科毕业，法国巴黎大学医学院博士。生前任上海徐汇区中心医院骨外科主任。1982年获比利时皇家骨科学会授荣誉委员称号。

第三章 发轫期

看万山红遍,层林尽染;漫江碧透,百舸争流。
鹰击长空,鱼翔浅底,万类霜天竞自由。

——毛泽东

一、走上教育与中法对话之路

父亲归国后受聘于北京中法大学教授兼沈尹默主持的中法文化出版交换委员会编译。中法大学发展至30年代,已成为国内一所有声誉的大学之一。它的经费比较充足,除基金之息金、庚子赔款费用、学费、捐款外,还有法国方面的合作,诚若李书华代校长所说:"规模宏大,人才众多,校舍图书仪器均极完备,堪称国内优良大学之一",它以研究高深学术培养成专门人材,沟通中西文化为宗旨,教师大多数来自法国,其他教师大都精通中西文化,像李麟玉(弘一法师李叔同侄子)是法国归来的化学家,亦是文史资料收藏大家。还有父亲、曾觉之、郭麟阁,鲍文蔚以及闻一多的弟弟闻家驷等都曾在法、比留学。他们曾经都是同学、同事和朋友,在北京高教界、学术界都有着一定的社会交往,他们有着年轻人阳光般的心灵,在一起谈理想、抱负、婚姻、家庭、过着和谐而相对稳定的生活。在1932年秋至1936年夏的三年半的日子里父亲教授法文与西洋文学,其学生普及了各专业。如中国的旅法文学家李治华;医学专家蓝瑚、李念秀;国际文化的使节王振基;生物生理学家朱锡侯等等,这些学生后来在各个领域都成了领军人。

父亲除了完成教学外，还和鲍文蔚、沈宝基、曾觉之等人一起参与了《法文研究》杂志的编辑工作，将一些唐诗翻译成法文并著文《诗经的翻译研究》等，1934年他将法国兰松著的《文学史方法论》介绍到中国，连载在北平《文史》刊物上。不仅在他的专业范围，他还关心社会、关心年轻人，他根据自己的人生经历和人生体会撰写了约7万字的长篇论文《时代的人生问题试解：献给找出路的青年》由上海《社会科学研究》刊发于1935.1（1、2）。

当时正处"东西文化观"的大论战中，1935年1月"十教授"在《文化建设》上发表《中国本位的文化建设宣言》后，引发了"中国本位文化"之争。这是新文化运动后，知识分子阶层针对中国文化出路的选择，而出现的一场学术思想运动，完全体现出一种百家争鸣的社会环境和文化氛围。

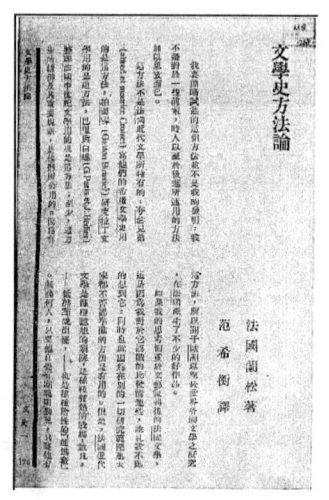

图3-1《文学史方法论》首页，1934年

父亲怀着为中国找一条新的文化之路，以拯救国家民族危局的用心和情怀而参与其中。1935年5月他撰写了论文《中国本位文化建设问题——愿以就商于"十教授"与胡适先生》刊登在申报月刊《前锋》杂志上。关于中国文学的出路，当时也是一场学术思想的论战，父亲在《社会科学月报》1937.1（4）上发表了《中国文学的出路》的论文。他从古今中外的文学发展历史进行分析，对文学发展的出路提出了自己的见解，父亲参与的这两场学术论战持续了几年，随着日本军国主义的入侵而告终。父亲还将我国现代民俗学的奠基人江绍原著《中国古代旅行之研究》翻译成法文[13]。这本书行销法、比、瑞，稿酬全部捐献抗日。父亲将古老文明的中国文化翻译成法文，志在沟通中法

13《Le Voyage Dans La Chine Ancienne》（Fan Jen，《中法比瑞丛书》，中法文化出版交换委员会出版，1936）

文化的对话，让更多的西方人了解中国。

二、漫漫爱情路，终结连理枝

在中法大学教书的这段日子正是父亲从最后的博士学位的学习到走向工作、婚姻、家庭的阶段，作为二十多岁的年轻人，风华正茂。他抱着理想、希望，正在经历着幸福，正在憧憬着美好，正在从成长的兴奋中走过年轻。也就是在这段时期，父亲在八年前播下的爱情种子终于开花结果了。

早在父亲就读北京大学的时候，就结识了孙荪荃，因为同乡，都是诗词爱好者，都有着进步思想，彼此往来甚多，

图 3-2 范任发表在申报月刊
《前锋》杂志文章，1935 年

孙荪荃把父亲作亲人看待。1927 年母亲刚到北平时，父亲和母亲在孙荪荃大表姐家初次见面就相谈甚欢，他们谈谈文学、谈自己的家庭、谈勤工俭学，母亲很佩服父亲的才学，而父亲却欣赏母亲大家风范的气质，她虽生活在富贵人家却不贪图富贵安逸，称得上一名秀外慧中的女生。当然志趣相同，理想相同，一个攻法文一个学英文，共同的语言让他们逐渐走近。从父亲的"别有人儿在"可看出他的一见钟情。

别有人儿在

赤栏斜倚临青濑，
忽见波心
照出轻盈态，
举眼看伊伊更快：

>秋波一溜,
>
>低头一笑,
>
>转过垂杨外。
>
>心迷目乱情无奈,
>
>初度相逢,
>
>便恁回青睐!
>
>暗讶今番真个怪⋯
>
>蓦然回首,
>
>那人望处,
>
>别有人儿在。

当时一个忙于学业、忙于课余勤工俭学;一个虽北大毕业但身兼两份工作,又准备出国深造,难有很多时间相聚,对于初恋的人,"花朝月夜动春心,谁忍相思不相见?"。但他们是能掌控自己的理智青年,心中清楚如何安排人生。求学的欲望彼此的真心,让他们懂得"两情若是久长时,又岂在朝朝暮暮"。他们选择了鸿雁传情,父亲善于以诗词表达自己的感情,母亲也用诗词相和,就这样见书鲜见人的相守了五年,曾经青涩的感受,曾经单纯的表达,曾经真诚的体会,曾经无法割舍的留恋,到我存在在你的存在中。在父亲留学的三年中,一次信件来往需要半年时间,从他们的诗集中如母亲的"秋心"、父亲的"长相思"可感受到,"花自飘零水自流。一种相思,两处闲愁"及"入我相思门,知我相思苦"的心境。这种相思是那样的盘旋在眼前,萦绕在耳边,沉淀在心里,挥之不去。

秋心

>诗情愁思贯相牵,
>
>抛却吟囊已半年;
>
>昨夜月明虫语急,
>
>秋心又欲上吟笺。

长相思·月

润如脂,

淡如梅,

万里同瞻绰约姿,

清光知向谁!

照相思,

照别离,

夜夜相看入睡迟,

撩人都是伊!

1932年父亲从比利时回国在北平中法大学教书,母亲从国立北平师范大学毕业,住在侄女孙荪荃家,当时孙荪荃是北京一女中校长,她说,孙其节的聘用毫无亲戚因素,孙其节不仅毕业成绩优秀,还有做家教的经验,从小在上海教会学校说了十年英语,有着流利地道的英语口语,是个难得的英语教师,母亲有幸被北京一女中聘用了。这时候应该可以谈婚论嫁了,可是母亲是个争强好胜的人,也是个善解人意的人,她要有自己独立的经济收入而不愿依靠家庭、靠丈夫生活的人。父亲要归还留学期间徐贤恭先生为他支付的家庭生活补贴费,同时还要负担妹妹范小梵的生活教育费,所以都觉得缺少组成家庭的经济基础,又将婚期推迟了三年。

在这漫长的八年中,对于二十多岁的少男少女来说并非处在真空中,他们都会有吸引年轻异性的崇拜者,父亲的英俊外貌和翩翩风度曾有不少女性追求,而母亲的高挑典雅玉洁冰清,也曾经让一些男性倾倒。然而,父亲的丘比特金箭已穿透了他俩人的心房并嵌入其中,没有一种力量能将其拔出,他们终于结成连理。

民国24年(1935年)6月26日,父亲趁祖父母花甲之时,特假座北平会贤堂,请戚友饮酒赋诗祝寿,并与母亲喜结良缘。会贤堂位于前海北沿18号,它是清末民初北京的著名饭庄八大堂之一。当时高朋满座,杯觥交杂,戚友多情厚祝,85首诗词74副对联云集,其中鸿篇钜制，祖父尤加珍惜，父亲就委托桐城商务印刷所代印成集为《范畏堂先生乔梓重庆集》，籍娱亲心并示酬谢。

在这吉日良辰里，亲友们欢聚一堂祝酒赋诗，既高雅而又富有中华文化色彩，不仅是诗歌、对联艺术的欣赏，也是一种书法艺术的赏识。我不得不感叹前辈国学底蕴之丰厚，这些戚友留存的笔墨至今八十余年，已成为一种珍贵而难忘的纪念。现在不少人说诗词、对联是戴着镣铐跳舞，规定太多，束缚了人的思想，已经老朽。我倒觉得作为一种文学艺术形式，就必定要遵循其艺术规律，没有规矩，不成方圆。我偏爱中国古诗词之美，美在境界，美在德操，美在心灵，而对联却又有着对立统一的和谐，一种天人合一的和谐和美感，它们作为中国传统文化的瑰宝自然有着它弘扬传播的价值。

在《范畏堂先生乔梓重庆集》中有我熟知的何其巩、沈尹默、朱光潜、余光烺、鲍文蔚、李健吾、李书华、贾植芝、朱锡侯、李麟玉、华南圭、华罗琛等文化名人的诗、对联。钩沉几首以资怀念。

何其巩克之[14]

范氏之大自宋，文正条叶扶疏。
世泽周竟十传，迨明是居钟山。
宜有杰士竺生，其间亘四百年。
月黾[15]毓灵秀粤起，先生益昌厥后。
有物有事道在，躬行夫人佐之。
以惕以惊韨佩，雍容受福未已。
亦有兰芽阶前，济美凤凰于飞。
和鸣锵锵君子，燕喜五世其昌。
以介眉寿，以迓休祥。

---

14 何其巩（1899-1955）：安徽桐城人，著名爱国抗日将领，和平解放北京的功臣。25岁留学苏联，29岁时曾任国民政府北平市的首任市长，北平中国大学代理校长，为增强学生的民族意识，对学生进行民族气节教育。

15 此字为月边旁加黾。

沈尹默

菜彩便旋多福地

花枝招展有情天

朱光潜[16]、**余光烺**[17]

乐事赏心佳儿佳妇

家风济世良相良医

苏州鲍文蔚[18]

读书读律己兼人，余事岐黄着首春。

司理法规今未泯，中书词翰久无伦。

义田济美持门日，嘉耦承欢舞彩辰。

周甲齐眉天所笃，伫看兰玉满庭新。

李健吾[19]

弧悦同悬华堂日永

琴瑟好合锦帐春深

---

16 朱光潜（1897-1986 年）：安徽桐城人。美学家、文艺理论家、教育家、翻译家，中国现代美学奠基人，北京大学教授，中国社会科学院学部委员。

17 余光烺(1897-1980)：安徽桐城人。数学家。曾在日本、美国留学，回国后任东北大学、金陵大学、南京大学数学系教授。陈独秀关押在南京监狱初期、曾探望接济陈独秀，白色恐怖时期掩护许多地下党人，受地下党的委托保存一批革命文物。南京解放时，受刘伯承元帅接见与奖励。历任江苏省政协常委。

18 鲍文蔚(1902-1991)：江苏宜兴人。中国近代文学翻译家、教育家。1926 年毕业于北京大学文学院西洋文学系，专攻西洋文学。1928 年赴法国留学。1932 年回国。1939－1943 年间，鲍文蔚和范希衡、沈宝基、曾觉之一起，为中法文化出版委员会编辑《法文研究》杂志。曾任北京大学、中法大学、东北大学教授。建国后，历任山东大学、解放军外语学院、北京外国语学院教授。

19 李健吾(1906-1982)：山西运城人。中国戏剧作家。1925 年考入清华大学中文系，后转西洋文学系。1931 年赴法国入巴黎现代语言专修学校，研究福楼拜，1933 年回国。任上海暨南大学文学院教授、上海孔德研究所研究员、上海实验戏剧学校创始人之一。建国后，中国社科院文学所研究员。

李书华[20]

鹤发婆娑祥凝华屋
鸳衾灿烂喜溢兰阶

贾植芝[21]、朱锡侯[22]

花甲双周千秋共祝
莲开并蒂百岁和谐

李麟玉[23]

榴馆迎祥笙簧协韵
华堂献寿情瑟交辉

华南圭　华罗琛

大德大年春秋不老
佳儿佳妇凤凰于飞

---

20 李书华（1889-1979）：河北昌黎人。著名物理学家、教育家。曾任国民政府教育部部长、北京大学教授、代理中法大学校长、北平研究院副院长、中国物理学会第一、二届会长。台湾中央研究院院士。曾一度任联合国教科文组织的的中华民国代表。巴黎大学物理、化学和生物学研究所负责人，旅居法、德、美。

21 贾植芝（1913-2016）：现名贾芝，山西省襄汾人。现代民间文艺学家、民俗学家，新中国民间文艺事业的开拓者、奠基人，中国社科院荣誉学部委员。1937年中法大学经济系毕业。其夫人李星华——李大钊长女毕业于中法大学孔德学院社会科学系。他们同为先父范希衡先生的早期学生。

22 朱锡侯（1914-2000）：浙江杭州人，杭州大学心理系原生理心理学教授。1937年毕业于中法大学哲学系，同年赴法国留学。1945年回国，曾任云南大学医学院、昆明医学院、杭州大学心理系教授。范希衡先生的早期学生、也是其胞妹范小梵的丈夫。

23 李麟玉(1889-1975)，字圣章，中国著名学者、教授。天津人。弘一大师(李叔同)的侄子。1910年赴法国学习，1920年获得高级梨花研究文凭。后在巴黎大学研究络合物化学。1921年获巴黎大学理学硕士学位，同年回国。1922年筹建了中法大学理学院，并任院长。1927年获法国骑士勋章。1949年后，历任国家重工业部顾问、北京工业学院副院长、全国第三、四届政协委员。

第三章 发轫期

我的外祖父为此乔梓重庆集作了长序，这让我感受到血浓于水的真谛。外公和爷爷是同乡、同年生，同善书法，兼工诗词，然两人的人生追求和价值观却不相同。但他们都有着"君子和而不同"的思想境界，终结成儿女亲家。过去的种种，早已经被时光磨灭，外祖父参加了女儿的婚礼，相互间又有了一次出自肺腑深处的促膝谈心，外公对于女儿的谏诤给予了理解与肯定，而母亲也为自己一时冲动和外公不辞而别表示道歉，父女之间八年的纠结终于冰雪消释。在这段喜庆日子里爷爷、奶奶和外祖父在父亲、母亲陪同下共游了颐和园、白塔寺，长城等名胜，傍晚他们坐在四合院中品茶，谈笑风生，喜悦得不亦乐乎。母亲穿梭在庭院之中忙于沏茶招待。

就这样母亲和外祖父之间的恩恩怨怨自然也就云消雾散，迎来最为绚丽的阳光。父、母亲安排庆贺爷爷、奶奶六十寿辰之时，作为自己的新婚典礼之日，心情愉悦地服侍爷爷、奶奶，使得爷爷、奶奶感受到一种人格的尊重和莫大精神的慰藉。这不仅是父、母亲孝道体现，也是促成家庭和谐的高明做法。

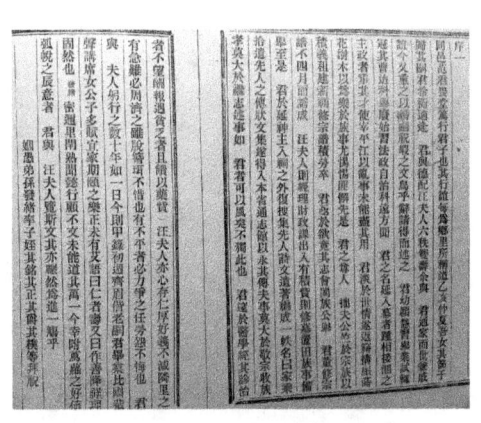

图 3-3《范畏堂先生乔梓重庆集》
外公孙发绪作序

那个时候在中法大学当教授工资比一般大学高，再加上编译杂志、撰写书稿，每月收入四、五百法币（法定纸币），而物价相对便宜，猪肉 1 斤只要 1 毛多钱，面粉 25 公斤一袋约 3 元左右。父亲不仅能负担父、母和妹妹们生活，还能请位保姆照顾铮哥，过上衣食无忧、致力于事业的安定日子。当时父亲在北平西黄城根 22 号一所带有大花园的陈家大院中，租了一套六间房子的四合院，内设盥洗室，书房、客厅。这座陈家大院有许多大小院落，住着十来家人家。其中有四五家法国留学归来的学者，还有一官宦人家，其子是后来著名民俗学者、红学家邓云乡。

这一年应该是父母一生中最幸福的一年。一年多后，于1936年8月14日酉时外祖父在病魔中逝世，母亲看到外祖父临终前平静的面容，感叹地在日记中写道："阿爹走了，走得那么安详，他心中的结一定都散开了。我记得我结婚那天，阿爹端起我沏的茶，意味深长地连声说道'好茶，好茶，从未饮过的好茶！沁人心脾啊！'我笑着说：'哪里是好茶，是你自己感到舒畅而已'阿爹笑了，大家都笑了。我想圆寂那一刹那，阿爹是快乐的进入往生极乐世界了"。

在这段年月里，父母亲每月都会去参加"北平国际文艺座谈会"的文化沙龙，这是由著名土木工程大师华南圭的波兰夫人华罗琛创办。华罗琛是位女作家，长期生活在巴黎，中国被她视为第二母国，她的成功之作《恋爱与义务》在1931年搬上银幕，由阮玲玉和金焰担任主演，直到2014年在上海和2016年在北京举办的国际电影节仍在上演。

图3-4 范任教授与孙其节女士新婚俪影，1935年

这个"国际文艺座谈会"可以说是北平文化城中一个文艺作家的小聚会，在这个团体中，有不同国籍的作家，如法人邵可侣，华罗琛，具有女性意识的日本女作家望月百合子夫人，朱光潜、吴宓、李健吾、郑振铎、范任、梁宗岱、鲍文蔚、郭麟阁、曾觉之等人。

座谈会旨在促进中西作家交流和鼓励更多关注社会问题的优秀文学作品。按其章程所述，"提倡公正真实足以增进国际民族间之谅解与感情的一切作品"。会场主要在华罗琛家庭院或客厅，偶然也会在吴宓先生家举行。会员都用法语介绍一位各国的现代作家，然后大家再进行讨论，完全采用谈话方式自由论述，各表己见，既轻松又严肃。华罗琛孙女散文家华新民女士曾提供给我一份1936年5月3日《世界晨报》，上面登载了一位记者现场采访的文章《国际文艺座谈会——演讲鲁迅记》《文化城中的文艺沙龙解剖一部呐喊》，演讲人范任，正是我的父亲。

他的讲题是《中国作家鲁迅》，他说，"一部《呐喊》便是一种愤世嫉俗心情的发泄，前12篇都有着浓厚的社会性，是鲁迅对于社会整个的描写……鲁迅的长处，在于他能看得深入，写得浅出，他善于在平凡的生活里找着有意义的片面啊！"最后父亲给出结论是："鲁迅的文笔妙在自然生动，并不假借浪漫的爱情来引人入胜，不需要什么过火的形容来引人注意，他能用很简单的笔调写出一个极活跃的人和事，在中国新文化很幼稚的时期里，以现状论，鲁迅仍不失为中国第一流的作家。"父亲讲完之后，"这时屋里的人就加以辩论起来，沉静气氛，立时也变成了纷争的，烦嚣的，打破了先时那种寂静，讨论了半天，结果是同意了范任的观点。"这个文化沙龙持续了二年余，由于抗日战争爆发而自然告终。父母亲到了上海后，母亲还在她笔记中写下："怀念这样的文化沙龙和那才华横溢的华露存（即华罗琛）女士。"

三、尽责、尽心的兄长

父母给予了每个人的生命，每个人又在父母的精心呵护下长大成人，这种生命创造及抚养的客观事实，使人自然产生对父母的报恩思想，当自己的父母年老或失去能力之后，竭尽全力赡养父母和弟妹是一种基本道德与义务。

图 3-4 范希衡、孙其节伉俪

翻开父母的笔记本，将点滴记录串联在一起，可看出父母亲是个勇于承担责任的，对父母、姊妹、子女都是尽责、尽心的人。也许这是他们小时候受家庭的教育和孔孟之道的影响，他们特别孝顺父母，关爱姊妹。

父亲有一个姐姐四个妹妹，我的大姑坤静，比父亲大四岁，非常疼爱弟弟，弟弟也很喜欢姐姐，那时女孩子都要帮忙家务，只有父亲跟着爷爷在私塾里读书。大姑求知欲望很强，每当爷爷教书的时候，就会搬着小板凳坐在窗外听屋里传出的琅琅读书声，也跟着学。大姑、二姑虽然没有进过学堂，从小就跟随奶奶读书习字，学会吟诗对仗。后来父亲进了学堂，每次从学堂回来，大姑都要问弟弟"今天学了什么？"，让我父亲教她。

爷爷见她勤奋好学，寒窗苦读，就让她跟自己学中医，终身以中医为生。大姑父张效三是清朝张英父子宰相十八世后裔，国学基础厚实，被母亲聘用在安徽省省立第一女子师范学校任国文教师。大姑后来受丈夫影响，也经常写诗。哭弟（希衡）一首体现了姐弟间的深厚感情。

哭弟（希衡）

恨归故里未相见，
异日黄泉可再逢，
若果灵魂能有觉，
也应入梦话冰心。

悲忆当年两小痴，
夜深犹自学吟诗，
只今唯有嫦娥月，
曾照当年共砚时。

二姑坤和比父亲小四岁，也是奶奶在家里教她读书认字，倒也学会赋诗习字，教其子女，也许这就是桐城耕读人家的习俗。父亲外出读书，大姑出嫁，特别在爷爷奶奶生病时，全靠二姑扶持照应。父亲在大学的期间靠奖学金和勤工俭学的收入维持自己的费用，大学毕业后始接济爷爷奶奶提供妹妹们的生活教育费，但是二姑与父亲年龄靠近，父亲没有条件支援她读书，始终感到内疚。

后来二姑和当地的国文教师李宗亮结婚，1949年后李家的成分被划为地主，她就回到农村务农，成了地主婆，每次批斗会总少不了她在场，不过当地农民对他们还算客气，她也活到了83

图3-4 范希衡之大姐

岁。三姑坤仪在安庆女子师范毕业后在安庆教书，三姑父吴学俊是个大学毕业生，他们婚后不久日本人入侵中国，腥风血雨的屠杀中国人民，那时父、母亲已经到了重庆在中央大学师范学院，父亲被聘为国文系教授，三姑和三姑父也跟着逃难到重庆。三姑在重庆第九临中教书，1942年在产下女儿吴晓云后，因缺医少药而产后离去人间，一个28岁的母亲，还未来得及看女儿一眼，还未来得及与丈夫共享女儿的欢乐，就这样撒手人寰……

在病房里，三姑父、小姑和我的父母好久都呜咽不语，我们兄妹三人见此场景也哇哇大哭起来，悲鸣悬荡在雾气弥漫的空中，仿佛是被日本人炸弹的烟雾笼罩一般。父、母亲知道白发人送黑发人的悲痛，没有将三姑死讯及时告诉爷爷奶奶，直至1945年抗战胜利后爷爷奶奶才得知三姑的不幸。

父亲留学回国第二年即1933年，四姑范坤元（1938年改名范小梵）初中刚毕业，父亲就将她接到北平读书和自己住在一起，当时四姑只有十五岁。父亲希望她能在北平接受良好教育，考上一所好大学，将来有个好前景。为了让自己的妹妹能考上北平有名的第一女子中学，父亲又请他的女友、后来的妻子——孙其节帮助四姑全面复习迎考。四姑考取北平一女中，全家人都为之高兴。

父亲当时二十七八岁，和一些学生们的年龄只长五六岁，每到周末或节日父亲常邀请同学们到家里来听听音乐、用法语聊聊天，吃顿面、包顿饺子，父亲就是用这样方法强化一些同学的法文口语，所以他和学生们一直保持着良好的关系。当时四姑正值情窦初开的豆蔻年华，她的性格活泼外向，聪明伶俐，对一切都感兴趣，她很快和这些大学生熟悉了。当时家里播放的音乐都是莫扎特、贝多芬、巴赫一类外国古典乐曲，四姑觉得好听，却又不懂，她就和朱锡侯交谈起来并产生了好感。朱锡侯说他会拉小提琴，以后可以拉琴给她听，就这样来来往往堕入情网。经常晚上一溜烟地跑出去，很迟回家，父亲相当着急，担心她的学业与安全。

1935年父亲结婚后，爷爷、奶奶也随之留在了北平，他们将照顾坤元（即四姑）的学习任务交给了母亲，母亲正是北平一女中教师，自然是义不容辞地接受了。10月17日，母亲在笔记中写道："今天坤元放学后又没有回家，我们等她吃晚饭等了很久，大家心中都惴惴不安，公公直叹气地说：'这孩子不懂家规，叛逆呀！'婆婆让我出去找，去哪里找呢？在同学家还是在学校上自习？我跑了一圈没找到人，晚上九点多钟坤元回来了，我问她吃过没有？她说：'吃过了。'径直走进卧室，锁上了门。这事真让我担心，坤元经常放学很迟回家，公公、婆婆都管不住，我怎么管呢。本来谈恋爱是人生的过程，有哪个少女不怀春，有哪个少男不钟情，早恋并不完全是坏事，要自己把握住啊。"

当时四姑只有十六七岁，正是读书的好时光，父亲不希望她分散思想，于是母亲常和四姑聊天，引导她认识学习的重要性和早恋的后果。虽然四姑口头答应，行动却是我行我素，对自己前途考虑很少。其实家里人并不反对四姑与朱锡侯交往，只因她年龄尚小，会影响学习，要求她情感要节制，要把握住"度"，学好高中课程争取考上理想大学，还让朱锡侯多帮助她完成好高中阶段的学习，准备大学考试。这是父亲将妹妹从家乡接出来培养的一片苦心。可是沉溺于热恋中的四姑并不理解她的哥哥、嫂嫂、父亲和母亲的一片心意，一心想结婚，其结果当然是与大学失之交臂。

1936年四姑高中即将毕业时，我的四姑父朱锡侯给父亲一封求婚信。父亲和爷爷、奶奶商量后语重心长地回了他一封信，父亲记录了其内容是："……，坤元已到18岁，锡侯也有22岁了，按理可以完婚。你们结合，我与家父母都不反对。然当前局势未定，战争随时爆发，锡侯有意负笈欧洲，虽说三年，归期难以预料，你们现在还年轻，希望在学业上多花点功夫。可以考虑先订婚，待你学成归国后再结婚。坤元也好乘此机会补习功课再考大学，只要继续读书，我仍然可以承担坤元的读书费用。如果一定要现在结婚，今后一切自己负责，……"。

父亲看问题多么深远，对妹妹又多么深沉的爱与关怀！可是年轻的妹妹根本不予理会，爷爷奶奶对此非常操心。1936年9月四姑随同爷爷奶奶回老家桐城，次年1月她对爷爷谎称去安庆考女师实际是去北平结婚。

本节原应到此结束，否则会冲淡了主题，但是最近看到范小梵（四姑）写的一本《风雨流亡路》，以一个知识女性在抗战时期的逃亡日记出现，在后记中四姑的大女儿新地做了一些补笔，称之为一部民间的真实历史，并不断向各报刊投文、进行不切实际的宣传，产生了一定社会影响。这使得一些读者，甚至一些大学教师都相信其"真实"性，香港中文大学中国研究服务中心主办的"民间历史"收入了此书，并作为香港中文大学抗日教育的教材。为了正本清源，为了给养育她的父母和兄长讨个公道，为了让真实的历史再现读者面前，我在这里只有多花些笔墨了。

仔细品味这本书的整个内容处处表露出一种矫情干誉、攀附名贵的思想。书中写道："我从旧礼教的封建牢笼里逃出来……此事轰动一时"来作主线，编织了一个又一个离奇故事。借此表现自己对封建社会包办婚姻的反抗精神，及这种精神对当时社会所产生的轰动效应。却不顾给自己德高望重的父母兄长的人品蒙上一层阴影。

我们不妨回顾一下中国婚姻演变的历史，早在20世纪之前父母包办婚姻的确成为社会的主流，可是1911年辛亥革命有力地冲击了封建包办婚姻，男女自由恋爱自主婚姻已经萌芽。到了1919年"五四"运动时，反封建包办婚姻的斗争正进入高潮。而在1930年中华民国民法已规定："婚约应由男女当事人自行订定；享有自主决定之自由。"另则，上文曾叙述了1919年爷爷在长沙《公言报》任编辑，1928年又任河北省府司法厅法官。时代的变革和爷爷开明、进步的思想理念，不可能构成"封建牢笼"，也许是她对"旧礼教的封建牢笼"认识不清。

父亲常教导我们，中国是举世闻名的礼仪之邦，具有"文明古国"的桂冠，中国传统文化的核心是礼乐文化——每每简称为礼。现在说的礼教是孔子所提倡的"礼乐教化"，就是教导官吏和百姓能够做到克制自己的私欲，遵守礼制即克己复礼。"礼是天理之节文，天理正气所在，使行之有度"。礼，包括道德行为规范、文明行为规范、礼俗、礼仪、礼节、制度等行为，如果父母、长兄的规劝也算旧礼教封建牢笼，需要抨击、打碎的话，还有什么国法家规可言。而事实上爷爷、奶奶和父亲都尊重四姑的恋爱自由，并没有父母之命、媒妁之言，一手办理包办婚姻。只因面临日本对华开战的混乱局面，面对朱锡侯即将出国状况，从四姑的前途着想，让她先订婚，待朱锡侯回国后再结婚，这是一种爱，一种责任，谈不上旧礼教与封建牢笼。

当时爷爷、奶奶、父亲对四姑的这一番关爱，这一番道理分析与建议，这一番规劝，对热恋中的四姑难以理解，也听不进去。如果父亲不关心她，为何要把她带到北平，提供她生活教育费，帮她补习，促使她考上北平有名的中学，早一点嫁出去不是更好吗？再说，一个18岁刚高中毕业的女孩子与大学即将毕业的大学生结婚，没有家庭、社会背景，如何对当时社会产生轰动效应？

书中从序言到后记都反复提到与邓小平夫人浦琼英（卓琳）、演员张瑞芳及当时众多的文学名人如朱光潜等人的亲密关系。只需按迹循踪，其真实性就打上了"问号"。浦家三姐妹都是母亲的学生，浦琼英虽在北平一女中读过书,但 1936 年已进入北京大学物理系读书,在 1936-1937 年间,浦琼英正忙着抗日宣传,并和她的二个姐姐浦黛英、浦石英一起策划如何去延安呢,1937 年"七·七"事变爆发后,她去延安投奔了八路军[24]。新地在后记中写到"父亲担心直接寄路费会被外祖父拦截,便与母亲的好友浦琼英商量。浦琼英出主意:把 30 元钱藏入纪念册的厚封面里寄去,并由浦琼英写信告诉母亲。没想到,母亲自回桐城后,便被怀疑为北平来的共产党,一直在当局的注意之中。结果,这封信落入到了邮局国民党检查人员的手里。"

其实当时正是第二次国共合作的酝酿期,况且北平并非苏区,四姑是和爷爷、奶奶在父亲护送下回了老家,以往没有和共产党联系的行为,怎么会怀疑起四姑是共产党呢?就演员张瑞芳而言,当年就读北平国立艺术专科学校西洋画系学习,1937 年七七事变后,张瑞芳与妹妹张楠、陈荒煤等组成了以宣传抗日为宗旨的"北平学生战地移动剧团"曾到北平一女中演出过话剧,这时的四姑已经结婚到杭州婆家了。从上面各人的情况分析,她们完全走在不同的路上,她们之间关系并非四姑书所中描写的那样亲密。

更匪夷所思的是书中提到"那些有名的作家编委们如李健吾、章靳、卞之琳也住在那一带"。实际上李健吾先生自 1933 年从法国回国后一直是上海暨南大学教授,创办上海戏剧专科学校,1954 年才开始赴北京大学任教。同样卞之琳自 1933 年北大毕业后就辗转在江苏海门、苏州、温州一带,抗战爆发后去重庆大学执教,1949 年后才到北京大学任教。

在抗日期间自四姑从夫家浙江辗转到上饶、到崇安(武夷山)及南平等地之后,父亲都尽力托朋友帮忙为四姑介绍工作,能关照之处都尽力给予了关怀,在上饶、崇安奶奶和小姑也都和父母亲住在一起。她也是奔着家人的行踪而动的,书中却掩盖了家庭帮助这一事

---

24 浦婵朱:《琼英(卓琳)用她 15 岁幼嫩的翅膀,翱翔蓝天,勇敢的飞向远方》云南人民出版社,1997.

实，相反在这本书中字里行间对兄嫂充满敌意，诸如"自尊心和骄傲使我不愿见他（指长兄），我不愿在我失业困难时看见他，我也不向他乞求什么。"等类词句。四姑的女儿还在回忆录中写道："我的母亲是中央日报第一个女记者"却没有文献资料的支持。

我相信四姑不应该如此脱离事实、忘恩负义，仔细考虑后，我从不理解中似乎有些明白，这本书毕竟经过了七十多年的时代变迁，经我的表妹整理加工而成，其中免不了夹杂着整理加工者的时代烙印，才会缺少历史感和判断力；才会缺少追求真实记录的责任心；才会缺少对文字恰到好处的控制能力。通过整理加工的作品，往往会随着社会环境的影响和整理加工人的思想品德而改变。正如我的表妹坦荡地告诉我，"历史是人写的，没有一部历史是真实的"，不少人也就"如法炮制"了。

文革期间除四旧、刨祖坟毁掉道德根基，当今社会造假成风，这股风已吹入到人们的肌肤，甚至深入一些人的骨髓，为了达到自身目的，什么谎言都敢造，整个社会都陷入毫无道德底线的怪圈之中，这也就提供了某些纪实文学掺夹着虚假历史的土壤，还有什么可言！？久而久之，岂不是像青蛙一样竟忘记它曾经是蝌蚪了！？这里我仅以身边熟知的故事，来说明当今社会普遍存在的一些现象而已。 孔子曰："政者，正也，子帅以正，孰敢不正？"

说来也巧，我父亲这支与四姑父朱家有着双重亲戚关系，不仅四姑父朱锡侯是我父亲的妹夫，四姑父的姐姐朱锡春还是我姐姐的婆婆，也就是说朱锡侯的外甥李伯轩成了我的亲姐夫，其父李汉松抗战时是昆明中华书局总经理与父亲早已相识。1956年李伯轩考取了南京大学化学系，当时国家急需人才，李伯轩提前一年毕业，1959年被学校分配到北京七机部声学所。他在南京读书期间经常来我们家聊天，我们姐妹与他特别亲切，管他叫"李哥哥"。他为人忠厚、热情，爱好文学，喜欢写散文，文字总是那么富有诗情画意。玲姐在1956年考取山东医学院医疗系，1961年毕业，1963年李伯轩就成了我的姐夫。

由于姐夫经常出差在外，餐食无定时，1966年引起胃部大出血，切除了四分之三的胃，于是姐夫去昆明休假，住在他的舅舅、我的四姑父家。此时正值十年动乱开始，大学不招生，工厂不招工，国家动员六六、六七、六八届在校的初中和高中生全部前往农村，上山下乡的风声很紧。四姑的大女儿新地是六六届高中毕业生。姐夫休假从昆明回单位工作后不久，北京声学所有关部门注意到由昆明发给姐夫的信件频频，该所属保密单位，有检查员工信件的责任。

有一天组织上发现新地给姐夫的一封信，主要内容是她将被安排到云南边远的一个少数民族小山村，当地人很野蛮，她不愿去又无法抵制，就提出了要和我的姐夫结婚。北京声学所将这封信交给了我的玲姐。她看信后双泪俱下、两手颤抖，她质问丈夫究竟发生了什么？姐夫回答："没什么，只是和新地在一起聊天、出去玩玩而已。"新地写信提出这个要求简直荒唐，明知道李伯轩是有妇之夫，怎能破坏他人家庭？更何况李伯轩是她的亲表哥，而我的姐姐又是她妈妈的亲外甥女，能成婚吗？

其实，作为一名高中毕业生不会不清楚。只不过她得知知青上山下乡所受的种种遭遇，为了逃避这种遭遇而一时糊涂，做出这种令人之悲又令人所卑的事来。玲姐将此信寄给了父亲，父亲给四姑写了一封信，让四姑要教育好自己的女儿，这也是他们之间的最后一封信。四姑却没有为自己女儿不当行为表示歉意，反而叫我的姐姐管好自己的丈夫。这种词语就像伤口撒盐般，使人痛上加痛，其结果造成了一个家庭破裂。至今我的姐姐八十多岁了仍然孤身一人，而姐夫又何尝不是哑巴吃黄连呢？

对于这一段不齿于外传的家事，我们没有谈起过，我们给予了宽容，这除了个人不可推脱的责任外，也是当时社会的环境所引发。半个世纪后，作为历史，作为反映上山下山运动时年轻人的各种思想行为的真实记录，在这里我大胆地写出了家族中的憾事，也记录了当时知青对上山、下乡运动的一种真实心态。当然，最后我的表妹还是到了少数民族的山寨插队了。

第四章　战乱羁旅生活

避地危如巢幕燕，挈家情类触藩羊。
一杯未饮心先醉，五夜含愁鬓欲霜。
吾辈几人思蹈海，中原时事拟探汤。
隆中圮上今何有，俯仰千秋意激昂。

——方昌翰

一、为抗日救亡疾呼呐喊

在中法大学这段日子里父母亲度过了一段短暂而幸福平静的生活。1936年4月长子范铮出生了，给全家增添了欢乐气氛，尤其是爷爷奶奶更是喜出望外。然而，1936年2月26日，日本发生二·二六事件，加速日本法西斯军事独裁政权形成，对华侵略有步步逼近的趋势。为了全家人的安全，父亲提早作了安排，于1936年9月带着襁褓中的铮哥、爷爷、奶奶和四姑一起经上海回桐城，将老人安顿好后转至抗日后方上海，担任中法文化出版交换委员会编审。

那时父母的工资尚有积余，用两

图 4-1 范希衡及其夫人孙其节携长子范铮，1937年摄于上海

根金条（当时购房都是用金条）在上海复兴中路（拉斐德路霞飞路口）桃源村64号购买了一栋三层楼房子。当时抗日的烽火刚刚燃起，国民党政府为了争取外国援助与国际舆论的同情，开始高度重视对外宣传工作。为加强中苏两国的文化交流，争取当时唯一的社会主义国家政治和军事方面的援助，以促成抗日战争的胜利，在这个背景下父亲编译了《苏联诸民族的文学》，于1937年在商务印书馆出版，让国人了解世界上第一个社会主义国家，争取"联苏制日"，稿酬也如数地捐献了抗日。

1937年8月中旬第二次国共合作开始，组成了抗日民族统一战线，父亲对此心中感到十分喜悦，国共合作可以有效打击日本军国主义的侵略。翌年，父亲由盛成[25]介绍加入了上海市各界抗日后援会国际宣传委员会，用外文翻译抗战宣传文章，对国外进行抗日宣传。父亲任外文编译组副组长负责法文编辑、王炳南常务委员兼德文编辑、宦乡[26]则编辑英文。胡愈之任国际宣传委员会主任，事实是国民党和共产党共同工作的宣传委员会，有一些亲共的进步人士如刘思慕、盛成、宦乡和范任等。

图4-2 范希衡1937年摄于上海

这里还有一位神秘人物，就是王安娜，王炳南的德国夫人，她主要是和"保卫中国同盟"上海委员会的成员们一起，共同研究有关抗日救国工作，商谈如何具体支持后方的抗日斗争。他们除了编撰宣传手册，揭露

---

25 盛成(1899-1996)江苏仪征人，是本世纪中国一位集作家、诗人、翻译家、语言学家、汉学家为一身的著名学者。"辛亥革命三童子"之一。参与创建了法国共产党，是该党早期的领导人之一。1985年，法国密特朗总统授予这位"世纪老人"法兰西荣誉军团骑士勋章。

26 宦乡（1910-1989），贵州遵义人，曾赴英国留学，攻政治经济学。抗日战争爆发后，进入国民政府第三战区政治部工作，后任《前线日报》副社长总编辑。1948年加入共产党。1949年后先出任外交部首任欧非司司长，中国驻英代办，外交部部长助理兼政策研究室主任，中国社会科学院副院长等职。

日军在中国的暴行和中国抗战的意义等外，还进行外报记者招待会，联络外交部和京沪警备司令部的驻沪办事处，会同国际宣传部交际股，每天下午四至六时在国际饭店十四楼的绿厅，提供对外报告信息；以英、日、法、德、俄、韩和世界语开展播音宣传。

1938年上海沦陷，3月份国际宣传委员会解体。上海沦陷后，父亲牺牲了上海的工作和上海的房产，在比利时鲁汶大学学法律的同学徐直民的推荐下，到上饶第三战区长官司令部任国际问题秘书。孙晓村[27]当时任第三战区经济委员会专员、军粮巡回督察团主任，也积极支持父亲到三战区来。孙晓村与父亲同年出生，同在上海震旦大学法文预科学习，一起参加了五卅运动，一起离开震旦大学逃往北京，在共同的理想下建立了很好的友谊，这也促使了父亲决定奔往三战区工作。

二、炸弹声中一个婴儿诞生

这一年一位世交将他的女儿吴润辉托付给父母亲带在身边逃难，1938年3月17日父母亲带着二岁的哥哥、吴润辉（我们管她叫吴姐姐）和王炳南夫妇一起乘船到汉口。船上挤满着流亡的人群，当船航行到安庆、芜湖一带，忽然船里人惊慌相语，"黑鸟（指飞机）在船的上空回旋矣！"，天上突然像雷鸣闪电般，照得整条船通亮，惊叫声、嚎哭声、机械轰隆声混杂一片，仿佛阴曹地府打开般的恐惧、悲惨。于是灯火尽息，一片黑暗。次日凌晨，相传二艘轮船被炸，死者近两千人，旅客闻之惶骇不已。

船在黄石到汉口途中，母亲腹中胎儿突然提前骚动起来，挣扎着要来到人间。这时父亲看到疼痛难忍、泪流满面的母亲，显得束手无策。吴姐姐学过护士，却没有接生经验，而王安娜（安娜利泽）是一

---

27 孙晓村（1906-1991），浙江余杭人。1924年在上海震旦大学法文预科学习，1929年毕业于北平中法大学。1949年后历任政务院财经委员会委员、中国银行常务董事，中国国际信托投资公司董事，政协全国委员会副主席等职。

位获得哲学博士学位女士,虽不懂医学但在德国学过的简单救护知识和'小长征'中积累的抢救经验,加之办事稳重而有条理,危急之中,吴姐姐和安娜共同上阵,她们在床的四周围上了床单,其他人也尽可能伸出手来帮忙。

一场紧张的忙碌后,婴儿终于呱呱落地,接着又是一场非凡的操作就是剪脐带,没有任何手术器械和消毒条件,她们急中生智,用打火机消毒的一把水果刀,切断了脐带,婴儿从此独立成个体。此时此处母亲勾心的疼痛可想而知,但她却在极度疲劳衰竭中,睁开了疲劳的眼睛、露出了微笑。父亲高兴地称两位女士为"阿尔忒弥斯Artemis"希腊神话中主接生的神。

一阵欢快之后,大家又进入了繁忙的产后护理阶段,母亲过度疲劳与惊吓出现了血崩。在当时的小轮船上,先别谈饮食和热水,就连冷水也供应不上。于是王伯伯和安娜忙着在长江里打水,他们找到一根麻绳,借了一个水桶,泼辣的安娜站在船头的甲板上,将水桶从栏杆上面甩到水中,每次水桶都飘了起来,在水面上直打转,王伯伯见状找来一根竹竿,将桶压入水中才算装满了水,可是一桶水经风一吹,摇摇晃晃、泼泼洒洒,只剩下大半桶水。

那早春三月江面的寒风凛冽,打上来的水冰凉刺骨,伙房的师傅帮忙烧成热水,婴儿的啼声在这热气腾腾的水中顿时消失了,半睁着小眼睛,也许她已感受到了人间的温暖。母亲也因热水驱散了身上的寒气舒服多了。船上的人见状,有些人还拿出旧衣、草纸相助,在那为难之际,同是天涯沦落人,一种自发的民族同情心和凝聚力体现出来了。后来父母亲说起玲姐在船上出生的故事,常说:"若没有大家帮忙也许小性命难保了"。

父亲和王炳南、安娜在欧洲留学时就熟悉,抗战初时又一起在抗日国际宣传委员会工作,所以有闲空也常会聊一些天南地北及个人感情私事。王伯伯说他与安娜情感笃深,安娜曾为了他的事业和前途的发展提出了分离,虽然不是完全出于自愿,但谁也不肯给对方增加什么额外的精神负担,彼此都陷入痛苦之中。安娜很喜欢吴润辉,看到吴姐姐温柔、能干、有思想、有上进心，长得也很漂亮，就有意让王伯伯与吴姐姐一起聊聊天，以解除丈夫的烦恼，这种细微的关心自然是冰炭不言，冷热自知，不免让父母亲为之感动。

王安娜从1931年起就积极参加反对法西斯的斗争，曾两次被捕入狱。她是一位忠于革命事业的斗士，也是一位最早来中国参加革命工作的欧洲人。抗战爆发后，她随王炳南到上海、香港和重庆等地，参加八路军办事处做联络及统战工作；她在极其艰苦的条件下，为抗日去印度、去香港、去敌占区、去前线，为了抗战多次出生入死；她从来都没有一句怨言，但她总感到共产党对她还是有些内外有别。1938年王安娜有一段事先无法向组织请示的'日本之行'，让王炳南挨整而寒心。

王安娜认为王炳南的职务虽不太高，然他的才华、智慧以及他的贡献远远超过常人。为了不影响丈夫的工作和前途，也为了解脱自己的苦恼，她决定和王炳南分手。当然在极为艰苦的抗战环境里，他们之间也曾出现过某些难以调和的分歧，那就是王安娜尊重、同情和支持中国革命，但她不愿意加入任何组织。在那些年月里，王安娜的一切问题，在王炳南看来，主要是不愿意接受组织的约束，个人的自由主义太强造成的。对安娜作为一个德国人来说，文化背景也有不同，她喜欢自己战斗。在王伯伯与安娜结束夫妻关系之后，双方都有过一段比较长的痛苦过程。1945年，抗战胜利后王伯伯曾向我父亲打听吴润辉的消息，遗憾的是吴姐姐去美国学医护，学成后与中国核能专家卢鹤绂教授已喜结良缘了。

父亲到了汉口之后，立即将出血不止的母亲和刚出生的瘦小玲姐，送到一家教会医院住院治疗，直至母女康复出院。法国修女爱莉护士特别怜惜在动荡飘零中出生的孩子，对孩子照顾尤为细心周到，出院时还抱她到女宿舍屋顶花园合了影，并赠予照片纪念。尽管后来没有联系，但在兵荒马乱流落他乡之际，医患间有这种情谊，也足以温暖心田。父亲为此填词一首《浪淘沙》——谢修女爱莉赠照。在汉口大半年期间，父亲和王炳南夫妇仍然坚持着抗日战争的国际宣传

工作。在夜深人静之时,客泊他乡的父亲,常惦念着家乡父老诸友,有咏怀诗云:

> 龙眠家学旧来名,忍把文章误此身。
> 国破忽惊投笔起,军兴正好裹粮行。
> 安边敢诩胸中甲,草檄终嫌纸上兵,
> 如许河山如韵劫,江南笳鼓总关情。

三、上饶皂头镇第三战区长官司令部

1938年10月日军攻占武汉后,王炳南夫妇去了重庆,父亲则带了家属到了江西上饶,担任第三战区国际问题秘书,给顾祝同讲国际知识,写国际问题文稿,宣传抗日,父亲办事笃实干练,富正义感又有一手好字好文章,顾祝同对他很为赏识。那时在司令部工作的人必须加入国民党,每人发一份油印的入党申请书,父亲也就跟随参加了集体入党,这样父亲就由一个民主人士变成了国民党人。

第三战区长官司令部原驻上海昆山,随着战事变化,先后退迁苏州、常州、屯溪,1939年春迁至江西上饶的皂头镇毛湾乡。它是上饶县南边"十里八乡"的出入要道,山川绵亘不绝,农田大都分散在沟沟垅垅里,丁溪河把全乡一分为二,直流丰溪河,下信江,入鄱阳湖。常有船只、竹排在水中航行,是百姓们的重要交通。街道古朴宁静,有一些稀疏点点的小店铺、邮政代办所,虽有些萧条,但在战争年代却是人们心目中避难胜地,若放到和平的现在,这个小山村背倚南屏、面临信水,远观灵山,七十

图 4-3 范希衡 1939年,上饶

二峰,历历可数,农舍依山建筑,曲折幽雅,却是另一番景象。

第三战区长官司令部迁到皂头镇毛湾乡后,长官司令部办公厅的机关跟随而来,不知其数。司令部及其办公厅和其他单位一样都是借用民房。把民房都隔成几个小间,在门口挂上牌子:有长官办公室、随从室、收发监印室、卫生室、会客室、会议室和机要室。几个工作内容相同的人挤在同一办公室,整个机构都在一座院落内。唯有机要室,由于人多,设在毗邻的另一座院落。

父母亲带着襁褓中的玲姐和 2 岁多的铮哥,租用了村民的住房。母亲因产后没有能好好休息与补充营养,身体极其虚弱,找了位村姑帮忙做家务。安徽失守后,父亲担心家人遭日本鬼子的暴行,写信让爷爷、奶奶带着小姑到上饶毛湾镇来避难,可是爷爷舍不得几代人留下的藏书和一生辛苦创下的家业,不愿再四处奔波,而奶奶六十有余,为了正值花季的小姑的人身安全,不得已前往上饶逃难。

那时她们急于赶路,一天只吃两餐,也就是炒河粉或米饭就着榨菜汤。有一次赶不上车,母女俩像无头苍蝇到处乱闯,跟随着到上饶的人流走,走了一条人烟稀少的小路,举目不见人家,也没有饭吃。幸运地是有好心人在小路旁放着有木盖的小水缸,木盖上还系着一个搪瓷杯,给逃难的人供水喝。小姑最怕遇到卡子,当兵的扛着长枪,当官的佩着短枪,他们说是检查违禁品,一面问一面翻行李,见到想要的就塞到自己衣兜里。小姑带了几片金片插进肥皂里,卡子兵查看的只是行李和网袋里的东西,一块肥皂却不在他们的眼里,小姑的盘缠就逃过了一劫。

可怜的是奶奶,拖着三寸金莲,脚上的血泡浸透了裹脚布,跌倒了又爬起来,跛脚行走疼痛钻心,面对可能突然降临的死神,只有在疼痛中挣扎、为生命逃亡。经过半个多月的途中艰辛,总算抵达了上饶。父、母每日悬挂的心也落了下来,虽然她们所带的随身物品丢失了,这已是区区小事,算不了什么。那天父亲工作脱不开身,母亲又有两个嗷嗷待哺的孩子困扰,父亲请在上饶当工兵营营长的仲骅二叔去上饶接她们来毛湾,还请二叔为奶奶和小姑买些日用品和布匹做换洗衣服与被子。奶奶那双三寸金莲,让她吃够了苦,用热水泡了个把小时,才算慢慢扯开了那又臭又长的裹脚布。不久,小姑找到一份小学教师的工作,流亡生活暂时安定下来。

上饶当时还没受敌机干扰,可是蚊子、老鼠很猖狂,一到晚上老鼠上蹿下跳叽叽叫,连猫也不放在眼里;蚊子在耳边嗡嗡作响,隔二层衣服都会叮起一个大包,使人发痒难眠。铮哥和玲姐身上叮得大一块小一块,母亲也学着用口水涂一涂来安慰自己。据说当时死于疟疾和鼠疫的人不少,这种生活确实也不算安定。但是这和日本鬼子造成中国人民的血海深仇相比,虫鼠又算得了什么呢?

父亲抱着坚持抗战的坚定立场和饱满的爱国热情,全身心投入到抗日战争的国际宣传中去,傍晚时分还经常要随部队爬山坡、过浅滩,深入沦陷区。那时他总是穿着一双皮鞋,他说,"走路脚不痛",从此养成了穿皮鞋的习惯。在这段时间除了任第三战区长官司令部国际问

图 4-4 抗日战争期间范希衡在《前线日报》发表的文章

题秘书外,父亲还与宦乡合作编写《前线日报》的每周《国际形势综述》,撰写了大量的时事分析文章发表在《前线日报》上,帮助大家看清反法西斯战争的大势,树立起"抗战必胜"的信心。

在国际形势方面,父亲几乎每周要向读者介绍苏德战场苏军不断取得胜利的进展,同时经常报道太平洋战场和北非战场盟军取得的胜利。《前线日报》是四开四版日刊,由国民党第三战区长官司令部政治部主办,民国 27 年(1938 年)10 月 1 日在安徽屯溪创刊,后随着第三战区长官司令部迁驻上饶毛湾,《前线日报》社就搬到一条市郊的荷叶街上,宦乡以其广博学识和对时局的精辟见解,得到顾

祝同信赖，不久升为《前线日报》副社长兼总编辑。该报偏重军事报道，以宣传"抗日至上"，以激发民族意识，……，作为报纸报道的主要目标。

在宦乡带领同仁们的努力下，《前线日报》渐显特色，声誉鹊起，成为当时与《东南日报》并驾齐驱的两大报纸之一。1940年元旦父亲还应宦乡之约，为《前线日报新年增刊》写了一篇《一年来国际风云与远东局势》。宦乡和父亲从上海到上饶一直在进行抗日国际宣传的合作，他们彼此了解、都有坚持抗日、团结和进步的一致主张，配合相当密切。为此他们撰写了大量宣传抗日，和分析国内外军事、政治、经济形势的专论和社论，工作相当紧张，往往要熬到半夜。宦乡比父亲小三岁，当时二十八、九岁，善言谈交际，办事精明干练，富正义感。他和我父亲一样做事认认真真、说话实实在在，志趣相同，所以有机会就一起聊天，聊工作、聊国事、家事、天下事、古今中外，海阔天空，无所不谈，有道是"人以类聚，物以群分"，体现了当年心忧江山社稷的学者们坦荡的情怀。

四、上饶皂头镇毛湾乡——别开生面的抗日课堂

上饶皂头镇毛湾乡的山村土路蜿蜒曲折、坑坑洼洼、崎岖不平，倘如下雨道路泞泥，一步一滑举步维艰，出工的孩子个个像泥人似的。母亲是个闲不下来的人，她热衷于教育事业，她在记事本中写着："来到皂头镇毛湾乡之后，目睹那些上不起学在家放牛、陪父母种地的孩子；目睹小小年龄背着一个大背篓，里面装着芋头、蔬菜、柴火、还背着弟弟妹妹的孩子；以及站着习惯性地挺着大肚子驼着背、面容憔悴、双目无神的孩子，实在令人心酸。我能为他们做些什么呢？"。于是她问了几个孩童，"想读书吗？我教你们"。孩子们高兴地点点头，有个孩子问："要钱吗？"，母亲摇摇头说："不要，就在我家里上课"，孩子们似懂非懂，将信将疑。母亲找来一本小学一年级课本，于是识字班开课了。

那是1938年农历八月初十,下午二点钟,到时只有一个名叫毛妞的孩子来了,坐在家里门槛上和铮哥玩,母亲又到村邻家喊了三个孩子,这天的识字课终于开始了。后来孩子一天比一天多,连邻村的大一点孩子也跑来了,他们都自己带着小板凳。小堂屋挤满了孩子,除了教他们认字,母亲还跟孩子们讲日本鬼子侵略中国以及他们杀害中国人的事情,孩子们根本不懂什么是日本,什么叫侵略,但是他们很安静地睁着大眼睛,专心在听。

图4-5 范希衡夫妇及其母亲、小妹坤厚和孩子们 摄于1940年上饶毛湾村家门口。

就这样母亲每天为孩子们上课,每天讲沦陷区的老百姓遭日本人烧、杀、欺凌,孩子被日本人戳穿肚子的惨状,唤起孩子们的愤怒与觉醒,此时近二十多只小拳头也跟着母亲的拳头挥起,高声喊着"打倒日本鬼子!打倒侵略者!"母亲每天都认真记录着每一个孩子的情况,还教孩子们唱抗日歌曲,孩子们和母亲交上了朋友,经常跑到我们堂屋里玩,问这问那?看到孩子们活泼起来,母亲也发自肺腑的欢快。她对父亲说:"在这种环境中为抗日宣传只能尽自己涓埃之力。"

母亲办山村识字班的消息传到毗邻的应家乡周家村,当时内迁到周家祠堂里的上饶中学高中部正缺少英语教师,校长特来聘请母亲,父亲担心母亲过于劳累、而母亲也舍不得离开这些可爱的孩子,便婉言拒绝了。没过多长时间,校长又亲自来到家里,诙谐地说他会三顾茅庐。他介绍上饶中学是上饶最好的一所公立中学,高中六个班,每周共十八节英文课。当时读书学生不派壮丁,所以读书人很多,而且大龄青年读书的更多,录取这所学校的学生不交学费,每月只需三元钱作为菜金和买米的钱，学生要想录取这所学校也很难。此外该校扩招了一个义务班，学生除交伙食费外，还得交学费。母亲想每周十八节英语课，平均每天三节，不可能都排在上午，这势必影响失学儿童识字班？但校长没读懂母亲的心，母亲热衷的是失学孩子的启蒙教育。最后母亲很歉意地回绝了聘请。

五、日本鬼子血腥轰炸

1939年上饶还是一座日本侵略者未入侵之地，自国民党第三战区长官司令部迁驻皂头镇后，各机关跟随入驻，皂头镇成为国民党第三战区进行军事部署和作战安排的大本营，其战略地位和作用引起日军的密切关注。他们实施了"斩首行动"，为打击国民军，扫除侵略障碍，日军飞机如一群黑鸟般地低空飞行，频繁对皂头镇进行猛烈轰炸，死伤无数。

尤其是1939年8月20日早上7时左右，国民党设在蚊虫坑中山岭的报警台响起了警报，老百姓慌乱中四处逃避。蚊虫坑是条水沟，两边长满了杂草和灌木，有的地方还搭建了竹棚，沟里比较隐蔽便于躲藏，因而听到警报声后，许多老百姓都往蚊虫坑的方向跑去。岂料，被日军发现，日军飞机残忍地向蚊虫坑沟投下了几枚炸弹，伴随着轰然巨响，三十余人命丧于黄泉。顿时血肉横飞，肠子、脚、头被炸得遍地都是，一些碎肉飞溅挂在树上，鲜血染红了整条沟水，惨不忍睹。

炸后，村里的老百姓把碎尸捡了起来，选了一处荒凉的山坡下集中深埋了。后来还有紫云亭惨案等，大小轰炸不计其数，有时你会看到一队队敌机从空中掠过，在远空盘旋着时而升空、时而下落，那一颗颗黑色的炸弹，从空而降，不知哪一处父老兄弟正在遭殃。每当飞机来时母亲和奶奶抱着两个孩子，一家老小就躲在桌子底下，四周用棉被挡着，逃过了一命又一命。其实并非桌子作用有多大，而是幸运未中炸弹而已，否则也在劫难逃。

六、为战区办学参与教育兴国

1939 年,抗战进入了第三个年头,中华大片国土沦陷,许多高校迁移后方,有些高校停办。国民政府当时基于对长期抗战的预计,对中国国情的了解以及对知识的敬重,并没像一战中的英美或二战中的苏联那样,征召大批的大学生,更不要说教授入伍。这不能不说是当时教育部及大学校长们的眼光,他们有更为长远的考虑。面对各方激烈争议,教育部仍不为之所动,他们认为我国大学本不发达,每一万国民中才有一名大学生,与英美教育发达国家相距甚远。抗日战争既属长期,各方面人才直接间接均为战时所需要。为了自力更生抗战建国之计,原有教育必须维持,否则后果将更不堪设想。就兵源而言,我国人口众多,尚无立即征调此类大学生的必要。在这高瞻远瞩的思想指导下,还新建了一些学校。

国民党第三战区所辖华东地区的江苏、浙江、安徽、江西、福建等省,有些地区沦陷,有些地区成了游击区。而当时,江苏省、安徽省所辖这些地区和浙东、赣东北地区均无高校,为了解决这些地区高中毕业生的高等教育问题,1940 年春,国民党第三战区司令长官顾祝同在福建武夷山筹建"江苏大学",征得江苏省、安徽省政府同意,经教育部批准,第三战区党政分会依据教育部颁发的《游击区及接近前线各省设立临时政治学院办法》,决议成立"苏皖联立临时政治学院"。由顾祝同担任院长,朱华为副院长。当时朱华是国民政府教育部办公厅主任,曾投身于孙中山倡导的民主革命,参加过北伐战争。后任新民学院、东洋政治学院教授,是我国近代史上爱国进步人士,也是中国共产党风雨同舟的朋友。

父亲受顾祝同的邀请任教务长兼教授。在学院创办期间,父亲四处聘请一些知名教授前来任教,如费孝通、周枏、舒芜(方管)、顾牧丁、施蛰存等,同时,又忙于在各地招生计划,在上饶就开始忙碌起来,但他感到在顾祝同领导下合作不会太愉快,所以只答应给他办一年教育。

1940年9月父母亲拖儿带女全家老小乘了一部公派的汽车从上饶开到武夷山，沿途峰峦重叠环绕，山路蜿蜒曲折，只能容两车通过。途中有个分水岭，海拔也比较高，坐在车上颠簸摇晃，父亲和母亲各自管一个孩子，两个孩子倒是在摇晃中睡着了，可是小姑晕车呕吐，奶奶更是连胆汁都吐出来了，父亲不忍看到奶奶那么难受的样子，给孩子交给母亲一人管，自己忙着照顾奶奶和小姑，给她们按摩合谷穴、内关穴等，也许是心灵的安慰，她们觉得好多了。

　　两个孩子睡在母亲身上，父亲担心妻子的腿被压麻了，又忙着去抱孩子，父亲的细心与关爱明显感动了母亲，母亲也推让着不让丈夫太累。我想这就是平凡生活中，夫妻间无形的爱。车子开过云雾缭绕的山峦，片片野菊点缀在山坡上，母亲陷入了沉思，她回味着在北京昌平山峦起伏的九龙叠山和父亲携手爬山的甜蜜时光，现在却是另一番滋味，像醇厚的茶，苦中伴有一丝甜味。约莫五六个小时，终于到达了目的地武夷山万年宫。

　　学院地址在山岚环抱、曲溪围绕的武夷山大王峰下的万年宫（现在称为武夷宫）。万年宫大殿成了教务、训导、总务三处的办公地点，大殿两旁廊庑作为学生宿舍，大门内西侧两间作医务室，东侧两间作日用品销售部。大殿的后面建有操场和教室，庭院里的两株桂树，是宋代遗存下来的近千年的古树。西面小山丘上的止止庵修建了图书馆和院长办公室，它坐落在武夷山九曲溪一曲溪北、大王峰南麓、水光石后。相传止止庵是皇太姥和武夷十三仙人中的张湛及女仙鱼道超、鱼道远结庐修道之所，晋代常有一些著名道人来此地炼气养真。距万年宫不远，有一座南宋朱熹的经院——紫阳书院，明代王阳明曾在此讲过学，有诸大贤儒的流风余韵，真是个读书著文的好地方。

　　可想而知在大敌当头，当时政府对国民教育的重视。宫殿下房改建成厨房、餐厅、贮藏室和勤杂人员宿舍。万年宫西南方向，建了女生宿舍、教工宿舍、服务社。宫殿前方的阵亡将士纪念堂作为礼堂，纪念堂外的大门处有一间房间作为邮政代办所。万年宫西约一里地的"知止观"，也作为教工宿舍和地方行政研究所，我们家就住在这里，生活相对方便。在万年宫北约二里地的兰汤自然村，租用民房作印刷厂和电话总机房。学院设立理事会，第三战区司令长官顾祝同为理事长、院长，下设教务、训导、总务三个处和院长室、会计室等常设机构。学院设文法两科，文科有社会学系、史地学系、教育学系；法科有政治学、经济、法律三个系，学制一年。

1941年改为三年制后，设立行政管理、会计、银行、机械工程、应用化学、茶叶科等六个科。有教师五十余人，职员五十余人，教师多为国内知名学者、教育家。社会学家费孝通、法学家周枏、作家舒芜（方管）、文艺理论家顾牧丁、中国现代派作家施蛰存等都曾在这里任过教。1940年夏，学院在苏北东台、皖北金寨（两地当时为苏、皖两省政府所在地）、上海（在租界内办理招生）、闽北南平、赣东北、上饶等地招生，通过统一命题考试录取212人，其中女生10人。被录取的同学可免全部学杂费，报销往来的路费，同时，学校还提供免费食宿，发放衣服和零用钱。

当时，正是全国抗战最严峻的时刻，战火连绵，生灵涂炭。学生们踏上了这条颠沛流离的求学之路，路途十分艰险，不仅是父亲，连母亲也关怀着每天来报道的学生人数，不希望他们途中遇到不测。不少从苏皖来的同学需要辗转火车、汽车、轮船，在轮船、汽车等交通没有的地方，他们只能徒步而行。在途中，他们眼前是冲天的火光，耳边传来杂乱的枪声和此起彼伏的叫喊声，以及近在咫尺的战火硝烟，所幸地是大多数学生都有惊无险，二十多天后，他们基本都到达了目的地。可是也有个别学生横遭不幸，伤亡在途中。唉，一寸山河，一寸伤心地，求学如此奔波属实不易。

1940年10月正式开学，12月12日举行开学典礼，顾祝同、朱华、陈仪（福建省主席）等政要莅临庆典。学校实行公费和军事管理，经费由苏皖两省政府财政拨款和第三战区补助，发给每个学生棉军装一套，床上用品一套。学院设置军训大队，下辖二个中队，中队下设区队和班，区队长和班长由学生担任，中队长、大队长则由军事教官担任。

武夷山是山区，那年还没有日本飞机光顾，师生们的学习与生活都比较安定，学生们深感流亡失学之苦，入学后都能勤奋学习。学校的教风严谨、学风端正。不管教室坐几个学生，教师依旧照常开课，而且教学非常严格，教务处会把每次学生的考试情况贴在教务处的窗户上，如果50至59分画个圈，49分以下画红色三角形，以告示学生。学习成绩公布于众，对大学生是种无形压力，效果也颇佳，为了面子学生也不得不好好读书。

当时生活比较艰苦，晚上学生们睡的是大通铺，夏秋两季蚊子、臭虫咬得无法入睡，除了床板上，连同墙板上也有数不清的臭虫一串串爬过来，同学们被臭虫咬得发痒，抓个不停，学校投放杀虫药，仍不能解决问题，这是最大的缺憾。学生伙食吃的多为山上的土产，如芋头、草菇、竹笋、萝卜、蔬菜、米饭，平时很少有荤菜，但节日却能吃上笋烧肉，香菇烧鱼等，有时早餐还有薏米南瓜粥，同学们很满足了。薏米南瓜粥对现在来说算是补品了，那时薏米在山沟里到处可见。一方水土养一方人，能有这种生活，得益于武夷山的富饶。父亲以诗记录了当时的情景。

> 九曲缘溪入翠微，
> 紫阳遗堵认依稀。
> 鹅湖论学心初切，
> 马帐传经愿又违。
> 忙里反射常情情，
> 别来回首转依依。
> 武夷山下新栽树，
> 几许柔条恋晚晖。

武夷山山区离城市较远，电力不足，没有电灯。山区天黑得又早，只有图书馆和个别教室设有汽灯，其他地方都是煤油灯和桐油灯，很多同学用墨水瓶自制成油灯，做学习专用灯。每到夜幕降临，豆大的灯光宛如星星点点的萤火虫在夜幕中闪烁，莘莘学子在宿舍或教室的油灯下埋头苦读。学生们都很珍惜图书馆晚上开放的宝贵时间,每晚都要'抢'座位、'抢'参考书、'抢'灯光;因灯光微弱,要'抢'距汽灯近的位置。

如此艰苦的学习条件,远非今日的大学生可以想见!但是他们精神生活却是丰富多彩的,学校出版刊物有《苏皖政治学院季刊》《地方行政季刊》,学生出版刊物有《武夷风》壁报和《拾荒》刊物。为了丰富学校文体活动,学校还成立了篮球队、排球队、乒乓球队、歌咏队。每周六或周日举行文体活动和

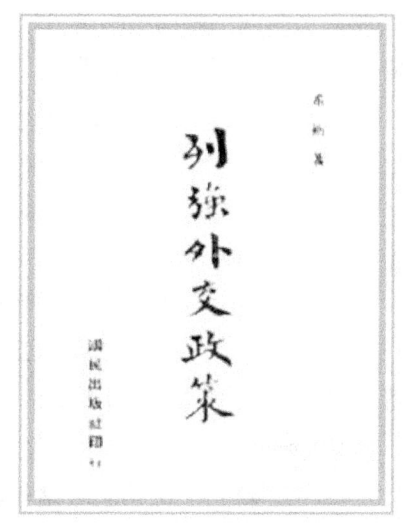

图 4-6 范希衡《列强外交政策》,国民出版社,1940

演讲比赛活动。歌咏团队经常组织正规的音乐会。演唱节目:由抗战初期的抗日救亡歌曲如:《松花江上》《离家》《上前线》等齐唱,逐步发展到二重唱。那种朝气,青翠地、满满地是战时大学刚刚起步的生机;那些嫩芽,硬生生地是从石头底下顶上来的勃勃生气,跃纸而出;正如从岩石缝里冒出来的武夷山岩茶树一样可贵。

当时还没有一个学院具有如此诗情画意的风光和处处显露出的灵气,也就自然地激发出师生的灵感。教师们思想自由、活跃,对这个新建学院也都寄托希望,父亲分管教学,引导大家努力搞研究、多写文章,办一个能证明学院实力的刊物,教师们一致赞同。1940年父亲在国民出版社出版了《列强的外交政策》一书,介绍了英、美、法、苏、德、意各国列强的背景及其政策的基调、运用和特征,并附录了第一次欧战后各国新形态和第一次欧战后国际大事表。接着他的论文《唯'礼'的民族观》发表在福建永安《改进》杂志上。在当时众多进步刊物中,该杂志算是影响力最大的一家,却难以想象该出版物是从福建永安霞鹤村这个小村庄里源源不断地运往全国各地,

尽管杂志的纸张是用抗战土纸印刷而成，却载着郭沫若、老舍、朱自清、巴金、艾青、范任、范长江等大家的作品。

1941年父亲为苏皖政治学院季刊撰写了论文《民族性之研究》续刊。周枬教授是父亲在鲁汶大学的同期同学，法学博士，他一直希望系统地研究"罗马法"苦于缺乏研究条件，父亲这时对他的研究给予了很大支持。周教授在饮水思源"我与罗马法"一文中说到："当时该学院师资力量很强，很多教授是从国外留学回来的，教务长范任，（即我父亲范希衡）指定我带头写一篇有关罗马法的文章。邹文海教授则写了《现代政治思想的性质及其问题》一文，其他教授也各按所长地撰写论文。"

周枬[28]教授论文的题目是《罗马法上几个问题的研究》发表在《苏皖政治学院季刊》1941年7月，他提出自己独到的见解与业界商榷意图引起争鸣，把我国的罗马法研究引向深入，提高到新的水平。詹剑峰教授撰写了《逻辑与科学方法》和《社会学》同时发表在《苏皖政治学院季刊》上。在战时，各学术刊物大多停刊，这一季刊的出版在教育界和学术界引起了极大的关注，显示了苏皖政治学院较高的学术水平，抵制了教育部陈立夫等人战区不准办大学的言谈，为苏皖政治学院的生存和发展注入了活力。

武夷山的山不高，却有高山之气魄；水不深，亦集水景之大成。从母亲笔记的字里行间，已驱散了战争的火药味，而散发出桂馥兰馨，毕竟老百姓是向往生活的。武夷山盛产桂花、兰花，有几棵老桂树生长在教室和我们住家周围，到了金秋季节空气中弥漫着浓郁的香气，这时母亲会摘上一枝形态舒展的桂花插在竹筒里，放在书桌的左上方。母亲还心血来潮，在信笺上写下了唐朝诗人刘禹锡的诗《陋室铭》"山不在高，有仙则名。水不在深，有龙则灵"。别出心裁地巧妙挂在桂枝上当作座右铭，因为这首诗是气节的写照，是不屈的宣

---

28 周枬(1908-2004年)，字叔厦，江苏溧阳市人。中国罗马法泰斗，被誉为当今中国法学界"罗马法的活字典"。1941年经教务长范任提议，周枬发表了题为《罗马法上几个问题的研究》的论文，从此开始了罗马法的研究。

言，是道德品质高尚的寓意。父亲下课回家，一进屋香气扑鼻而来，早已心旷神怡，随着芳香目光停留在醒目的座右铭上，更感到兴奋不已。他去搂着两个孩子和妻子，深情地说："节，我的安琪儿，是你播撒芬芳，是你带来秋意盎然，……"。

我想起六十年代，我们居住南京的陋室，窗户正对着护士学校的操场，操场的北隅也有几棵桂树，每到秋季，父亲写作累了，常隔窗仰望天空、俯视那绿叶相扶的金桂。当那丝丝桂香随风飘来，他常触景生情谈起在武夷山的故事，也许这时父亲的心里感到了一种凄美。正如他翻译的法国诗人龙沙的诗"赠君一束花，选择经我手。今夕不攀折，明日委尘土"多少有他生活的体验，父亲心目中永远充满着对母亲、对家庭、对人们的爱。

父、母亲有个共同嗜好——饮茶，在武夷山大大满足了他们的喜爱。茶文化的点点滴滴也就流淌在母亲的笔下。她记录了岩茶的习性、生长环境、品质、采制、趣闻等。到了武夷山后，母亲就买了一套茶具和上等好茶大红袍，每天早上都要沏上一壶，洗茶后第一泡自己饮用，第二泡茶才递给父亲。父亲看在眼里，有一次父亲将杯子调换个位置，母亲笑骂父亲小动作骗不过沏茶人。人们说品茶是一种艺术，一种文化，母亲说沏茶也是种技艺和享受，沏茶人首先闻到茶的香气；看到茶色的渐渐变化和那叶芽尖儿沉浮起降、上下飞舞的飘逸；当给茶壶高高提起茶水斟入小茶杯时，不满、不撒恰到好处，要把握好这个'度'，非得掌握窍门不行。每天父母在"品"茶二十分钟左右就将自己一天要做的事说清楚了。这就是父母每天的优雅和闲适片刻的享受。

武夷山多悬崖绝壁，当地人利用石缝、石隙、岩石凹处种茶，武夷岩茶中乌龙茶闻名世界，在武夷山东南部，方圆60公里，有36峰、99岩，岩岩有茶，岩为茶显，茶以岩名，故名岩茶。在武夷山九龙窠高岩峭壁上，长着三株千年大红袍。关于大红袍名字的来历有种种传说，一说这丛茶生长于绝壁悬崖，无法攀摘，于是寺僧们便驯猴穿着红衣采摘，《大红袍》的名字由此而来。母亲说实际上在初春时，大红袍叶子油亮油亮的，翠绿欲滴，晶莹的光泽上，泛出一片红光，似大红袍覆盖，这是大红袍最早命名的真正来源，后来才带上种种神秘色彩。

那年四月采集大红袍的时候，父、母亲和小姑一起带着铮哥，到九龙窠去看采茶，从大王峰北上，进入了流香涧，通往天心岩，岩的两侧有九座山崖，峭壁连绵，逶迤起伏，酷似九龙腾飞，山崖上藤蔓垂拂，兰花丛生，峡谷飘香，峡谷中有一块平地，当地人称之为九龙窠。窠里有一陇陇大红袍子树生长着，窠边一座高崖沿崖壁下行半腰处，可见一丛红绿相间的茶叶，此为大红袍之鼻祖。

那天阳光明媚，九龙窠里聚集了一些观赏人群和正在劳作的采茶女，突然听到打击木鱼声伴随着低沉的经声传来，游人们闻声望去，天心寺的僧侣们穿着赤色祖衣（礼服）打着木鱼、诵着经，像一条红色长龙游走而来，佛事完毕，只见三个身强力壮的僧人背着背篓熟练地将绳索甩到山崖壁上勾住岩石，开始攀爬。攀到了母树的崖凹时，借助绳索，时而一脚踏在崖凹中一脚撑在崖壁上；时而双脚立于崖凹中；两手轻盈敏捷的采茶动作丝毫不亚于采茶女。当地人说大红袍母树品质奇绝，一叶能泡一桶茶，味醇厚回甘，汤色橙黄、清澈，叶底匀亮，冲泡七次仍有余香，难怪人们赋予了它种种神秘的色彩。

1940年11月26日在这"碧水丹山"中，我的父母亲给了我生命，一个女婴呱呱落地了，首先亲吻我的除了母亲、父亲，那就是蚊子了。当地的蚊子总喜欢光顾我这粉嫩的皮肤，我入世不足一个月就染上了疟疾，全身寒战后又连续高烧，我只知道成天哭闹，别无所知。疟疾使我瘦得皮包骨，针都打不进去，父母亲都很焦急、心痛，每当要打奎宁针时我都会哭得上气接不上下气。母亲说在武夷山山珍水产丰富，奶水很足，比起襁褓中的玲姐来要好多了，可我就是不肯吃。

有一次我半夜高烧，父亲找了学校的吉普车送我去崇安医院。车在山间蛇行，上下颠簸着，行驶过半处突遇一条大蟒横躺在山路上，司机开足车灯、不断按喇叭，大蟒纹丝不动。为了抢时间，司机开足马力冲了过去,回头再看蟒蛇正昂首翘尾溜下山坡。武夷山区人强悍,连蟒蛇的抗压力也如此之强,车轮碾过却还能动弹。大家虚惊了一场,好险啊,幸而没有翻车,司机高兴地说"女娃命大,女娃命大,武夷的蟒真有神性"。车上我不断地哭,哭声撕裂了母亲的心,母亲的泪也忍不住夺眶而出,落在了我的脸上。父亲用手绢轻轻为我们擦拭,连语言也干枯了,只会说:"别哭了,宝贝,会好起来的!"。

1942年春,日寇侵犯浙东,武夷山已非安全之地,学院不得不准备内迁,师生又有开始了流亡生活。

七、重庆沙坪坝

1. 从武夷山到沙坪坝

1941年7月,父亲受聘为国立中央大学师范学院教授,教《西洋文学概论》。在父亲带领下,我们一家老小七口人,又从武夷山流亡到重庆。学校对父亲非常照顾,从武夷山出发,学校派车将我们送到江西萍乡,当时长江航运被日军截断,只有靠公路和内河航运,还要避开敌占区绕道而行。奶奶已近七十岁,一双小脚多有不便,拄一根拐棍,步履蹒跚跟在后面,好在有小姑照应着,父母亲带着五岁的铮哥、三岁的玲姐,还有襁褓之中的我,这支流亡队伍逃难过程中的艰辛可想而知。

那时公路交通不发达,路况又不佳,汽车时有时无,一路兵荒马乱,百姓到处乱窜不知逃往何方,成天担忧天上的黑鸟下铁蛋落在自己头上。加之七月的骄阳烧得天空中没有一片云,一丝风,地上的土块被晒得滚烫滚烫的,晒得人汗珠往下直滚,一股热浪扑面而来,让人气也喘不过来。天气闷热得要命,空气都好像凝住了,一个多月未见一场雨,这样的天气就是待在家里也感到不适,不要说闷在长途汽车里或奔跑在路上。

在萍乡走了一段内河航运后向西进入湖南,穿越湘西北的路更加难走，父亲取道湖南张家界，经武陵山脉腹地湘西北边陲的龙山县进入蜀地。这是少数民族聚集区，境内峰峦起伏，没有公路，只有马车和骡车在土路上行驶，好在大山沟里还没有日本炸弹骚扰，土家族对待汉人也是好客、热情的，一时紧张的心也就放松下来，我们一段一段换马车在山上或山谷中盘旋，迂回行进。奶奶和小姑吃了晕车药，仍然头晕难受。奶奶也够受罪了，那么炎热的天，那么颠簸的路，她的命算是大的，挺过来了。那真是"纷纷世事无穷尽，天数茫茫不可逃。"只有靠"谋事在人，成事在天"了。

步行时母亲总是坚持抱一个背一个，肩上还挎着一只随身用的包；父亲则背负着沉重行囊，牵着哥哥打头阵，找车子、找吃的、住的、还要经常应付卡子兵。哥哥不是东钻西跑，就是赖在地上要人抱，这个五岁的小流民已经流亡了四年多，历经了五六个省市，他确实也累了。我和玲姐更是在与死神的挣扎中而活了过来。

母亲看到眼前场景而引起内心悲伤，常搂着我们唱抗战歌曲如《离家》："……，流浪，逃亡，逃亡，流浪，流浪到那里？流浪到何方？我们的祖国已整个在动荡，……，无限欢笑转眼变成凄凉。说什么你的我的，分什么贫的富的，敌人杀来，炮毁枪伤，到头来都是一样。谁使我们流浪？谁使我们逃亡？谁使我们国土沦丧？谁想我们国家灭亡？来，来，来；来，来，来，……，打倒日本帝国主义，争取中华民族的解放"。歌声如泣如诉、凄然寒凉，这样的歌声不知带给我们什么感觉？但是我们却能安静下来，渐渐入睡了。铮哥，一个调皮的小男孩，话还说不清楚，却也学会唱几句："流浪，逃亡，逃亡，流浪，来，来，来；来，来，来，打倒日***主义"（*孩子说不清楚的字）。在抗战前，母亲哄着哥哥入睡时，总爱唱小夜曲、催眠曲一类外国名曲，而此时，她却没有那种心情，偏爱给我们唱抗战儿歌，如"二小放牛郎"等歌曲，我们也特别爱听。

一个多月后，我们终于抵达了重庆。父亲有诗云：

> 暂离戎马到三巴，
> 得处安身便是家。
> 芳信乍回孤枕梦，
> 暗香时度短墙花。
> 西湖雪霁疑曾见，
> 朔漠人归认未差。
> 但使此事能解语，
> 应怜同是在天涯。

重庆是国民政府的战时陪都，一踏上这片土地感觉与其他城市不一样，她仍保持着大城市的繁荣稳定，虽遭日机狂轰滥炸，重庆人民的意志并未因此而挫伤，只要警报一解除，商店照样开门、市场照样开市、工厂依旧上工、学校依旧上课。母亲刚到重庆不久，看到在遭受轰炸后不几日，灾区就已清除竣事，市容逐渐恢复正常，足见重庆市民已将战时视作为平时。有一家大酒店，店面大部分被毁，店主人仍然贴张告示"本酒家明日照常营业"这种坚韧精神，应该是重庆人的特色。

那时母亲需要照顾我们兄妹仨人和奶奶，没有去工作，但她很关心时局、新闻，爱看各种报纸、杂志，自己也喜欢写点笔记、见闻。久而久之母亲察觉到当时重庆像个万花筒，红、黄、蓝、白、黑，五光十色，样样俱全。既有一股股清新、进步的气息，也有一些污泥浊水发出的霉味、臭气。街上除了行色匆匆的人群，川流不息的车辆，西装革履和长袍马褂外，敷粉施朱摩登女郎和衣衫褴褛，形容枯槁的穷人满目皆是。一些扑朔迷离的现象令人眼花缭乱，头昏脑胀。这一切情景都流淌在母亲的笔尖下。

自1937年7月，日本发动了全面侵华战争，三十多所流亡大学走上了西迁之路，国立中央大学选择西迁重庆沙坪坝，校址设在重庆大学的松林坡，它是由大小山包组成，沿着山坡开辟平地建立了校舍，在当时这样的建校工程实属不易。从此重庆沙坪坝成了我们这一代尚存活的人所熟悉的地名。

2. 蒋介石就任中央大学校长的轶闻

父亲在中央大学期间，蒋介石曾一度担任过该校校长，并非像某些文章所写的那样，为了荣誉为了那一份俸金。民国时期的大学不同如今，校长虽然位高权却不重，只是一个清水衙门。作为堂堂一国元首，亲自屈尊兼任国立中央大学校长，也是不得已之事。国立中央大学是当时中国规模最大、系科最为完备的综合性大学，蒋介石任命中央宣传部长，曾任过北大教务主任的顾孟余为校长，顾孟余想把中央大学建成综合性研究型大学，而时任教育部长的陈立夫认为中国最缺启迪愚昧民众的是教师，要重点发展师范教育，两人在教育理念上产生了矛盾。

在同仇敌忾的抗日救亡运动中，中央大学师生们爱国民主意识增强。1943年2月的一天，蒋介石在复兴关中央训练团召集重庆各大学的校长开会，各校长俯首听命，惟顾孟余校长没有听从，他委派训导长周鸿经作代表参加会议。蒋介石对此十分不满，在众目睽睽之下将曾留学英国的数学家周鸿经教授奚落一番，还指桑骂槐地斥责顾孟余。顾校长闻之，又气又恼，以辞职抗议。

消息传开，中大校园内立即爆发了一场声势浩大的"挽留校长风波"。蒋介石两次亲自出面慰留，顾孟余根本不予理会。学生因得之CC派吴南轩将来校继任，全校师生一致反对，在学生自治会的领导下，校本部的全体同学聚会讨论，一致决议罢课并徒步去国民政府总部歌乐山林园，以1500人游行队伍向国民政府主席林森请愿，要求挽留顾校长，拒绝教育部另派他人来校接任的训令；并提出"教授治校，学术自由，党派退出学校"等一系列民主要求。在松林坡学生自治会一带的墙上，张贴了大批的民意、呼声、抗议、要求等等墙报。接着听说教育部长陈立夫将亲自出任中央大学校长，于是学生们又闹开了，出现了"拒陈"风波。

在校内贴出大字报，批评陈立夫是一介党棍，来当校长简直是污辱中大。陈立夫忙向蒋介石汇报，蒋介石在2月召开的行政院第60

次会议上批准顾孟余辞职,并决定行政院长蒋介石兼任中大校长,风波始告平息。从此,学生自治会门前一带就形成了"民主墙"。"民主墙"在抗战后期,起到了充分表达民意的作用。

蒋介石于 1943 年 5 月正式出任中央大学校长,教育部也调来了原湖南省教育厅厅

图 4-7 重庆松林坡中大校园

长朱经农任中央大学教务长,主持中大的实际事务。一国元首来当校长,换作当今的师生,会感到是无比荣耀的事情,可是当年中央大学的很多师生,却是负固不服,认为以蒋介石的学历当军校校长还可,当大学校长不够资格,有些教授扬言要辞职。在民国时期对教授都很器重,一般只有出国留学拿到国外学位的人,才能聘任教授,后来在教育部长陈立夫的努力下,本国大学毕业任教多年有成绩、有著作的学者也能晋升教授,至于政府的官员们,不论官位多高都是看不上的。

不但教授们耍大牌,连学生也不买老蒋的账。当时正值抗战,蒋介石提出要像管理军校那样管理大学。1943 年 6 月 7 日蒋介石在大礼堂向三千余名师生训话,提出今后教育方针应"注重培养新的精神与新的风气,以造就一般学生为建国干部,克尽其实行三民主义建设国家之责任"。蒋介石视大学为"培养领袖人物的场所",希望中央大学的每位学生"应负起领导千人或万人的使命",要"对三民主义有坚定的信仰和明确的认识",希望中央大学能把"建国"作为唯一的工作。

中大举行学生毕业典礼那天,蒋介石高高兴兴地前来,准备亲手授予学生毕业证书,以示师生情谊。可是点名了好多个学生,只有一个学生上来,还是代领,惹得蒋先生兴致大坏,扔下证书,拂袖而去。

· 89 ·

还有一天，蒋校长路过操场，看到一群学生只顾打篮球，没有理他，蒋介石用手杖狠捣地面，大喝："校长来了！"。操场上的学生没反应过来呆住了，蒋校长以为学生们在向他行"注目礼"，心情又好了，边走边说："玩去吧，玩去吧！"。

啊！当年的大学师生真是太不给校长面子了，而蒋总统呢，面对大学里的闹腾，教授的清高，自己虽然是一国领袖，但也只能"戒急容忍，谨言慎行"，请有名望的大学教授吃年夜饭，这是他采取的拉近跟教授们关系的方法。文化大革命期间，有些名教授如南京大学数学系老教授孙光远，就是因老蒋请他吃了这顿饭，却又说不出令人信服的缘由，挨了不少斗，吃了不少苦。

蒋介石这种习惯一直到国民政府退守台湾后，每年教师节或年初，都会宴请各大专院校资深教授聚餐，这才有了被请教授的纠结与扭捏，想要里子，又放不下面子。这在一定程度上也反映了民国知识分子与领袖及政府的关系，知识分子普遍还是具有独立人格，起码是在努力维持或追求这种独立人格。

蒋校长很能入乡随俗，而且知错能改。他出任中央大学校长那天，穿着军装来到中央大学，一路上没碰到什么人，他感到奇怪，三千五百人的大学，不应该这样呀。一打听，才知道大家怕碰到他行军礼，故意躲避。为了不让学生尴尬，蒋校长以后再来中央大学就换成了便装。蒋校长可不是那么擅长"外行领导内行"，他知道自己只读过保定及日本的军校，没有真正在大学里做过研究，所以基本不过问教学上的事，学校里的实际教务由教务长负责。

蒋校长经常到校视察，大约每周六来校一次。他第一次到校便巡视校内教室、图书馆、学生宿舍等处，并在食堂与教职员工共同进餐。视察完毕后，蒋介石感到："巡视全校各处，其宿舍之拥塞污秽不堪言状，设备之简陋与师生之无秩序，思之痛心"。后来每次到中央大学校园，蒋介石一般都会视察学生宿舍、食堂、浴室和公共场所，特别关心这些场所的清洁卫生。有一次他巡视到宿舍楼洗脸间时，因为天热，几个学生正在冲凉，忽然看到蒋校长来了，抱着脸盆愣在那里,和校长'赤诚'相见,也忘了行礼,蒋校长干笑了两声:"你们的体质还是很不错的嘛"。

蒋校长给学校也带来一些新变化,将军人作风带到了学校,治校如治兵。主要体现在学校内实施的"军事化管理",他下令全体学生按年级编为四个大队,实行严格的军事训练及军事管理。后来训练未达预想效果,他并没有歇斯底里的要长期不懈狠抓这一新措施,而是根据实际情况随时调整了措施,不到一年就撤掉了军训。

蒋总统出任中央大学校长期间,学生发起了一场大规模的抗议活动,这是从他最常巡视的食堂开始的。由于日本的侵入,重庆的人口剧增,物资供应困难,即使中央大学这样的重点学校,伙食也急剧下降。学生们贴出大字报,抱怨'物价飞涨,贷金过低,以致伙食太坏'。当时学生们吃的主食米饭掺和有沙子、稗子、稻谷、煤屑、虫子而号称为"八宝饭",难以下咽。

教务长和训导长向蒋校长反映情况时,说学生们是以伙食为借口:"倒孔(祥熙)"。当时孔家二小姐从香港撤退时用飞机舱位装运宠物狗和洋马桶被揭发,西南联大和中央大学同时酝酿抗议,中央大学贴出:"拥护蒋主席,反对蒋校长"的大字报。竟然有人敢贴出反对国家元首的大字报,这还了得,可蒋介石总统听后只说了一句:"哪天我到中大学生食堂吃一次饭"。

一天中午,蒋校长来到食堂,径自走到大饭桶前,盛了一碗"八宝饭",取了一份菜开始就餐。吃了一口被硌了下,但还是咽了下去,然后,到大饭桶前又添了第二碗,他一面吃一面问学生:"你们每天都吃这样的饭菜吗?"。同桌的学生回答:"一年四季都是这样"。蒋对随行官员说:"米质太差,菜里的肉太少,要设法改进。他们正处于长身体、长知识的阶段,不能亏了他们"。三扒两扒又吃完了一碗,还把一份萝卜和青菜吃了一大半。

接着,蒋校长不知怎么想的,又到饭桶去添了第三碗,把剩下的菜倒进饭碗里,全都吃光了。时年57岁的国家元首蒋介石居然比学生还能吃,而且吃的是"八宝饭",确实把学生都给镇住了,食堂抗议最终也平息了。当然，自那之后，中大学生的伙食确实有所提高。

当时，学生中还广为流传着"顶天立地"和"空前绝后"两句诙谐段子。指下雨没有伞，光着头淋雨，谓之"顶天"；指鞋袜破露，光脚着地，谓之"立地"；指裤子前膝或臀部穿破，谓之"空前绝后"。蒋介石亲任中大校长后，命令军政部长何应钦给中大每位学生发了一套棉军装。于是，全校就看不见任何棉军大衣以外的冬衣。棉军装变成最新款式的冬大衣了。

不过蒋校长也利用自己的权力为中大做了一些好事，又如战时印刷困难被迫停刊一年多的《中央大学校刊》，在蒋介石的过问下终得以复刊。

1944年8月，蒋介石正式辞去中央大学校长职务，代之以"名誉校长"的冠冕，校长改由教育部政务次长顾毓琇接任。在蒋介石担任校长的一年多时间里，同学们生活有些改善，校园秩序基本正常，如老蒋所愿，他靠自己的威信和示范，还真在无形中消解了一场学生运动。

3. 狂轰滥炸中的教与学

自1938年2月18日起至1943年8月23日，日本对战时中国陪都重庆进行了长达五年半的狂轰滥炸。出动了九千多架次的飞机，进行了超过二百次轰炸，投弹万枚以上。上万人死于炸弹，超过万幢房屋被毁，市区大部分繁华地区被破坏殆尽。日军对重庆实施的空袭是继纳粹之后，历史上最先实行的战略轰炸。不分前线及后方，亦不以军事目标为主要对象，反而多以居民区、繁华的商业区等为目标，还首次大量使用燃烧弹，用以燃烧市区的房屋。

同其他西迁高校一样，中大时常受到敌机袭扰。我们住在沙坪坝，有一个月空袭高达二十八次，甚至有一天多达五次。1941年初，日军在发动太平洋战争前夕，先向中国集中力量进行空袭，发动名为《102号作战》的大规模轰炸。在1月至8月，超过三千架次飞机空袭重庆,当中包括夜间空袭。

6月5日,从傍晚起至午夜无数敌机在低空中盘旋,轰隆隆,轰隆隆,……,轰炸中没有什么比一群惊慌失措的百姓更可怜,他们叫喊着,奔跑着,有许多人倒了下来。有些吓昏了的人从屋子里跑出来,又跑进屋子,又跑出来,不知所措地在空袭中乱窜,一家人在互相呼喊,场面非常悲惨,这一天敌机连续对重庆实施多小时轰炸,许多炸弹爆炸开的黑色烟柱,直径有一里来宽、在已经被炸得坑洼不平的土地上,如旋风般地向天空卷去,又落了下来。破坏、骚动、可怖的火烧场面,摇曳不定的蓝白色探照灯光,轰炸机马达密集的轰鸣,江岸上蹿起的火苗,四下蔓延,越烧越旺。远处的嘉陵江上一片漆黑,只见无数的火舌在黑暗中颤抖,但重庆大部分地区却是一片黑沉沉的寂静。

这天重庆市内的一个主要防空洞部分通风口被炸塌引致洞内通风不足,洞内市民因呼吸困难挤往洞口,造成互相践踏,数以千人死亡,后称为六五隧道惨案。晚上抗日军队的两条交叉的探照灯光,紧紧盯住了两架轰炸机。一架轰炸机兜了

图 4-8 抗战时重庆被炸死的人群

几个圈,然后冒起黑烟盘旋起来,在浓烟弥漫的半空中,犹如一支蜡烛似的燃烧着,终于像一串爆竹在远处爆炸开来。另一架轰炸机带着一团烈火,仿佛一颗陨星似的笔直坠落而下。我们家属宿舍很多人站在家门口,看其情景都兴奋地大叫:"好好!真是大快人心!"。

父亲整天在学校工作顾不上家里事,母亲带着奶奶和我们三个幼小的孩子成天生活在紧张慌恐之中,警报一响,母亲立即丢掉手中一切抱起我和玲姐,铮哥只得拽住妈妈的衣角,拖着跑,奶奶紧跟在

后面。频繁的空袭，紧张地逃跑，铮哥经常因跟不上，哭着闹着赖在地上，不肯走，在他幼小的心灵里，根本不知道为什么妈妈强行拖着他们跑，有时碰上好心人扛起他就跑。后来奶奶干脆带着铮哥和玲姐，拿着小板凳坐在防空洞门口玩，就这样在惊心动魄中、在生死存亡中、在亲人相互牵挂却不能相互照顾中持续生活了多年之久。

日机连连飞临重庆上空投下大量炸弹和燃烧弹，并没有能摧毁这座城市的教育事业。环境虽然艰苦，但师生们的授业求知的精神并没有被摧毁，他们充分利用雾都的特点继续授课求知。父亲和他的同仁们常常夜半起身去学校，在晨光未露时上课，在雾散时跑警报。当时钻防空洞也成为中大师生日常生活中的'必修课'。师生们在防空洞上课已成习以为常的事。考试期间，教师们常会出几套题目备用，以防空袭干扰。一旦遇敌机空袭，师生便躲进防空洞，警报解除之后，学生走进考场，教师便另发试卷，继续考试。

图 4-9 抗战时警报一响，重庆的人们躲进防空洞

在随时都有性命之忧的绝境下，西迁的各大学仍然非常注重学科建设和教学质量，师生们也以振兴中华为己任，发奋图强努力读书，潜心研究学问。正如中央大学校长罗家伦当年所说："敌人可以炸毁的是我们的物质，炸不毁的是我们的意志！炸得毁的是我们建设的结果，炸不毁的是我们建设的经验"。

有天下午敌机来袭，紧急情报已发出，大群的同学们仍在人行道上走来走去。罗家伦校长身着夏布长衫，两臂伸张，不顾自身的危险，像个牧羊人要保护他的羊群不受伤害一样，跟在同学们的后面，追赶大家进入防空洞。那景象真是感人之极了。在呼啸不断的炸弹声中，在烽火连天的环境下，罗家伦校长继续苦心孤诣地谋求中央大学的发展，扩大办学规模，延聘名流学者，增设新兴系科，创办中央大学研究院。

对此，晚年罗家伦有些辛酸和自慰地说："造化的安排，真是富于讽刺性。我在南京没有造成大规模的新校址，但这点尚未用完的余款，竟使我在兵荒马乱的

图 4-10 抗战时重庆烽火连天

年头，在重庆沙坪坝和柏溪两处造成两座小规模的新校舍，使数千青年，没有耽误学业，真可以说'失之东隅，收之桑榆。'"

4. 名家齐聚，点燃知识火种

中央大学顾名思义是一所得到中央重视的大学，在抗战艰苦条件下，中央大学不仅没有停滞，反而进一步充实和发展，声誉日隆，终于成为全国首屈一指的最高学府。它是全国大学中门类齐全、院系众多、规模最大的大学，也是国民政府执政期间唯一一所拥有《大学组织法》规定的全部八个学院的大学。

抗战初期的统一招生中，将中央大学作为第一志愿报考的考生，曾占当时全国考生数的三分之二。而且它还是当时教育部"部聘教授"最多的大学，差不多占总数的四分之一。当时中大师资、学科、设备等诸方面都超过清华、北大、南开三校联合的西南联合大学。据统计，1945 年，中大有七个学院、四十多个系科，教学人员六百余人，其中教授、副教授为同期西南联大教学人员总数的近两倍；学生超过西南联大一倍多。

当时学生们虽然身处艰苦环境，冒着性命之危，但学生们学习热情不减，一些知名教授上大课，往往座无虚席，去迟了只好站在教室后面，甚至在教室外面听课。学校经常举办各类型的讲座，如文学院举办过诗词曲和外国名著系列讲座，工学院举办科学讲座，当时影响

比较大的重庆沙磁区学术讲演会便由中大主办。每周日，中大必会邀请社会各界名流来校演讲，如周恩来、孙科、潘光旦、卢作孚，都曾到校演讲过。

但凡有演讲大会举行，同学们都争先恐后，踊跃听讲，因而在当时流传一句口号："课可以不上，讲演不可不听！"。当时学生们的思想越来越活跃，新气氛越来越浓，和社会上知名人士的联系也明显增多，他们邀请共产党的领导人周恩来前来作报告，父亲和母亲也赶去聆听。那一天听众人山人海，礼堂里挤得水泄不通，连窗子上都爬满了人，不少学生以为周恩来是个'土包子'，当他一出现在讲台上，他那气宇轩昂、温文儒雅的风度，博得了与会人的阵阵掌声，周恩来频频向听众招手致意，然后脱下褐色皮大衣，摘下了旧礼帽，坐下后会场才安静下来。

在致欢迎词后，身着藏青色华达呢中山装的周恩来开始演讲。在国共合作时期，他对学生们谈了如何强身建国，赶走日本侵略者，使中国成为世界上文化大国等等，他并未作共产主义宣传，他那充实渊博的知识和独特的吸引力就是最好的宣传，学生们一致赞扬周恩来的口才。

在抗战演讲的大师们中给人印象颇深的还有西南联大的教授，清华大学教务长潘光旦。他演讲的标题是和年轻人谈："青年忧虑的问题"，他拄着拐杖一上台就讲和日本人打仗有什么可怕的，我们地大物博、人口众多，根本就不必在乎他这一仗，……，来鼓励大家的志气。礼堂里和窗外照样挤满着人，大家不仅要听他精彩演讲的内容，还想亲眼目睹这位独腿硬汉的幽默风采。

人们说他'硬汉'是因为他不畏强权，他在清华大学兼教务长时从不徇私情。有一次，安徽省主席刘振华想让他的两个儿子来清华读书。因刘振华的要求有违清华校规，潘光旦回信婉言拒绝，信中说："承刘主席看得起，但清华之所以被人瞧得上眼，全是因为它按规章制度办事。如果把这点给破了，清华不是也不值钱了吗？"。

也许现在教育界知道潘光旦的不多，了解其教育思想的人就更加少了。他们那一代知识分子具有的共同特点就是有较广阔的学术底子，凭一己的天赋，在各自的专业里，执着坚持，发愤力行，抵得住疾风严霜，在苛刻的条件下，不求名，不求利，几十年如一日地为我国学术的基础，打下一个个结实的桩子。我少年时代父亲常和我们提到潘光旦的名字，"光旦"这个名字很好记，一直记忆至今。

父亲说潘光旦先生自幼好学，上高中时一次跳高意外跌倒，伤及右腿，因骨节溃烂不得不截肢。从此，他架起拐杖，照常参加郊游、登山等腿部运动，不肯在行动上落后于人。年轻时他还喜欢背字典，能把《英汉综合大字典》背得滚瓜烂熟，有人好奇地'考'他，他不但能说出词的意思，还能讲出词的来源和掌故。潘光旦不独腿疾，后来还有 1200°的高度近视，看书就像'闻书'，他过人的意志令人感佩。父亲说，徐志摩曾经赞他为「潘仙」，意为潘光旦与八仙中的「铁拐李」极其神似。潘光旦用一条腿，为社会留下了一个个深深的脚印。

五十年代初，潘伯伯从北京到上海来顺道看望父亲，父亲特地下楼搀扶，他摇摇手独自架着一只单拐很自如地爬上了楼梯。潘伯伯很健谈，说话也很风趣，在他圆圆的脸上总是堆着笑容，那时我们还小总是盯住他的腿看，他就丢下他的拐杖笑着说："我的这条腿很有力，要不要看一看？"于是他用一条腿站着说话，还问我们做得到吗？父亲请他赶快坐下，我们不好意思跑开了，从此，心中不觉对他产生了一种敬仰。

后来我知道，他比父亲大几岁早年留学美国，学成归国后在多所大学教书。二十世纪二三十年代，中国的思想文化界群星璀璨、名人济济，他以学贯中西、通古博今的学问和卓然不群的独到见识，成为一位社会学、优生学和教育学界泰斗。周围人称学识渊博的潘光旦是'活字典'。在潘光旦去世后，费孝通在一篇悼念文章中写道："我竟时时感到丢了拐杖似地寸步难行；潘先生博学得如同一部百科全书。如果谁有不知道的事情，不必查资料，直接问潘先生就好了"。

在我走向教育岗位的时候，曾一度对潘光旦先生那些谈教育的著述产生了兴趣,常在图书馆寻找他的书来读,使我感受到他一生所力倡通才的教育思想是给后人的一份宝贵的精神财富。在中国专业化教育走过了几十年的弯路,给国民人文素质带来衰退的时候,我们应该想起潘光旦,这位睿智的集科学家和文学家文采于一身的教育家的思想,重新认识一下他的卓有成效的探索,对正在呼唤通才教育和人文关怀的当代中国教育界是大有裨益的。我们重温他在三四十年代形成的教育思想,重现潘光旦教育理论的现代意义,重新解读潘光旦在教育上恪守并践行的那些具有永久价值的东西时,今日的中国教育界谁能想到,向中国教育、向人类提供了丰富的思想宝库,并以自己高尚的人格魅力和崇高的道德情操、彪炳史册的潘光旦先生,竟是一位历尽苦难、身患残疾含冤而死的人!

1951年三反运动中,他在清华大学大礼堂被迫做检查时,不用拐,"金鸡独立"地站在讲台上,岿然不动;文化大革命期间潘光旦身患尿毒症得不到医治,插在他身上的尿管、呼吸机被红卫兵拔了,还遭到批斗。为了生存,无奈潘光旦这条硬汉不得不改变自己,对政治运动采取了三S政策:"SUBMIT(服从),SUSTUIN(坚持),SURVIVE(生存)"。潘光旦的病逐渐加重,叶笃义用潘光旦自己的话来劝他:"SUSTUINAND SURVIVE. 要坚持生存下去"。潘光旦摇摇头说:"SUCCUMB(殉命)"。后来听说1967年6月的一个晚上,老保姆看到潘光旦疼痛难忍的面容,急忙请隔壁的费孝通过来,潘光旦向费孝通索要止痛药,费孝通没有,他又要安眠药,费孝通也没有。随后,费孝通将潘光旦拥入怀中,潘光旦逐渐停止了呼吸,费孝通哀叹:"日夕旁伺,无力拯援,凄风惨雨,徒呼奈何"。一位文化大儒,在晚年遭遇何等的苦难,才会留下这样冷峻的「4S」遗言,精简犀利地概括了他与同时代所有中国知识分子的共同命运。

中央大学除了讲座多外,学校社团也众多,不下七、八十个,有联络感情的,有研究宗教的,有学术研究的,有体育文艺的,有宣扬三民主义的,各大社团及学生自治会、系科代表大会,大多由同学普选代表组成的'学生自治'。

5. 战火硝烟中的写作

在1941年至1943年间日本轰炸重庆最疯狂、经济最困难时期，父亲为呼吁爱国救亡，撰写了十余篇论文，编辑了《社会行政丛书》《社工通讯月刊》《关于社会建设的几个原则》等。父亲对中国民族性特点进行了研究，论文连载在1943年《东方杂志》第39卷第1-9及17号上。文中论述了中华民族之年龄、中国人的社交性、同情心、团结力、组织力、保守精神与创辟精神，以大量史实论证了五百年来，我们的民族意识、民族信心，却比过去任何时期强，由此来断定，不久的将来中华民族必定又有一个超越秦汉、隋唐的盛世。只要我们本着自强不息的精神，干干惕厉，则我们的隆盛可以继续至于无穷。

他旨在呼吁中华民族团结起来，组织起来抵御侵略者，胜利必属于我们。从他所作的诗词中也充分表现出他对抗日必胜的思想与信念。接着在《东方杂志》第39卷上又连载了他的论文《论文与质》，他将中华民族与欧洲古希腊、罗马、意大利诸民族的"文"与"质"进行比较研究，提出道德在文化里是属于"质"的，道德的发达是一种重"质"精神的反映，文质递变论的历史哲学，不仅切合历史事

图 4-11 1943年东方杂志封面

图 4-12 范任《中国民族性研究》《东方杂志》，1943

图 4-13 范任《论文与质》《东方杂志》，1943

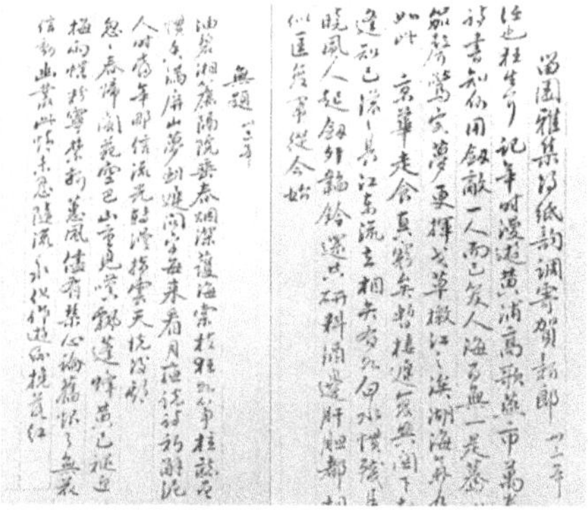

实，也适于鼓励民族的豪情。

对此父亲还提出了两点补充与分辨，他认为先儒以文质为重心的历史哲学是可以适用于全世界文化演进的研究，如果我们能精透其中所含的真理，很可以指导现代中国乃至世界文化建设路线，而增加我们操纵历史的把握。《东方杂志》是旧中国寿命最长的一份杂志，也是商务期刊方阵中当之无愧的"龙头老大"，被誉为"杂志界的重镇""杂志中的杂志"，当时国内各个领域的佼佼者无一不在该杂志上留下自己的脚印。

图 4-14 范希衡诗词作于 1943 及 1944 年重庆

那时，虽然物质生活艰苦，但教师们精神面貌是饱满的，思想是解放的，不少大师级学者就在那个时期冒了出来。那时，尽管硝烟弥漫，不知何时会生死离别，但人们的斗志是高昂的。父亲闲来也写点诗词、开怀唱几句京曲；每次外出，父亲都会恋恋不舍地拥抱亲吻自己的亲人，母亲也会拖儿带女地送上一程。特别在晚上，父亲去办公室或阅览室时总是三步一回头挥手让母亲回去，而母亲则等父亲的身影消失在视线中才会转身。此时彼此心还惦记着对方，祈祷着全家一切平安。

6. 物价飙升食不果腹，阻挡不了授业求知

当时考取中央大学的学生，可算之青年中佼佼者，同学们都倍加珍惜来之不易的学习机会，发奋读书，求知强烈。课堂上，不用点名，没有缺席逃课的，为了听课清楚，做好笔记，提前到教室，抢坐前排位子；每逢授课，教室总是挤得满满的，没有座位就站着听，也不忘记笔记。如听孙本文的社会学，范任的西洋文学，沈刚伯的西洋史，房东美的哲学课，……，同学们认为是'莫大的享受'，校园处处充

满了孜孜不倦的求知气息。

图书馆是学生们学习的主要场所,中大的图书馆得天独厚,拥有五十余万册中外图书,没有受到战火的波及,全部完整地西迁来重庆。修建在松林坡顶的图书馆是一座简易的平房,不足一千平米,只能容纳五百个座位,而学生超过数倍,这就产生了僧多粥少的现象,占座位、抢图书、抢灯光就成了司空见惯的常事。图书馆的灯光虽然微弱,然而名家点燃的知识火种却在广袤无垠的大地上燃烧着。

位于天府之国的重城重庆,由于三十多所高校,加之各行业流民内迁于此,人口剧增物资供应缺乏,处处举步维艰。不仅学习环境极为困难,而生活条件就更加艰苦了。学生住处是木板房,有的是黄泥糊的竹芭屋,睡的是大通铺,拥挤不堪。嘉陵江边雾气大潮湿又甚,纸糊的窗户,四面透风,冬冷而夏热,夏秋之夜蚊子臭虫令人难以入眠。幸好,中大的学生们冬天还有一件军大衣御寒。天暖时,男同学都是一袭褪色的中山装,或洗得发白带有补丁的长衫;女同学则是大襟布质短衫和旗袍,上面常有补丁处处,宛如百衲衣。

在重庆的雨季下,一件衣服洗了往往几天才能干,很多学生只有一套换洗衣服,运动之后身上的汗酸气混杂着年轻人的脚气,寝室里散发出一股难闻的气味,同学们自嘲地笑曰,"久居鲍市不闻其臭"这里是一种臭豆腐的'香'气,久居'香'室,不闻其'香'了。

尽管战区流亡学生可以申请贷金,吃饭不必自己出钱。然而其他生活和学习的必需品还是需要自己解决。只有很少学生可以靠亲友的资助,一般都需要自力更生、勤工俭学来补给。随着重庆流亡人口急剧增加,物资供应不上,抗战中后期物价飞涨,贷金有限,伙食每况愈下,不仅缺乏肉食就连蔬菜也不够吃,于是就靠多吃饭来充饥。饭桶虽大,抬出来就一抢而光,早上七时左右吃稀饭,一碗浑浆,两碟小菜,同学们一喝七八碗,但早上十时就已空腹雷鸣。这种抢饭吃的现象,连女同学也不示弱,先添半碗,赶紧吃完,再去添一碗,以求多吃些。菜多是萝卜、白菜、蚕豆、豆芽等,难得有几片肉飘在菜面上,以至于当时有大字报写道:"伙食六块还算好,加了两块吃不饱，肉片薄得风吹了"。

　　1940年以后，重庆大米稀缺，中大因购米不足，餐厅煮饭减少，学生们可怜地由每日一顿粥两顿饭改为两粥一饭，勉强支撑读完四年大学。这样的主副食谈不上有何营养，因此患各种慢性病的同学不少。不少学生都得了疟疾，肺结核、肝炎、肠炎发病率还特别高。贫病交加，很多学生不得不中途辍学。1943年上学期，全校休学且保留学籍者就达三百余人，几乎占在校生总数的十分之一。

　　教师们的日子当然也不好过，战前那种优越富裕的日子一去不返，不少教授逼不得已委托拍卖行，拍卖自己心爱的相机、手表、首饰等，不少教授四处兼课，疲于奔命。这时三战区的谷正纲以少壮派政治家的姿态出现，正在高教界网罗人才，谷正纲知道父亲在中大教书，就邀请父亲在重庆社会部社会行政计划委员会研究室兼职，任编译组长编译丛书刊物。马一浮先生诗："绕舍唯深竹，安门仅短篱。居人先鸟起，寒日到林迟"就是父亲生活的一个写照。晚上孩子们都睡了，母亲就在油灯下看看书，写点笔记，等候父亲回家，只有和父亲在一起时，母亲的心才算落了下来。

　　中大在校区里建有家属宿舍，都是竹撑泥墙，因陋就简。每家只有一间房，我们家是三代人，小孩多，分得一间大房间，既是卧室、也是厨房，一家人睡觉、吃饭、会客、洗澡、如厕都在一间房子里，无一例外。每天清晨，雾色朦胧，孩子还未醒来，倒马桶的手推车就来了，母亲得起来倒马桶，然后拎着马桶到松林坡下的嘉陵江边刷马桶。母亲曾是上海富家大小姐，倒马桶是她从未见过，也最不愿做，不习惯做的事，她觉得很脏很别扭又无可奈何，人总要吃喝拉撒，家家如此也就成了自然，也许这就是思想变化过程吧。

　　到了1940年底物价涨了，母亲在其笔记中也多次提到物价问题，十分直观地记录了物价上涨的惊人速度。在母亲的笔下写着："米是一天比一天贵起来了，现在已经七元多钱一斤，将来不知会涨到什么价钱，……"随着物价不断暴涨，一般教授们一个月三百多元的工资仅能购买四石大米，虽然政府设法提高薪金，实行米贴，为教授增设研究补助费，但杯水车薪，教授们的生活水平每况愈下。

我们一家老小六口人全部吃大米是很难维持生活的，而面粉和玉米比大米便宜得多，所以母亲记的账本上除了大米就是买玉米、面粉，蔬菜如藤藤菜、莴笋叶子、大头菜、地瓜、榨菜之类的价钱。当时重庆有句流行话："货是无市价"，就是物价时刻上涨，甚至在一日内涨价数次，而黑市盛行，价格悬殊。孩子要吃肉，偶然也得买肉给孩子吃，父母亲是不伸筷子的。其实父亲那时工资收入算高的，但也难以应付重庆的物价上涨速度。

父亲每天都会带些报刊杂志回来给母亲看，母亲有时也会到图书馆借些书籍杂志回来，她常常记录些战事与物价。她从1943年10月《四联总处》编制的"重庆市十五项物品价格指数统计"和"抗战时期国统区物价统治的政策"中看到重庆的物价飞涨惊人，自1940年起，各种食品价格陡然开始爬升，如以1937年6月为100，至1940年一月涨至249，至二月又涨至374，其中每市斗的中等籼米，1937年为1.253元、1939年为1.297元、1940年1月涨至7.067元，到了1941年6月更上升到每市斗41.87元。在1940年，公教人员工资的购买力已下降到战前水平的大约五分之一。到1943年，实际实物工资跌落到1937年的十分之一。

虽然教授们的境况因每月有米、食油等津贴而有所缓解，但普通公教人员仍经常生活在赤贫之中。1940年就是教授里级别最高的"双俸"如国文系元老陈寅恪先生，收入还合不到两石（320斤）大米的价钱。陈寅恪先生诗云："日食万钱难下箸，月支双俸尚忧贫"。学贯中西的一代宗师陈寅恪先生，终因营养不良，导致目疾难愈，饮恨终身。由此可知，当时的教授生活的困境了。

1940年4月5日，重庆商务日报刊登，重庆市价的上涨状态，已成飞涨的趋势。以必需的日用品而论，袜子每双两元四角还是单线的，三星牙膏每支1.6元，再过些日子，说就要到2元了，樟脑丸每角钱一颗，布的衬衣11至15元，连买双布底鞋子也要化3元多，香烟有卖到20元一听的，雪茄有卖到135元一盒的。四川素称天府之国，物产丰饶著名，然这天府之国，米居然也要卖到 40 多元一石了。四川出产的三峡布，每市尺要卖到 1.3 元，火柴每盒 0.2 元。

从 1944 年 1 月 27 日的记录上看到："近数日物价又涨了，每老斗米已超过 750 元（合每斤 50 元），其他物品大致相同。农历年关，百物涨价，公务员及学校教职员，皆感受到生活艰难，皆有朝不保夕之势，政府用全力遏制涨价，竟毫无收效。由于时势造成，任何人无法转移，唯有勉强忍耐，以求侥幸于万一耳！"母亲牙痛已久，无论父亲如何劝她看医生，她也不愿意花这个钱去治疗，就用一种民间草药根名叫'一口箭'泡水喝，缓解一下。

重庆私货多，钱可通神，要什么，有什么。当然要熟悉此中门路，如油有私油，食盐有私盐，因此物价除了市价外，还有黑市的私价。黑市有时会比官价便宜些，当时公教人员十之八九来自外省，千里迢迢辗转流亡，只能携带少许衣服，起初一二年尚不感觉困难，至三四年后，新者已旧，旧者已破，破者已补，补者已捉襟见肘，且亦有因生活困难，早将可售之衣出售。欲添衣，一月薪金还购不到一套旧西装。一年之物价，较上年底均增加数倍以上，遏止愈严，高涨愈速，倘无策挽回，前途殊觉危险。鞋则因为朝晚步行，特别消耗，多为破旧不堪。若不幸为空袭所炸，则更是连破旧衣物也无力再添置。

总而言之，战时重庆之一般公教人员，衣服不仅极不整齐，且近于褴褛。一般人的'行'，则更是麻烦，虽有黄包车，但价钱很贵，山城多上下坡，高低不平，车行速度很慢；若坐滑竿，速度就更慢了。晚上车夫休息后，更不易叫上，就只得步行。至于公共汽车，非常拥挤，车辆又少。平常每刻钟一辆，有时站立等候，连三接四都已客满，故有时等候常有二小时之久。

特别是重庆多雨满街泥泞，幸而中央大学有校车，可以通往师生们常去的地方，方便多了。父亲兼职多为文字工作，一般都是在学校办公室里完成，偶然外出，就提早出门，乘几站校车，再步行而至。最麻烦的是我们仨兄妹，总是在夜里发烧直升 39°C 以上，父母亲得半夜带孩子去校医院就诊，校医解决不了，还得去市里医院，这是勒紧腰带也得花钱的事。

1941年2月5日，新闻传出深感没有出路的戏剧家洪深先生全家服毒药'自戕'，留下遗书说："一切都无办法，政治、事业、家庭、经济，如此艰难，不如且归去"，幸抢救及时而得救。一时成为舆论，'大学教授无法生存'是对国民党政府时政抨击的有力证据。直到现在不少文章中仍讹传1941年洪深夫妇服毒'自戕'是迫于经济窘困。但我从洪深的大女儿洪铜口中得知其事实的另一面。

洪铜是我住在南京大钟新村时的邻居，她的丈夫郑永康教授是我父亲同一专业的同事，我称她为郑伯母，她总爱穿合体的黑色为基色的旗袍，这在当时很为抢眼，有人称她为'黑牡丹'，文革时为她的衣着还挨过斗，头发被剪成阴阳头，即一边留发，一边为光头，她很长时间不敢出门。我们两家相处甚好，她有一双儿女比我小几岁，为了纪念她的父亲，洪铜将自己儿子取名为"洪深"。郑伯母对我们姐妹都很好，而我们见她温文尔雅、和蔼可亲也很愿意亲近她。她家的画报、书籍很多，不少杂志都从北京寄来的，我常借来看，彼此聊天的话题也就丰富起来。

记得二十世纪八十年代的一天，我和珊妹去看望她，珊妹提到陪父亲在农村身临绝境的困难时不免流泪，勾起郑伯母的回忆，谈起她的父母在抗战时自杀未遂的事。她说："她们姐妹都不希望甚至极不情愿父亲的'影子'还在当今社会'徘徊'。亦不忍心看到她的父亲严肃的人生遭到'戏说'和'误读'"。她说，她的祖父洪述祖，曾任袁世凯内务部秘书、因刺杀国民党领袖宋教仁而被处死。她祖父的死给她的父亲带来一个沉重的枷锁，她的父亲终其一生都回避不了这个被社会视为'罪人'的人，洪深常为自己父亲的死而不能释怀，并使他陡然感受人情的残酷，从此深深地认识到了一个人处在不幸的环境中的痛苦。

洪深在他父亲'阴影'里，一生走得艰难异常。洪深是左翼进步文化人士，1941年1月6日，震惊中外的"皖南事变"爆发，中国共产党随即启动了保存力量的"应变"计划，其中包括对时在重庆的左翼进步文化人士分批撤离的安排。该计划中没有洪深,洪深也不知道有这个计划。后来,洪深先生得知此事,特别是洪深知道了不少进步人士对某某人都无好感的人竟'赫然在列'时,他沉痛地对人说:"我半辈子都为左翼文化冲锋陷阵,像某某这样的人都……!

他们不相信我!抛弃了我!"陷入绝望的洪深,感到自己的人生已无路可走,加之郑伯母的妹妹洪铃病入膏肓的困顿,随后才会有"绝别"人世的决心。洪深服了大量奎宁,而他的妻子常青真也喝下了大半瓶红汞水,瓶底剩下的一点就给了女儿洪铃喝了。

图4-15 抗战时拥挤的重庆

洪铜说她的父母亲自杀与外界舆论报道的经济困难的说法,没有关联。因为她的父母一生对生活毫无奢求,而且当时的生活也没有比他们曾经遭遇过的情况更糟糕。而真正'压力'是政治上的。洪深一家'自戕'未遂后,引起文化知识界的震动,迫于舆论压力国民党政府提高了对高级知识分子的一些补助,宋子文又另外补助了洪深2000元,以解燃眉之急。

那时为缓解公教人员的生活压力,国民政府也力图采取了一些措施。自1942年2月20日政府确实力图缓解官员们和在公立大学授课的教授们的经济窘境,为他们提供特殊的津贴、廉价的住房,和各种平价供应的日用必需品,比如大米、食盐、油、糖、布匹之类等。布匹,每年男子限购2丈4尺,女子限购1丈8尺。煤每人每月拟限购50斤。油每月限1斤半,盐每月限11两。有了平价生活物资供应,教授们生活改善多了,不再感到捉襟见肘的困境。虽然中央还提高了公务员货币待遇相当战前之一百倍,可是物价上涨了三千倍左右,整个战时财政经济严重困难的局面并不能得到缓解,物价上涨得实在太厉害了,这些措施终究只能是杯水车薪,无济于事。

当时的重庆人还是很能理解战争与逃亡带来的人口剧增,物资匮乏,造成生活困难,大家都抱着一种忍耐精神。人们清楚地知道,八年抗战有十几万大、中学生的学费、食宿与杂费全免,这是多么大的一笔开支!8年的时间,一个政府应该是做到了所能做的最大努力。在50年代我们读书的时候,班级上还流行着说四川话,可见当时四川接纳了多少流亡的人群。我们兄妹仨在父母的呵护下如何闯过那艰难、困苦的战争年代?父母又是付出了多大的艰辛?真是一言难尽!

1941年年中以后,日军为准备在太平洋发动战争,海陆军、航空队主力从中国抽出。之后对重庆只有零星轰炸。到了1943年8月,日军再无能力空袭重庆,重庆大轰炸告一段落,此时师生们不再躲防空洞上课了,教师们都致力于科研教学,学术思想活跃而自由,他们要把失去的时间抢回来。人们虽然感到生活比较安定,但'重庆大轰炸'的噩梦,留在人们心中的阴影仍然挥之不去。

7. 抗战胜利日的重庆

1945年9月2日在中央通讯社内的灰墙上,贴出了"日本投降了"的巨幅标语。几位记者骑着三轮货车狂敲鼓锣,绕主干道一周,向市民报告特大喜讯。马路上立刻就汇集了许多人,欣喜若狂,手舞足蹈,高声欢呼。谁也不去查问这消息是从哪里来的,谁也不关心它是否真实,它像风一样地迅速传播着,由这一处传到那一处。中央大学沸腾了,师生们有的挥舞着衣服、书本;有的用钢笔敲打着水杯;有的跳跃起来;顷刻操场上聚集了几千人,他们高喊着口号:"饱受日本蹂躏的中华民族抗战胜利了,……"。

宿舍里老老少少也都跑了出来,只见枇杷山、鹅岭、嘉陵江南北两岸防空探照灯齐放,将市区的夜晚照耀得如同白昼一般。母亲激动地对着奶奶喊"胜利了!胜利了!"带着我们一起出来观看,我们兄妹仨从未见到过天空有如此绚丽景象,眼珠跟随着探照灯滴溜溜不停地转着，跳着，拍手叫着，奶奶也高兴地说："我们可以回家了！可以回家了！"。

父亲这天晚上回来特别早，他要给这消息带给家人，和家人一起共享胜利的欢乐。可惜消息迟来了一步，母亲早已沉溺在胜利的喜悦中。当晚父亲、母亲带着我们去参加游行，数十万人连夜拥上街头，马路上挤满了自发

图 4-16 重庆抗战胜利日的游行场面

游行的人们，他们载歌载舞，阻断了交通。处处张灯结彩，敲锣打鼓，爆竹声震耳欲聋。美国盟军的吉普车陷入了人海，无法行驶，他们就跳下车来，见了中国人就握手拥抱，欢快之情溢于言表。人们的嗓子都喊哑了，衣服都汗湿透了，整个重庆变成了一片欢乐的海洋。孩子们和成年人敲着锣鼓和铁罐，从人丛中钻来钻去。鞭炮不停地放，冲天炮轰了又轰，响了又响。天空中交织着强烈的探照灯光，骄傲地移动着。这天晚上人们回家都很迟，大家在兴奋中都难以入眠。

第二天，上午 9 时正，解除警报的长笛拉响了，象征八年抗战结束、和平安详到来的"和平之声"响彻了重庆的上空，各工厂、轮船的汽笛也同时长鸣，时间长达 10 分钟之久，积压在人们心头的忧愁一下子云消雾散。接着嘉陵江上的军舰响起 101 声礼炮，有数万人涌向市中心较场口的广场参加"陪都各界庆祝胜利大会"。

父亲和母亲带着我们加入了中央大学的游行队伍，空中不断飘来胜利消息的传单。一批批不整齐的游行人群他们活跃地跳着走着，没有任何组织指挥，只要一人喊着口号，其他的人们跟随喊着，声波一浪一浪向远方传去；人们唱着歌，高的声，低的调，彼此相差好几

度,此时听起来歌声也很动听和谐,因为大家齐心合力都很激动。四盏水银灯光投向"精神堡垒"附近的群众,摄影师们在强烈的光下抢摄疯狂的镜头。人群把路面堵塞了,店家楼窗上挤满了人。一个人站在窗口上,挥舞着一面大国旗;群众拍着手,欢呼着,跳着,高喊:"胜利!胜利!"千万只手立刻举起来又竖起两指,做成千万个"V"字。次日报上刊登着蒋介石一身戎装,拄着拐棍,漫步在小街上和民众们共庆胜利。

图 4-17 蒋介石与市民共庆抗战胜利日

2000年我去重庆大学开会,借机在重庆大学校园转了一圈,想寻觅中大西迁时旧址松林坡,可是询问了几个年轻人都不知道,后来碰上一位老先生,他告诉我往后走,走出后校门,对面东北角有一个山丘就是松林坡。我照着老先生手指的方向走过去,果然看见一个小山坡,大约有二百来亩地,未见修整。山坡上长着稀稀落落的松树,也许以此松树取名松林坡吧。

我爬上了山坡,环顾四周,在绿树之中掩映着一片青砖红瓦的小洋楼,高低错落着,约莫十幢。走近细看,这些漂亮的小洋楼大门紧锁,门窗上布满了蜘网与灰尘,看上去已经很久没人打理了。我开始怀疑抗战时期谁能建这样的洋楼?后来才知道这是50年代为苏联专家盖的宿舍楼,当年中大的校舍似乎早已无踪影。沿着山坡向下走,嘉陵江就从坡下绕过,江边有个浅滩堆积着一些石子,此时我的脑海中突然浮现母亲拎着马桶跟跟跄跄上坡的身影,我伫立着凝望远方的江水,哗哗水声仿佛与爆破声交响在一起,幻觉让我回到那可怕的战争年代,良久我才如梦初醒。据说从这里向前一、二公里,70多年前日本人投下了十几枚炸弹,由于方向偏移落入水中,否则中大师生家属,包括我们这些小不点们,全都一命呜呼!

七、夫家往昔的联想

1. 以身殉学的公公

我的一生都是在教育界环境中长大,祖父教书、父母教书,连我的公公、婆婆、丈夫和我自己都是教书匠。我在南京大学宿舍住到至今近 60 多年,在那里写下了我的人生、记下了我的悲欢离合和生活的一切。使我对学校、对教育、对当时流亡大学的情况,对一些历史人物都比较关注。

我的公公张绍忠,字尽谋,比我父亲长十岁,和我父亲一样都是以庚子赔款奖学金赴国外学习的,他在美国哈佛大学博士阶段师从诺贝尔物理学奖得主 P. W. Bridgman 教授。当时他也是个热血青年,曾承担北美华人学生会主席,组织了不少爱国活动。二十年代初,我国北方发生水灾,作为北美中国学生会主席的他,积极组织救灾募捐活动,并将募集的 15,000 多美元转到国内。7 年后归国,他先应胡刚复之邀赴厦门大学任教授兼物理系主任。

1928 年,又应蔡元培之请到浙江大学创建物理系,校长邵裴子聘他为教授兼物理系主任,不久又兼任文理学院副院长和教务长,他是我国物理学事业的拓荒者、《物理学报》创始人之一。公公热爱家乡,关心孩子们的教育,19 世纪 20 年代末他捐献 3000 大洋给家乡创建了第一所小学,这相当于公公半年的工资。如今这所小学更名为"油车港实验小学",已发展成一

图 4-18 张绍忠和夫人龚宝钺
摄于 1928 年

所优秀实验小学。

为继承公公的遗志，2017年8月将公公的遗训手迹"遵理修学"刻在校园的校训石上，作为对先辈的怀念。"饮水不忘挖井人"是对孩子们一种德育教育。联想起在抗日战争后，父亲与汪少伦先生曾亲自参加创建私立天城初级中学并捐了款，然而当今该校校史上仅写有："民国34年（1945）10月，创办私立天城初级中学"一笔带过，淹没了创办人为家乡的教育事业，艰苦创建的历史过程。

1937年，七七事变之后，日本侵华的战争燃起。浙江大学组织了一个特种委员会，委任公公为主任，主管学校内迁工作，竺可桢校长管行政。为了迁校和教学工作，公公只身奔波于师生迁徙途中，出没于紧急危难之处。浙江大学启动内迁比中央大学迟，行程更是困难重重。从杭州辗转迁徙，先集中在建德，最终目的地是贵州遵义和湄潭，前后四次大搬迁，历时两年半，穿丛林过浅滩，行程几千里。师生员工千余人，行李几千件，还有学校的图书、仪器几千箱，重达二百多吨，公公和他率领下的师生员工，通力合作，总算没出什么大事故。

到达遵义后，公公一家住在遵义老城区大井坎一号，一个四合院里，东边与校长的文书罗韵栅先生紧邻；后面紧接着住着一位连长；在西边紧靠中门住的也是一位军人，不过那时应该已经退伍了，不知

图4-19 抗战时期浙大西迁贵州途中的师生。1940年

什么原因他的颈部开了一个口，令人忐忑睨睨。一天，他的小孩用石灰粉撒到了克民的眼睛里，幸亏婆婆及时送他到校医那里进行清洗和治疗，万幸没有造成失明，但自此克民的眼睛晶体就受到伤害，造成不规则散光的后遗症。

在四合院的西北角，有一个类似地下室的空间，外墙仅围着几张篾席来遮风挡雨，那里住着一户篾匠杨二爷，除了夫妻两人外还有一个小女孩叫小花，一家人生活非常清苦。后来那小花生病了，没有钱就医而夭折，可怜的杨二爷夫妇只能用一张芦席裹着小女孩尸体。房东王四太封建迷信，缺乏同情心，还强行不许尸体从大门抬出去，无奈之下只好用梯子把那尸体，从菜园里的围墙上拿出去掩埋，这件事让克民的记忆很深，他也和我说过多次。杨篾匠勤劳、善良并非游手好闲之辈，从女儿取名小花来看，他们对生活充满希望，希望有一天有个出头的日子。可是为什么社会对他们如此不公？那时国难当头也许情有可原，今天国家业已繁荣，减少国民间的贫富差距应该是国家和企业的一种迫不可待的使命。

图 4-20 张绍忠夫人龚宝钺率长子克民，幼子克飞西迁贵州途中（1940）

遵义境内山脉众多绵延纵横，素有开门见山的描述，那里虽然'天无三日晴，地无三尺平'却造就了山清水秀之美景。大人们很少有心思去欣赏，孩子们除了玩，其他都不懂，也就想得很少。出大门左手沿着一条小路不远处就有一座不太高的山，小路旁有一条潺潺溪流明澈清冽，各种鹅卵石躺在水中，这是克民和孩子们乐此不疲的玩耍之地。近一里之遥处还有一条河，河中有跳蹬。孩子们也常去这些跳蹬上跳来跳去。克民爱吃辣，他说是在遵义养成的，在他的记忆中，那里的羊肉粉丝汤，店小二端出来时热腾腾的，汤色很红，当地人还要添加许多辣椒吃起来才过瘾。还有糍粑，烘烤得两面金黄，夹着黄豆粉香喷喷的相当诱人。

当日本飞机来轰炸时，人们会惊慌失措跑到山里躲避。日机嚣张、猖狂，常低空飞行，用机关枪扫射手无寸铁的中国平民，其种种反人类行径，真是罄竹难书。直到今天日本人还没有对中国人民犯下的滔天罪行反省,还在修改历史教科书歪曲和美化那段历史,是可忍,孰不可忍。

当时遵义是浙江大学西迁的大本营,新城区何家巷是办学的教学中心,教务处、训导处、工学院办公室、教室和男生宿舍都在那里,公公每天经过一座中正桥才到达办公室。由于校舍不够用,公公又到永兴寻找校址。有一天清晨,蒙蒙细雨、夜色未尽,稍带着凉意,公公身着一件呢大衣出去了,当行走在一座三根圆木两根滚的小桥上,因桥上泞泥,明知过桥危险,但为了抢时间,公公仍冒险过桥,却不慎落入水中,山区的水流湍急,一下被水流冲走了,当冲到水中的一块石头边,大衣被挂住了,最后由村民救起,差一点因公殉职。他并没有因此懊恼埋怨,却诙谐地说:"增加水分步履稳重,不会再滑倒了"。他还说:"竺校长为选校址在外奔波,连妻子(张侠魂)与儿子竺衡(次子)先后病逝,都无法照顾,这点失足又算得了什么"。

公公主张民主办学和学术研究自由,强调治学严谨,提倡求是精神,使年轻师生在严格训练下具有真才实学。他认为,教师对学校的校风起决定作用,教师不仅须有真才实学,还要能为人师表,教学上能高标准严要求,否则纵有'名师'也出不了高徒。他身体力行,刚直不阿,无私奉献;他四处奔波、协助竺可桢校长,尽可能为流亡的浙大学生在贵州创造学习生活环境,还为浙大引进了不少大师级人物如王淦昌、束星北[29]、苏步青[30]、

图 4-21 抗战时西迁遵义的国立浙江大学校门

---

29 束星北(1907年10月-1983年10月),江苏扬州市人。中国科学院院士理论物理学家,被誉为"中国雷达之父"与"中国爱因斯坦"。
30 苏步青(1902年9月-2003年3月),浙江温州人,中国科学院院士,中国著名的数学家、教育家,中国微分几何学派创始人,被誉为"东方国度上灿

贝时璋[31]等。

在1946年8月抗战胜利后公公、婆婆带着五个孩子，还有竺可桢委托照顾的女儿竺宁，与其他两家人乘坐一辆带帆布篷的大卡车，从校本部的子弹库上车，途径玉屏、衡阳，到长沙时战争中的大火还清晰可见，车上拥挤、闷热、一路颠簸至汉口。当时逃难者都急于返回家乡，交通之拥挤可想而知，在汉口乘船一票难求，只有换乘小轮船辗转一个多月才回到杭州。抗战胜利后，公公又夜以继日地忙于浙江大学的回迁恢复工作。终于因为劳累成疾，开始觉得喉咙不舒适，用了校医配的许多漱口药水，总不见效。公公的咳嗽日趋加剧，持续低烧，后来消瘦脱形，到杭州的广慈医院拍了X光片后，才知道患了粟粒性肺结核，体温日见升高。

在1947年7月26日傍晚，忽然呕吐，经李天助校医打了几针强心针，延至27日4时溘然长逝。享年52岁。公公去世后，浙江大学公告称："张教务长自民国26年接掌教务以来，苦心擘画，备极辛勤，得以奠定本校优良学风之基础。……"离世消息在全国各大报纸及英国的泰晤士报均有报道，有许多在国外的学生也发来了唁电；有关政府机关、教育部，包括蒋介石送来的"足人师表"挽幛；竺可桢在悼词上悲痛地说，张绍忠教授是"以身殉学"，写下了挽联并载入《竺可桢日记》："十余年得助最多获益最多况离乱同舟瘴雨蛮烟当日梦，二三子成德以教达材以教叹须臾返驾只鸡斗酒故人情"。浙江大学因为张绍忠贡献卓著，在图书馆悬挂了他的遗像，以资纪念。

公公逝后葬于杭州凤凰山，那里曾是南宋时期的皇家林园，现今已经开发成万松书院。在苍翠的万松岭中，点缀着许多文人墨客的题

烂的数学明星""东方第一几何学家""数学之王"。上世纪70年代末曾经是复旦大学的校长。
31 贝时璋（1903.10.-2009.10.）浙江镇海人，生物学家，中国细胞学、胚胎学的创始人之一，中国生物物理学的奠基人。中国科学院院士，2003年国际永久编号36015的小行星命名为贝时璋星。为中国生命科学和"载人航天"事业做出了杰出贡献。

词及一座孔子先师的庙宇，至今尚存有"万世师表"的牌坊一座和依稀可见"至圣先师孔子像"的石碑等物。苍松掩映，小溪潺潺，遥可望雷峰夕照、宝石流霞，近可听松涛泉流、虫鸟和韵。公公的墓冢面对南山（即现在的烈士陵园），

图4-22 张绍忠墓

正左侧可见水波粼粼的西湖，右侧隐约显现波涛汹涌的钱塘江。也许这是公公的福气，遇上了天时地利人和；而盖棺定论得以厚葬，却是后人所赋予；这是他的努力、是他开拓性的贡献、独到的业务建树和社会各界的尊重而取得的。2015年我带着子孙一家三代人回杭州万松书院扫墓，进林园右转沿翠华园拱门拾阶而上，沿着一条蜿蜒小路，其景象恰如拱门上的对联："翠柏苍松增气象，华阳皓月共精神"，经过山涧小溪前往，在大路转至小路旁，可见到"张绍忠教授墓"，旁边有一尊石雕——一本打开的书，上面刻着"张绍忠教授墓志铭"。这是后来万松书院为打造文人文化重修墓时而建立。近年来遵义市打造了浙大西迁的文化园，在文化街上还树立了张绍忠教授铜雕像。

图4-13 遵义文化街张绍忠铜像

我的公公和我的父亲有着相似的人生经历，但在人生晚期却是完全不同的命运结果。

2. 听婆婆讲过去的故事

我的婆婆龚宝钺是一位开朗、慈善而和蔼的老人，从她的眉宇中

自然透露出一种睿智与温情。婆婆的寿命很长，直到1988年12月15日93岁仙逝。

婆婆的祖籍是上海南汇，清乾隆时其祖辈九牧迁居嘉兴旧称秀水，世居秀水马厍汇17号，马厍汇旧有苜蓿湾之称。苜蓿可壅田，赐予了苜蓿湾鱼米之乡的美称，每到春天紫色苜蓿花广连阡陌，望之如紫气东来，给人以梦幻般的沉思。龚氏世以医药为业，有家传秘方，所制药酒，闻名江浙。婆婆的父亲龚寿人，继祖业为医；在嘉兴和马厍汇都有他的中药店，旧名同善堂，约建于清同治年间，不过现在早已易主了。婆婆的母亲吴氏出自文学绘画世家，兄妹自幼承母教，喜爱文史绘画。马厍汇的故居朝东一埭为二层楼。二楼屋檐四周的柜子里曾收藏了很多书籍、字画、来往书信，文革时不知去向。

1966年7月我去嘉兴马厍汇老家，从嘉兴乘摇橹船跟随潺潺流水和"嘎吱嘎吱"的蹋桨声，穿行在芦苇密布的水网中，茂盛的芦苇荡里不时地惊飞出几只野鸡和白鹭，沿途是小桥连曲径，曲径通人家，或小瓦房，或茅草屋。船老大按乘客需要随时可停泊上下。透过丛丛芦苇荡的空隙间，偶见"枯藤老树昏鸦，小桥流水人家"的自然风貌，洋溢着返璞归真的味道。天蒙蒙亮，水乡的月夜就沉浸在一片此起彼落的捣杵声中，阵阵鸡啼鸟鸣相和，拉开了人与自然相融的水乡生活的序曲，渔民开始在水中作业，收获他的鱼、虾和大闸蟹，随即赶到市场卖。看到这些水产，谁又能想到这里饱含着多少渔家的艰辛与渔家欢乐！

我的婆婆是家里唯一女孩，有八个哥哥、一个弟弟，全家视她为掌上明珠，小时候其他哥哥都谦让着她，她的小名就叫"掌珠"。婆婆生长在开明人家，是位开明女性，从来没有裹过小脚。她的头脑里也接受了许多新思想，我记得1973年我生了个女儿叫张燚，她用上海老腔高兴地说："这个名字好，有朝气，生囡好，生囡好！我就喜欢囡！"这对她们那一辈人来说是很少见，多数老人都还是重男轻女的。燚燚小学三年级的时候，开始给她奶奶洗脚，奶奶也不亏待小孙女，每天洗一次脚给一角钱，一个月聚积下来就可以订一份"故事大王"的杂志,燨燨也很高兴。

克民的四舅比婆婆大十岁,四舅是辛亥革命的元老,光复会的创始人之一,使婆婆年轻时接触到许多革命党人如:孙中山、黄兴、蔡元培、陶成章、章太炎、徐锡麟、秋瑾等,这对她产生了潜移默化的影响。据婆婆告诉我,她曾为这些人在杭州白云庵里开会时放过风。现在白云庵早已沧桑巨变,无迹可寻。听婆婆说白云庵在雷峰夕照西北角,也就是雷峰塔下的湖边,远眺苏堤、三潭印月,是块风水宝地,近几十年来成了高级宾馆、会所所在地。可是百年前的白云庵,香火缭绕,信男信女摩肩接踵,纷繁景象已成了故事。

3. "以身许国,功成身退"的四舅

1886年5月一个苜蓿和蔷薇花盛开的时节,紫色的苜蓿和白色的野蔷薇,在马厍汇的田间河畔疯狂地开放,四舅就是闻着这种浓郁而野性的香味来到了世间,所以他的号叫薇生。听婆婆说四舅少年时候就很倔强而富有正义感,爱打抱不平。16岁那年,美国传教士参观他就学的秀水学堂,见学校新购了一只新钟,问可否试敲此钟,校长陶葆霖首肯,乃钟鸣。学生们正在课外活动,闻钟声,以为开晚饭,涌向饭厅,始知为时尚早,学生以"洋人此举,实属戏弄我辈",要求洋人道歉,陶葆霖不以为然,四舅和其他一些学生遂以罢课要挟,四舅在同学中颇有威信,在他带领下一些同学同时退学,肄业于秀水学堂。

1903年四舅东渡日本,进入东京清华学校、振武军校就读,同时投身革命参与组织了拒俄义勇队,拒俄运动失败之后,四舅就参加了激进分子组织的暗杀团,购买原料器具,在横滨郊区山顶上的偏僻木屋内试验棉花火药。章太炎正好也逃亡日本。"《苏报》案"发生后,章太炎(章炳麟)、邹容相继入狱。四舅号召浙江留日同乡会在东京集会,商议营救章太炎。接着四舅与陶成章先后回国,四舅先在上海成立军国民教育会暗杀团。后来陶成章提议,将浙、皖等地的革命志士联合起来,建立一个大的革命团体。他与在浙江的陶成章、在

湖南的黄兴等暗中联络。

由于暗杀团的力量单薄，又根据东京浙学会的原议，蔡元培、龚宝铨、陶成章等决定组织一革命团体，这就是"光复会"，四舅为光复会的重要领导人之一。光复会以"光复汉族，还我河山，以身许国，功成身退"作为誓词。会长由享有声望的蔡元培担任。当时章太炎仍在狱中，还曾致书蔡元培推动此事的发展。1905年8月20日，兴中会、光复会、华兴会等多个革命团体，在日本东京会聚，成立中国革命同盟会，四舅又加入了"同盟会"。

图4-24 同盟会成立时参会人员合影，1905年，日本。
前排左二：龚宝铨；前排正中：孙中山

为了培养训练革命武装起义军事干部，次年四舅和陶成章、徐锡麟经过多方困难与努力，在绍兴卧龙山北创办了一所大通师范学堂。于是这所学堂就成了革命党人的大本营，陶成章和四舅还在校内翻译过催眠术方面的书籍，因为蔡元培认为催眠术可以作为暗杀工具。随抗法拒俄运动展开，东京留学生组成"军国民教育会"，四舅和黄兴、钮永建、陶成章、杨笃生、汤尔和等都是当时的成员。同年秋瑾赴日，很快结识了龚宝铨等人，并在日本加入"三合会"。四舅为革命需要，为自己取了几个名字：龚宝铨，字未生，号薇生、味荪、味生。以前一般人都称他"未生"。他"谋实行事"，一边在浙东山区发动乡民，一边联络嘉兴敖嘉熊、褚辅成等革命同志，壮大力量，无不亲与其事。

然而四舅在革命道路上，走得很孤独、很艰苦。自陶成章、陈仲权、徐锡麟、秋瑾、敖嘉熊、姚麟、……，眼看着一个又一个同志在他身边倒下，再回望自己的一生，心中有东西轰然倒塌，留下的唯有思念。这种发自心底的孤独感，可能来源于那种对革命前景的不确定性，以及革命对手太过强大的压迫感。

自与秋瑾相识以来，从这个年长他十一岁、不让须眉的鉴湖女侠身上，四舅看到了一个侠士所应该具备的一切要素：豪爽、坚定、大义，但是她倒在了清政府的屠刀下。三年后，在四舅完婚那年，他为亡友秋瑾编成的《秋瑾女士遗稿》，在日本东京刊行。

四舅由于到处奔波，常有风餐露宿、一饭三吐哺、饥一顿饱一顿的事，于是患了严重胃病。辛亥革命后，他身体不好没有再参加光复会具体的工作，当然原光复会的人受到原兴中会成员的排挤也是不容否认的事实。四舅退下来后兼了浙江省大方伯图书馆馆长职务，应该说是个闲职，但他还是做了许多有益的工作，例如编了《章氏丛书》；组织人员去北京和其他地方设法抄补《四库全书》。1916年，他担任了浙江都督府的外交顾问，并当选为省议员、副议长。五年后又被聘为浙江省自治筹备处评议员，同年夏当选省宪法会议议员。

四舅后来住在西湖边的刘庄（现在称西湖国宾馆），这是1898年广东43岁的刘学询耗资十余万银两，历时8年完成的这座庭园的建设，当时取名"竹水居"。1912年刘学询因为支持孙中山革命发生了债务纠纷而被迫拍卖了刘庄。此间四舅住在这里疗养，精研佛学，与范古农等组织嘉兴佛学研究会，此时他的别号为'独念和尚'。

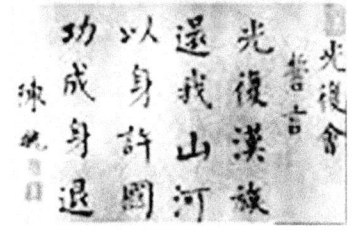

图4-25 前排左起陶成章、陈魏、徐锡麟；后排左起龚宝铨、陈子英的誓言

1922年6月因粟粒性肺病逝世，墓葬杭州灵隐寺五字桥。1931年嘉兴建立了辛亥革命烈士纪念塔，四舅列为七烈士之一。20世纪60年代末，在文化大革命期间，四舅的墓被毁，遗骸被寺庙移葬附近的龙门山，后来遗骸又被栖真寺主持迁至栖真寺。四舅病逝后，"竹水居"由政敌康有为入住，刘学询闻之刺伤了心，他立即于1922年将它赎回，并自此隐居终老。

图 4-26 龚宝铨铜像

今天，嘉兴市建立了龚宝铨纪念馆，在刚恢复的1921年嘉兴火车站改建成的纪念馆里，也有四舅事迹的展览。

婆婆在杭州女子师范学堂读书时，和章太炎的三女儿章㺬同学，刘庄也曾是她们的家，每到星期六就有船到湖滨接她们去刘庄度周末，星期一再送回学堂。四舅对妹妹是关爱有加，而那时续弦的舅母褚氏因为自己没有孩子，对这两个女孩像亲妹妹一般。她俩一回到家就忙着用面粉、玉米粉和米饭加点香油调在一起，做鱼虾的诱饵，然后在一个笼子里加上稻草，将

图 4-27 龚宝铨 1905 年摄于日本

诱饵放入其中，一切准备好后，就拖着四舅他俩到湖边钓鱼捉虾，让四舅、四舅母休闲散心。婆婆说放虾笼很有讲究，钓鱼更有技巧，她和章㺬都是瞎猫碰死老鼠，吃鱼全靠四舅钓，晚饭吃鱼，第二天午饭吃虾，这是她们最高兴的事。

婆婆曾对他的四哥别号为"独念和尚"感到新鲜不解，一天她问四哥："侬作啥叫独念和尚？侬念啥人？"四哥笑曰："我弗念啥人，我念民主"，四舅的确无不为民主在奋斗着。

4. 龚宝铨与章太炎轶事

1906年5月，章太炎从上海英租界出狱，随后东渡日本，加入了同盟会。刚到日本的章太炎身无分文，寓居在龚宝铨处。两人此时皆是一贫如洗，没有钱去买小菜，只好买两块豆腐，拿调料拌一下，都吃得津津有味。

章太炎到日本之后，就担任了同盟会机关刊物《民报》主编。同年8月，成立了国学讲习会，在神田大成中学定期讲学。有一次，周树人（鲁迅）与龚宝铨、许季茀谈起，喜欢听章太炎讲课，但讲习会是大班，人很杂。于是龚宝铨赶去向章太炎说了这件事，问他能不能在星期日早上在民报社另外开一个班，没想到章太炎答应了。于是章太炎单独给他们开了一个小班，共有弟子八人：龚宝铨、周树人、许寿裳、朱希祖、钱玄同、朱蓬仙、钱家治、周作人。师生九人席地而坐，听章太炎讲段式《说文解字注》、郝氏《尔雅义疏》等。章太炎旁征博引，滔滔不绝，连讲四小时毫不休息。鲁迅后来曾说，听章太炎讲课，因为他是有学问的革命家。

章太炎有四个女儿，名字都很怪僻，大女儿叫章㸚；二女儿章叕；三女儿叫章㠭；四女儿叫章㗊。虽然《辞海》《辞源》《汉语大辞典》《说文解字注》都没有这几个字，但在《康熙字典》里均可查到。提到章太炎四个女儿的名字，章太炎笑曰："谁想娶我的女儿，首先要叫得出她的名字。"我不知道四舅是否先叫出了老师大女儿的名字，可是章太炎却把大女儿许配给了四舅。章太炎与四舅在共同革命中结成了战斗友谊，师生之情。他看中了四舅的为人与能力，喜欢这个一腔热血报国的青年，他将四舅当成自己的弟子。在章太炎眼里，龚宝铨是怎样一个人？在事业方面，四舅在《龚味荪自叙革命历史》中自己有过表述："自揆生平，虽无奇烈伟业，唯见利不惑，临难不挠，有足以自慰者。"在为人方面，他的岳父章太炎更是在书信中有过极高的评价："长老如蛰仙先生，至诚如龚未生，皆宜引为自辅。此二君者，死生之际，必不负人，其余可信者鲜矣！"。

章太炎先许婚,并请陶成章先生做媒,然后再请海盐朱遏先生归国将大女儿表字蕴来,和三女儿表字穆君接到日本。那一年,1910年,龚宝铨25岁,蕴来18岁。

图 4-28 国学大师章太炎
(20 世纪初摄于日本)

二个女儿和龚宝铨有了初次的见面之后没多久,难得下馆子的章太炎带着蕴来和穆君以及龚宝铨在外面吃了顿便餐,餐毕章太炎只带着三女儿回了家。11 岁的三女穆君不解地问父亲:"为什么大姊不一起回去?"章太炎只说了一句话:"大姊随未生去了"。这时穆君才知道,原来这顿简陋的便餐,就是大姐的婚宴,大姐就这样结婚了。

婆婆说,四舅母素有洁癖,衣履器物,有纤尘点垢,一定要把他弄得清洁光致才罢手,房门内外各置一毡,进出时都得把鞋底擦干净

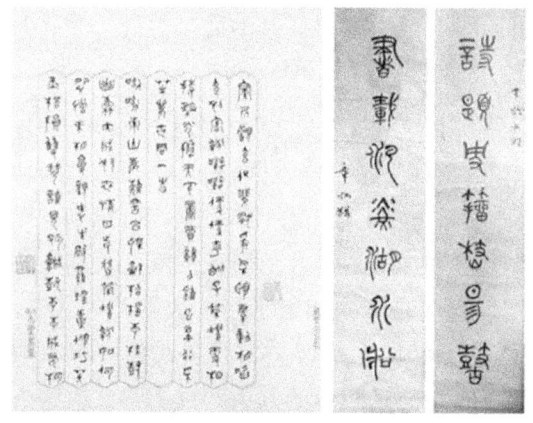

图 4-29 国学大师章炳麟(章太炎)书法

才举步。她不喜欢与达官贵人往来,但对长辈亲友却很和顺。只是时常郁郁寡欢,常对三妹说:"人生实在没有趣味,死,才是最恬静的休息"。七舅也是在日本留学回来的西医,据他说:"四嫂可能患有偏执型忧郁症"。其实章太炎精通医学,著有《霍乱论》《章太炎医论》(原名《猝病新论》)。曾有人问章太炎:"先生的学问是经学

第一,还是史学第一?"他答道:"实不相瞒,我是医学第一。"章太炎为实现革命理想四处奔波,很少能照顾到自己的女儿。四舅母10岁丧母,适逢"苏报案"案发时期,章太炎羁于狱中,四舅母与她的三妹寄养在伯父章炳森(椿伯)家中读书,二妹早已过寄给伯父,这样的环境不能不说会对四舅母幼小心灵留下创伤。

章太炎第一任夫人去世后,他准备续弦。在《顺天时报》上刊登了征婚广告:"人之娶妻当饭吃,我之娶妻当药用。两湖人甚佳,安徽人次之,最不适合者为北方女子,广东女子言语不通,如外国人,那是最不敢当的"。他的征婚条件有五:以两湖籍女子为限;要文理通顺,能做短篇文字;要大家闺秀;要出身于学校,双方平等自由,互相尊敬,保持美德;反对缠足女子,丈夫死后,可以再嫁;夫妇不和,可以离婚。

章太炎这段广告登出之后,虽只登《顺天时报》一家,国内各地报纸,纷纷写成新闻,遍及全国,成为一时奇谈。当然有许多迂腐的士大夫,认为夫死之后,不令守节,可以再嫁,是一件极荒唐的事情,哪个敢应征呢?后来遇到汤国梨,她自幼聪慧好学,曾入私塾读书两年,后入上海务本女中读书。汤国梨女士受革命新思潮影响,谢绝媒妁,乡人以奇女子视之。

汤国梨女士曾以第一名的优异成绩毕业,任教于吴兴女校,后担任该校校长,比章太炎小14岁,正符合章太炎征婚条件。他们相见恨晚,一见钟情。按当地娶亲旧风俗,男方要送女方金饰四件为信物,章太炎这位具有新思想的革命家,也兴致勃勃购得金戒、金镯、金锁,尚缺其一,后来他想起黎元洪当初曾赠送开国纪念金章一枚,于是凑成四数。可见,为了倾心的女子,国学大师也没有破除凡俗。奶奶说章太炎在上海哈同花园结婚那天,急于迎接新娘连皮鞋都穿反了,他走了几步不对头,大笑起来,惹得旁边人也开怀大笑。

章太炎与汤国梨结婚仅一月余,"二次革命"爆发。章太炎觉察袁世凯包藏祸心,以革命为重的章太炎先生即北上讨袁。遂于1913年8月,章太炎决定冒险去京,欲与袁世凯说理。他于7日下午傍晚时分，足登旧靴，手执团扇，用大勋章作扇坠，来到总统府，指名要见袁世凯。梁士贻（当时北京政府总统府秘书长）出来接待，刚开口，便被章太炎出言不逊挡回去了，说："我要见袁世凯，哪个要见你！"可是，袁世凯佯装不知，迟迟不出来。这引发了章太炎的脾性，就在总统府大肆喧哗起来。口中骂声不绝，以粗话辱袁"心怀害人之恶意"。据说，袁世凯极为生气，又自嘲说："彼一疯子，我何必与之认真也！"无奈，当天晚上袁世凯将他骗到龙泉寺软禁起来。

在章太炎被袁世凯软禁期间，被迫写"劝进书"，然而其书云："……公今忽萌野心，妄僭天位，非惟民国之叛逆，亦且清室之罪人。某困处京师，生不如死！但冀公[32]见我书，予以极刑，较当日死于满清恶官僚之手，尤有荣耀！"章太炎竟敢公开辱骂大总统袁世凯"心里怀着害人的恶意""萌野心，妄僭天位"，恐怕至今无第二人；他七次被追捕，三次入牢狱，而革命之志，终不屈挠者，今世亦无第二人。这才是先哲的精神，后生的楷模。

袁世凯尽管是擅长权术的旧派人物，同时也有爱国和民族主义的思想，对近代中国还是做出了一些贡献，而他最大的败笔在于称帝。章太炎反的也是袁世凯称帝。章太炎身体失去自由，悲愤万分，他给妻子的信中首次说到了"死"，后来的日子更是归途无望。二三个月后他在给妻子的信中再次说到"死"："有生之乐既尽，厌世之心遂生，唯有趣入死地耳"，这对新婚的妻子无疑是一个巨大的打击。然后他给四舅一封信委托四舅办理身后事。

不久，钱也用完了，既不想借钱，也不想让家里寄钱，且不许他的学生、朋友来看他，他准备以绝食来争取自由，他估计最多十来天会饿死，甚至断言："吾死之后，中华文化亦亡矣"。章太炎绝食未死，袁世凯害怕担上害死国学大师的罪名，同意章太炎由原来的龙泉

---

32 翼公：清乾隆年间平遥城内的一位博学之士，热情公益，博学多闻，名叫冀先聘。清乾隆三十六年（1771 年）总理城隍庙的维修工程，辛苦经营达十年之久，竣工后由劳成疾而仙逝，后人为其塑像立祠，名为"翼公祠"世代享祭与城隍庙中。

寺移居东四牌楼某医生家。既然无法回上海,章太炎有了长居北京的想法。不久,章太炎看中钱粮胡同四号的房子,计划家属来京,居于此。为了家用开支的事,他写信给四舅,让四舅设法筹措在北京的家庭开支费用。同时,给新婚妻子写信,也是差不多的内容,并且关照启行程式,带哪些仆人,箱、床、书、瓶等应该怎么带,说得很详细。

章太炎极想妻子汤国梨来京,不过汤国梨担心袁世凯诡计多端,迟迟没有动身,接着章太炎又接连多次写信给四舅,四舅给她的外姑(即岳母)汤国梨回信提到"内人(章蕴来)每至冬季,胃口不开,常患呕吐。今若束装北行,预计行程急速须两日夜。际此天寒,深虑途中生疾病,于事毫无裨补。"而四舅母对四舅生活上更是照顾体恤备至,每次四舅出门,衣裳都抹得平平整整、准备得当,四舅没有回家,她决不会先行吃饭、就寝,而是默默等待。四舅与四舅母就是这样的相爱相护、相扶相持,尽在行动中。翌年4月春暖花开之际,四舅携妻子章蕴来,妻妹章穆君赴京与岳父章太炎相会。他的外姑(岳母)汤国梨还是没有到京。

女儿、女婿的到来,给孤独寂寞的章太炎带来莫大的安慰。期间,四舅曾多次携舅母看望住在北京的朋友鲁迅,夫妻感情笃至。9月7日,四舅、舅母及其妹妹言笑还是如常,可是天有不测风云,第二天凌晨,四舅母竟然丢下了老父与爱夫用一条长的白绫带,在父亲悬挂的"速死"篆书的条幅前自缢身亡。四舅为此食不下咽,泣不成声,哀声叹息。四舅母死后,章太炎给妻子的信中是这么说的:"蕴来平素与未生伉俪颇笃,事翁姑处,弟妹皆能雍睦无间。蕴来唯天性忧郁,常无生趣,在此五月,虽言笑如常,恒以得死为乐,游公园观戏剧,皆勉强应酬,神情漠然。……"

除了章蕴来性格忧郁之外,生活困顿也是一个因素。章太炎自己很穷,四舅常年生病,也不富裕。后来章太炎给小女儿写信时,又提到长女之死:"汝姊之死,固由穷困,假令稍有学业,则身作教习,夫可自谋生计,何时至抑郁而死也"。除了上面这些因素之外,还有一个更重要的外界环境因素压抑着四舅母。当时,章太炎处在软禁中，为了发泄心中的愤怒，他大书"速死"两篆书悬挂作屏风。作为长女的章蕴来担心着父亲的安危，继母说蕴来"孝思颇笃，见其父之困踬忧愤，乃极意承欢，饮食医药，无不周至。顾其心危虑深，居恒辄郁郁也！"

当时居家环境又很恶劣，据说章太炎所居之处为北京著名的四凶宅之一，钱粮胡同四号有'鬼宅'之称，每日夜幕降临，院中便风声凄厉，哀哀的哭声、尖锐的叫声、刺耳的狰狞声此起彼伏，声声传入房中，彻夜不绝。后来才知道，原来是袁世凯军警执法处派人装鬼来吓唬太炎先生，以瓦解其斗志。四舅母受不了这种种精神折磨，弃世而去。

第二年，四舅好友诸辅成[33]从狱中出来，见四舅身体虚弱，需人照顾，将自己侄女褚明颖介绍给四舅。成婚后，四舅无法释怀章蕴来，又患了粟粒性肺结核，传染性极强，褚明颖常回娘家住，1922年四舅逝世后，褚明颖赴嘉兴南门碧光庵出家了。

之后，婆婆和章家的往来一直延续下来，抗日战争胜利回杭州时，婆婆还带着孩子们和四舅母的妹妹们，克民称她们干娘，一起去灵隐寺为四舅上坟。

八、抗战胜利重建家园

1. 薪火相传，风雨兼程

1944年日本失去了太平洋的主动权，消耗了甚多军力，中国国民党领导的抗日部队开始局部反攻，人们看到了抗日战争的曙光即

---

33 褚辅成（1873年-1948年3月29日），字慧僧，一作惠生，浙江嘉兴人，九三学社发起人之一，中国著名的社会活动家、爱国民主人士。在日本加入光复会和中国同盟会。1918年9月当选为第一届国会众议院副议长。抗战后，褚辅成投身抗日救亡运动，为实现国共合作起了重要桥梁作用。1946年5月，任上海法学院院长。同年九三学社正式成立时，褚辅成又与许德珩被选为中央理事。

将来临。10月汪少伦[34]接任安徽省教育厅厅长后，给父母亲一封信，谈到抗战胜利在望，他想恢复安徽教育体系的计划，并有募资创办初级中学的打算。希望父母亲为家乡教育做点贡献，并函请母亲创办安徽省第一女子中学。

父母虽身在抗战大后方，却常心系东南战事。他们分析整个太平洋的战情，认为美国等盟军加强了对日反击，日本的军力与物资的给养日见匮乏难以维持，日本在太平洋诸岛节节败退而中国军民的志气高涨，驱除日寇、光复国土，企足而待。当时爷爷奶奶70有余，在逃难中身体都受到伤害，奶奶患有严重的支气管哮喘，所以父、母亲决定战后先回到家乡工作，照顾爷爷奶奶。而奶奶总是成天期盼着、唠叨着想回家乡，她不放心躲在大山里的爷爷，以及经她和爷爷亲手建造起来的果园和庭苑。流亡的老人们话家常少不了倾诉对家乡的怀念。奶奶常说自己家虽不在江南水乡，堪比江南人家，想到豺虎入侵时，凌寇的践踏，家乡温雅的小城被敌机轰炸得瓦砾横飞，顿时咬牙切齿。

1945年9月2日，日本向盟军投降仪式在东京湾的密苏里号军舰上举行，日本在投降书上签字。举国上下欢欣鼓舞的同时百废待兴，国民需要医治战争的创伤，人们都投入到家园建设之中。当时人人归心似箭，水路交通拥挤，轮船一票难求，幸有朋友帮忙，父亲购得当月船票，于是我们兄妹仨、奶奶、小姑跟随父母一起，从重庆抵安庆回到桐城。

敌兵撤退后，爷爷从山里归来，见二万多册书籍、字画、父亲从欧洲带回来的外文图书被抢窃一空，满地残书、断帖，爷爷用颤抖的

---

34 汪少伦（1902-1982）又名礼明，安徽桐城人。早年加入中国共产党，在中共的帮助下，前往苏联莫斯科中山大学学习。国共两党磨擦加剧，安徽省政府奉令欲将其逮捕。汪少伦获悉后逃至日本，进入早稻田大学学习，后在此加入国民党。从日本回国后两年又前往德国柏林大学攻读哲学与教育学。曾任中央政治学校教授兼教务副主任，国立中央大学教授，1944年任安徽省政府委员兼教育厅厅长，国民政府第一届立法委员和教育部教育研究委员会委员，台湾师范大学和新加坡南洋大学教授。

手俯身拾起，有可凑成完整的，就伏案修补。当我们与爷爷、大姑、二姑及姑父们见面时，个个热泪盈眶。世间多少悲欢离合，问苍天，谁让亲人心碎、泪潸潸？

抗战岁月，所怨是民族之怨，所恨为民族之恨，所望更是民族的复兴。为了逃难失学的孩子们，为了重建校园，安徽省教育厅开始恢复教育体制。父亲和母亲都奔赴各自的建校岗位。安徽省教育厅汪少伦厅长多方募资终于创办了私立天城初级中学。汪少伦先生为校董事长，父亲受汪先生之聘为董事。董事长与董事均为义务工作，不享受任何待遇，但权力却很大，如校长的任命、办校经费筹措、招生等，并会同校长张护棠精心制订学校教育教学及其发展规划，对学校实行规范化管理，父亲还为该校的创建捐了款。从而使这所源于1826年（清道光六年）桐城知县廖大闻捐廉倡导，乡贤刘存庄、潘楫多方募资建成的天城书院得以薪火相传，目前已发展成为安徽省示范性高级中学。

父亲因抗战期间在重庆为国民政府社会部编译过丛书刊物，得到谷正刚的重视与信任，国民党也在高级知识分子中网络人才。既然父亲要回老家照顾父母，他就推荐父亲到安徽省政府社会部工作，督导皖南接收事宜，担任社会部社会工作人员训练班的教育长。翌年担任社会处处长，撰写了《一年来之安徽社会行政》刊于1946年9月《安徽政治》杂志上，后被推选为安徽省政府委员。

他认为久战之后，国家需要和平建设，"国共合作"必须继续，和谈虽有周折，终究还要成功；同时又觉得安徽两大恶势力"桂系"与"C.C"必需予以抵制。所以，父亲参加并领导了一个地方性反"桂系"与反"C.C"的组织，希望能凭这股力量，做点家乡的社会建设工作。当他在皖南督导接收敌伪物资返桐城过安庆登镇风塔时，他看到眼前景象触及心灵，他更想为家乡灾区老百姓做些有益的实事，为此父亲主管了黄泛区救灾和社会服务工作。在他的若干首诗词歌赋中，都寓含了深沉的忧患意识和强烈的社会责任感，体现出父亲对灾民的真实思想感情。

淮上勘灾

长淮长秋水，倒注接黄河。
上下一千里，纵横万顷波。
人趋山脚远，船向屋头过。
搔首问河伯，其为百姓何？
踏遍淮南路，凄凉处处同。
荒城惊虎兕，平野跃鱼龙。
干舞有苗格，撬行四渎通。
何当策群力，重建禹王功。

作于 1946 年

他亲眼目击国民党政府的腐败，党内各派系斗争激烈，地方环境愈趋复杂，物价飞涨，民不聊生，他对国民党感到失望。所以父亲一步步在脱离行政，从他 1946 年的填词《鹧鸪天》中一句"却被官身误"，反映了父亲想弃官的真实思想。直到 1949 年 2 月省政府改组，父亲辞职，正式摆脱掉了行政职务。

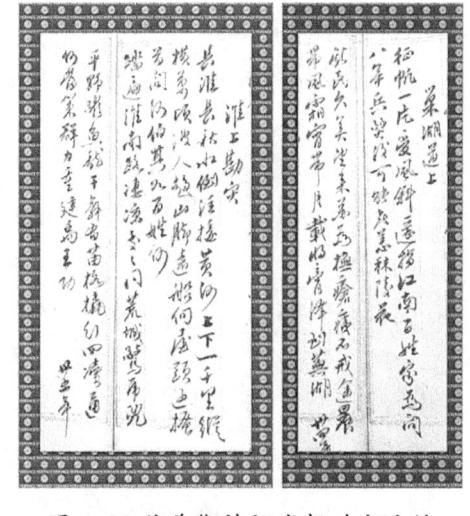

图 4-30 范希衡诗词发抒对灾民的情感，作于 1945 年及 1946 年

读着父亲的诗词，想到了离骚中的"长太息以掩涕兮，哀民生之多艰。"此名句曾激励着中国老一辈的知识分子为国为民殚精竭智。可是在反右运动中父亲在民国时期所作的防止黄河泛滥的救灾工作，却成为他为国民政府涂脂抹粉的罪状。

1944年10月汪少伦先生上任安徽省教育厅厅长时，就发给母亲一张聘书，希望她战后能回家乡创办一所安徽女子中学，母亲欣然接受。安徽省史稿正文（上编）及桐城县志教育篇记载："自1938年，安庆沦陷，省立安庆女子师范学校被迫停课，师生疏散各地。1944年，安徽省教育厅拟恢复教育体制，要求每一地区成立一所高级中学和一所

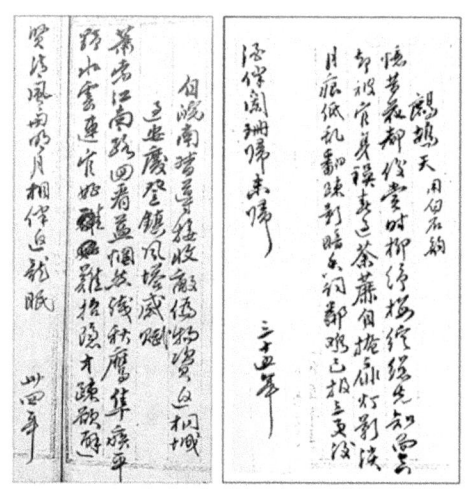

图 4-31 范希衡诗词
作于 1945 及 1946 年

女子师范学校。任命孙其节为安徽省省立第一女子师范学校校长，负责筹备工作"。

抗战胜利后，我们一回到家乡，母亲就起早贪黑忙于学校的筹建工作。首先向她娘家方氏以象征性的租金，租借了桐城县北门二十多间房屋作为临时校舍，然后忙于资金预算、校舍与教学设备的建设。又在文庙东侧勘地，新建校舍四十余间（现址为中共桐城市委会）。每当一项工作落实后母亲都会感到一种快慰，这稍许的轻松感，让母亲想到给我们兄妹仨和爷爷、奶奶买点什么回来让我们也乐一乐。

母亲很重视学校的师资力量，她四处"招兵买马"。抗战期间桐城地临前线，经历二次沦陷，流亡外地的教师尚未归来，师资短缺，加之物资匮乏，教学设备简陋，工作相当艰难。通过同仁们共同努力，当年秋，终于在新校址开课了，那一幢幢白墙黛瓦的教室，那一扇扇一字排开的门窗，简单而朴素。由于学校设在桐城，故定校名为"安徽省桐城女子师范学校"。

我们兄妹仨也跟着母亲开始上了小学，我当时不到五岁就跟着读一年级，必然身心都跟不上一年级的要求，母亲是想从德育方面入

手让我早一点接受蒙学中立德、立志的教育，并不要求我成绩如何，作业如何，只要我喜欢上学就行。在家里爷爷奶奶也教我们读点三字经、百家姓、弟子规和一点宋词唐诗，但我只是像唱儿歌似的唱着玩，意思一点不懂，慢慢才悟出一点道理。那时我也能和其他小朋友一样，升入二年级，可是母亲仍然要我留在一年级再读一年，打好基础。

我还记得每天放学爷爷接我回家，经过桐城中学校门外的广场时，常会看到卖糖人挑着一个担子，一头是加热用的炉具，一头是由蔗糖和麦芽糖加热调制而成的糖料，还有一根扎紧的稻草把，专门用来插糖人儿，除了棕黄的本色，也有加色素后的五颜六色，糖料在卖糖人的手中，当场制作成了各种形态的糖人、小动物和水果，晶莹剔透，我常专心地看着，久久不肯离开，有时爷爷也会给我买上一支带回家，我总是看着它，不时舔一舔，许久舍不得吃下。

桐城女师开学后，母亲并没有松气，因为当时学校规模只有高师（高级师范）二个班，简师（初级师范）三个班，学生268人。1947年8月，桐城女师奉命迁移安庆，9月在东南中学成立迁校筹备处，校名依旧。然桐城父老从乡土利益出发，坚决不同意女师迁校，因此置之未定。后来母亲又向省政府及地方要求充实教员，加盖校舍，增加设备，学校逐渐进入正规化。

次年秋，教师阵容较为充实。除按规定的教学计划开课外，将先前没开设的课，一一予以补授。第三年除原有教师外，增聘了语文、教育、科学、化学、体育等教师，又一次充实了教师阵容。这时高师三个班，简师四个班，共有学生近300人。

为了提高教学质量，母亲提议采取种种措施，使教育工作正常化，还开展了各种师范专业的活动，如在纪念周举行"专业思想讲座"，高年级开展了教育实习，利用节日举行专题讨论会。办教育的人都知道丰富学生们生活，提高学生素质培养，事关重要，于是加强了课外活动，办壁报及开展各项文娱活动。

经过一年整顿，女师气象一新，1947年上半年参加桐城举行的中学生作文、演讲比赛，不少学生获奖并且均名列前茅。当时教育部为了提高师范教育的地位，提高社会对师范教育的重视，规定每年五月第一周为师范教育运动周，当时的省政府领导人及知名人士都前往参加。每学期还举行学生作业展览会、师范教育座谈会等。母亲非常注重学生的专业训练，结合教学亲自组织带领学生到城内、外的小学观摩。

五月份毕业班学业结束，学校把抓好毕业班的参观实习作为重中之重，有一个半月的参观实习。母亲还邀请社会各界人士（主要是各小学校长、主任及教育行政机关人员），成立实习工作评审工作委员会，通过参观调查对实习工作给予评审。这一套教学方案早在重庆时母亲就有所考虑，实施起来也就胸有成竹了。

女师自建校后校规甚严，出校门必需请假。由于无事不准出校门，学生在校内，安心读书，取得了一定的成绩，学生的习作常刊登在《皖报》和其他报纸上。正因如此，学校保留了艰苦朴素、勤奋学习的校风。那时的女学生，夏天都穿着天蓝色阴丹士林布的斜襟式合体短衫，起膝下二寸的黑裙，白袜子黑鞋。她们自己相互剪发，一律是浓密的长刘海，齐耳短发，斜襟上插着一支自来水笔，给人一种清纯靓丽天真无邪的感觉。

校内活动丰富多彩，有篮球、排球队、歌咏舞蹈队、乐团、朗诵、演说，每到周六晚上都有文艺汇报演出。我印象最深的是一个活报剧"笔、砚、片"和一个小话剧"做家家"。"笔、砚、片"是表现校长关心同学们上好每一天的课，描写母亲每次在晨会上都会提醒说："同学们，新的一天学习开始了，'笔、砚、片'都带了没有？"，这里'片'指书本、纸张。有些活泼的学生总爱在我面前摊开右手，学着母亲说话的声音，双脚做着踢踏的动作，说着："笔、砚、片，笔、砚、片"，引发我和同学们大笑。

现在想想她们只不过十四五岁的孩子，多么天真可爱啊。"做家家"的话剧则是表现勤俭持家，家庭成员之间的爱与宽容。还有那"孙悟空三打白骨精"皮影戏，它又称"影子戏"或"灯影戏"，人物的动作与旁白非常滑稽可笑、新奇有趣。一边用当地流行的曲调来表现故事；一边有打击乐器和弦乐伴奏，散发出浓浓的乡土气息。家乡的黄梅戏已有两百多年的历史，早期叫作"黄梅调"，深受人们的喜爱，女师的学生们几乎都会唱，连大街小巷的人们都能哼上几句。这些表演虽短小却寓意深刻，也是当时德育教育效果的反映，我想这些理论与实践相结合、启发中学生思维的教学思想还是值得现代教育借鉴的。

母亲特别重视德育教育，深入浅出地引导学生们寻根溯源，继承中华民族文化，她告诉同学们中华文化是中华民族的血脉，是中华民族共同的精神家园。母亲在中学时代就有着争民主、自由、维护女权主义的思想，她要求学生们学会自尊、自爱、自强，努力为社会做出贡献，所以她对学生运动都积极支持。在"反饥饿"和"沈崇事件"中，学校围墙都出现过标语，学生中也有人作文谴责，还有一些学生晚间躲在教师宿舍中听延安广播。

我记得当时有一位姓常的学生，她常带领同学唱红色的歌谣，如《你这个坏东西》，懵懂的我，不懂得什么意思、歌词也唱不清楚，但是喜欢唱，还指着人唱："你你你，你这个坏东西，囤积居奇、抬高物价、扰乱金融、破坏抗战都是你，你的罪名和汉奸一样的，你这个坏东西真是该枪毙，……"还有一首歌歌名已经忘了，只记得其中两句："男的不洗脸，女的不擦粉，大家一起奔前程，不管春夏秋冬，不管……"

母亲知道这些歌是从她的学校学来的，也知道来自解放区，那姓常的大姐姐是地下党，那时国共合作破裂，正处于内战时期，母亲并未禁止我们唱红歌。母亲的民主、开放的理念给予了师生们思想上很大自由，在她的暗中支持下进步思想很快渗入校中，不少教师还参加了省属学校教师联谊会和索薪运动。

经过两年时间努力，桐城女师在安庆地区中等学校中已占有一席之地。母亲专心致志办教育，把人生最美好的时光献给了安徽女子教育事业，为妇女解放、社会进步尽了自己的最大的努力。1947年

12月我的大妹范玢在合肥出生,母亲为了不影响工作,玢妹由奶妈带到两岁多。

每当假日我们兄妹仨,总是到合肥和父亲住在一起。那时家里人很多,除了我们一家五口,大伯家的两兄弟,我的堂兄庆文和庆明都住在我们家,还有一位厨师吴桐、黄包车夫小李、做家务的小慈,我们都管叫他们"叔叔、阿姨";用餐的时候大人们都围坐在大圆桌上,我们兄妹则在另一小桌上吃饭,这是家里最热闹的时候。车夫小李年轻力壮,喜欢逗我们玩,一双胳膊可以吊着我们兄妹仨打转;我记得一次他没有出车,载着我们在马路上跑,我们坐在车上嬉闹,越嬉闹他跑得越有劲,不巧被母亲看到了,责令我们马上下车,说:"黄包车是爸爸上下班赶路用的,你们小孩有的是力气,怎么能让小李叔叔拖你们!"后来父亲又一番说理,至此之后,我自觉的尊重别人的劳动。

在合肥,我们居住的是父亲租来的徽式民居,一进大门可见一块休憩的园地,一座拱形的小石桥架在椭圆形的荷花池上,池水很浅,可见池底淤泥和瓦砾,大片残枝败叶中露出了几枝红色的荷花和绿色的莲蓬,使这潭死水显示出新的生机,让人感到这池荷花也有过曾经的创伤,正渐渐在恢复自然。荷花池后有一座小山坡,长满了杂草和小竹苗,一些被火烧焦和断了头弯着腰的粗竹竿已被新生的细竹包围着。

1948年中秋,父母亲带我们登小山坡赏月,那夜月色皎皎,月光照在烧黑的竹竿上斑斑驳驳,母亲触景生情说了句"好凄凉!",父亲没有正面答话,指着那片新竹说,"你们看,这些新竹长得多好!"。母亲突然领悟到父亲的意思说,"是啊,真好!特别在团圆的月光下,泛出绿油油的光,好有生气!"现在想来,父母亲这段对白寓意着经受战争创伤后的国土、家园都会像这些新竹一样,迅速发展、充满希望!1948年到1949年我的爷爷奶奶相继病逝。

1949年春节过后,父亲受聘到上海震旦大学教书,他带着吴桐到上海,直至吴桐找到出路才离开我们家。母亲等到工作交代完后才辞职去上海与父亲团聚。

2. 风雨飘摇的国民政府

1948年12月初，国共内战接近尾声，战局对国民政府十分不利。在风雨飘摇、大厦将倾的危急时刻，蒋介石手谕《抢救大陆学人》计划，由傅斯年、陈雪屏与蒋经国三人组成小组，负责具体"抢救"，1949年2月国民政府让人给父亲送来几张机票，要我们全家由南京乘飞机到台湾，二次都被父亲断然拒绝了。父亲没有选择离开，他决心留下来，因为他深深眷恋着这片土地，怀抱着对国计民生的殷切关怀，他对国民党统治已感到失望与厌倦，特别是看到当时直接出自共产党首脑人物笔下的《新华日报》《解放日报》社论和一些著名学者评论，感受到了他们是卓越的民主、人权的战士，对共产党颇有好感，对共产党的统治充满着希望。他在上海等待着光明，他在迎接新的社会，他知道新力量已经成长。没想到1957年反右运动中，他决心留在大陆也成为他的一条罪状。

国民党那时已失人心，恶性通货膨胀、物价飞涨，当时发行的金圆券只是一张白纸，随时会通货膨胀变得一文不值。老百姓一拿到金圆券争先恐后去银行排长队买大头（银元）或实物。为生存，社会上掀起了反饥饿运动，国民党在内战中节节败退，共产党早已是人心所向。母亲一人带领我们兄妹三人乘汽车从屯溪到杭州，路经一些小城市只见人丁嘈杂，长途汽车像接龙似地西来东往，互相抢道，毫无秩序。

我记不得在那个城市，铮哥下车去买馒头，回来时竟然没找到我们乘坐的汽车，这时汽车不断鸣笛，已经不愿再等了，母亲逼不得已拖着我和玲姐下车，没来得及拿车顶上的行李，车就开走了。母亲找到附近一家小旅馆，买纸写寻人启事，满街张贴。这个小城并不是战场，却也听到远处阵阵枪声，当时街头一片混乱，人们只顾换"大头"、抢购物品，谁也不会注意告示。

而铮哥十三岁，根本想不到去看告示，一味向前跑追赶汽车，当追到郊区时他有些失望地往回走,边走边盯着汽车看,用撕裂的声音拼命喊:"妈妈!妈妈!",妈妈也带着我们沿街寻找,终于听到远方传来一阵熟悉的声音,我们向声音发出的方向跑去,远处有个身影越来越清晰,仔细一看,果然是铮哥。他飞奔过来将口袋里的馒头交给妈妈时,竟然眨巴着眼睛,不让眼泪流出,妈妈抚摸着他的头说:"小大人了,不能哭!"自己却潸然泪下。此时已暮色降临,我们母子四人在小旅馆住了一宿,第二天我们上了去杭州的汽车,住在杭州刀茅巷浙江大学宿舍卢鹤绂与吴润辉夫妇家。

吴姐姐看到我们灰尘满面,狼狈不堪,首先让我们洗澡更衣,吴姐姐给我们找来了几件不合体的衣服,凑合着,哥哥穿上了卢鹤绂的衣服大大宽宽,而我和玲姐穿上了卢永强和卢永梅的男孩服装,于是三个男孩跟在我和玲姐后面喊"小男孩,小男孩!"互相追打着,已经忘记了途中的惊吓与疲劳。妈妈可是忧心忡忡,为了避免遇到正面的内战战场,我们在杭州停留了10余天后,看到沪杭线上局势稳定了,父亲来杭州接我们到上海。

1936年秋在上海拉斐德路(现复兴中路)桃源村64号买下的那套房子,住了不到2年,由于上海沦陷父亲准备去后方进行抗日宣传,这时有一对夫妇正在待产,经朋友介绍前来借房,父母亲见人家要生孩子,出于善心便将这套三层楼的房子,一分钱未要借了出去,一借12年,这次回上海要回房子已非常困难,最后住客用当时的价格2根金条买下这套房子。而我们用这2根金条在桃源村12号只能买下二楼一大一小二间房子了,可见当时物价之涨势。

到了上海之后,母亲很快受聘到上海杨思中学教英文,铮哥考上了上海中学,在闵行住校;玲姐进了上海务本女子中学;而我在永嘉路中国小学读书。我只记得我做在第三排靠窗的座位上,同桌的小男生叫王龙基,三毛流浪记中小演员三毛,他是从北京转来的插班生,我们都是新来的插班生又是同桌,总爱在一起玩,我印象中他的大头上有一对灵动的大眼睛,说话轻轻地,特别有礼貌。他教我唱了很多歌,我有时还摸着他的头唱:"三毛、三毛,光光头上三根毛,……",

他总是笑呵呵的从不回手，好像已经习惯了电影中的逆来顺受的样子。

虽然他生活在音乐熏陶的作曲家家庭中，抗战时期的艰难生活让我们这般大的孩子都饱尝过困苦，当然只有王龙基从小表现出的艺术天才，才把三毛这个流浪儿童在社会上被欺负、被奴役、被凌辱的悲惨遭遇表现得淋漓尽致。他从上海电影专科学校电影文学系毕业后，这位天才的小演员却没有能在电影文学和艺术舞台上发展，60年代末文革期间成为上海无线电厂一名工人，通过自身的努力，改革开放后开始发展成印刷电路的专家。

图 4-32 范希衡证件照
1952 年摄于上海

1949年5月12日上海战役打响，国民党节节败退，为期半个月的上海战役就结束了。为了保护这座被誉为"十里洋场"的城市，陈毅元帅曾形象地比喻为"瓷器店里打老鼠"——既要将敌人消灭，又不把城市打烂之战役，也就是进行外围战。我们住在复兴中路法租界，的确没有感受到战争的烽火。然而，战争总是残酷的，邻居在南翔看到马路上人体横飞，电线杆上挂着人的大腿、和烧坏的衣物，也有不少平民为之牺牲。

战争开始，市内的老百姓听到远处传来的枪炮声都有些紧张，忙于储存食品，躲在家里不敢外出。飞机在空中不断盘旋散发着传单"告人民书""战事进展""解放军的三大纪律八项"等，传单从飞机上像雪花一样飘了下来，一只只手从凉台上、窗口伸了出去捞着传单看，不几日百姓们就平静下来，恢复了正常生活秩序。一周后人们看到成千上万的八路军整齐地露宿街头，不入民宅不扰民，在上海大街小巷传开了，纷纷传说："侬晓得伐，格些老八路困了地廊。"虽然他们搞不清是八路军、新四军或野战军,但这一举动给了上海市民深刻而又良好的印象。

1949年5月27日那天,我放学走在拉都路(襄阳南路)拉斐德路(复兴中路)口,看到远处有一队军人雄赳赳气昂昂地行进,大家屏息注视着,紧张的脸绷了起来,渐渐地走近了才看清楚,子弹带和粮食袋交叉着挂在前胸,他们手端着长枪,目光警惕地环视四周,不时地向楼房的高层望去,战士们的表情是严肃的而行为是友善的,路上行人们紧张地退到两旁,我和同学钻到了面包店店堂里。听见行人和店员们压低着嗓音说,"这些人军装颜色好像比国民党军装略微浅些,帽子和国民党军帽完全不一样,"我们看行人和店员的脸渐渐地舒展开来,我和同学也渐渐地展现出笑容。上海的形势迅速稳定下来,第二天学校照常上课,商店照常营业,工人正常上工,我们家附近的美琪、国泰电影院也没有中断售票。这座享有"东方巴黎"美誉的繁华的城市,在一派和平安定的气象中跨进另一个时代。

第五章　翻开历史新一页

长风破浪会有时，直挂云帆济沧海。

——李白

一、历史的重大转折

1949年5月27日，这暮春的一天，瘦红肥绿的景致，给十里洋场带来一片生机盎然的气象。蓦地，街头、店前摆满了一盆盆鲜花，一辆辆花车缓缓行驶，迎风飘来缕缕醉人的芳香，人们驻足欣赏着，品味着鲜花的芬芳，以6月的火热情怀去迎接黎明的曙光。国民军节节失守，上海正式被八路军接管，结束了战乱的恐慌。当天晚上父亲特别兴奋，特地叫我和玲姐到弄堂口的小卖店买了一包兰花豆，一包油炸花生，喝了二两白酒，欣然开怀。酒足饭饱，父亲又唱起京剧来。母亲笑指父亲说，"看，你爸爸一高兴就唱起京剧来。"父亲那天是着实高兴了。

1949年下半年，父亲除了在震旦大学教授法文外，还应刘思慕[35]先生之邀赶译了法国勒杜克著的《这就是〈美国之音〉》，以范行笔名由上海知识出版社1950年出版。并和江文新合译《人民的上海》（中译法）由上海知识出版社1951年出版。父亲对国家的命运、民生的前途充满希望，他不仅要把《人民的上海》新气象传递给法语国家的人们，他更希望在这安定的环境中为中法教育和文化交流做出

---

[35] 刘思慕（1904-1985）作家、特工，历任上海《新闻日报》总编辑兼市文化局副局长、外交部国际关系研究所副所长兼《世界知识》出版社社长、中国社会科学院历史研究所所长等职。

最大努力，尽自己所能，把中法文学最重要的作品介绍给中法读者，希望通过文化对话，使中法人民互相了解。他认为，国与国之间相互了解就不会有隔膜，世界各国人民相互了解，人类进步才有希望。

自1949年6月至1952年8月，父亲与徐仲年先生根据法国Larousse.fr字典合编了《简明法汉词典》，父亲担任A—M前十三个字母编译，因为前13个字母较后13个字母词汇量大得多，父亲最后完成了这部词典大半部分的编纂工作。后来院系调整，几麻袋的词典卡片由震旦大学转入南京大学，南京大学外文系将这几大麻袋词典卡片原封未动地放在系图书馆。

1955-1956年父亲因错案隔离审查一年，徐仲年先生同年由南京大学调往上海外国语学院后，便将这几麻袋的词典卡片由外文系图书馆拿到了上海外国语学院，当时上海俄文专科学校刚更名为上海外国语学院，有些系科还正在筹建阶段，对于这几麻袋的词典卡片当然极其重视，也许上海外国语学院只知道是徐仲年先生一人的作品，并不知道还有范任（范希衡）先生坐了三年多冷板凳，完成了这部词典大半部分工作。

1963年这本《简明法汉词典》由商务印书馆出版时，父亲的名字就被抹除了，劳动报酬自然一无所得。父亲在反右时又一次被错判，1962年经中宣部和文化部批文，保释在家为国家重要的文化建设工程进行经典法国名著的翻译工作。他得知这本词典出版后，特地让我买了一本，编者为高达观（已打上了黑框）、徐仲年。父亲确认就是他和徐仲年先生合编的版本，但他什么也没有说，他知道自己的处境，又能说什么呢？父亲沉默不语，其内心的痛苦是可想而知的，毕竟他花了三年的心血啊。

也就在这一年12月商务印书馆又出了一本《简明法汉词典》的精装本，编者是王燕生、庞伯龙、宋紫裳、徐仲年、徐之海、高达观、漆竹生，王燕生成了主编。性好道术，能作五里雾，令人如堕五里雾中。竟然在同一年里，同一家出版社出版了同一部字典，而编者却二人变成了七人。有这么一些人，都争着在建国后这第一块词典蛋糕上点缀自己，不惜抛弃蛋糕的真正制作人。

60 多年后，在 2021 年 11 月 4 日澎拜政论发布了上海外国语大学原创系列 SISU 微纪录片，《字词典章家国人生》(Collecting Words, Connecting Worlds) 第三集编舟篇·徐仲年与新中国第一部综合性的法汉词典，文中写道："一本本厚厚的辞书背后，会有怎样生动而曲折的故事？代代上外（上海外国语学院）学者，如何'板凳甘坐十年冷''著书不为稻粱谋'为我们展示语言与知识的'道'与'美'"？愿这点滴记录，带你穿越时空追溯文脉，感受上外人融入在那字里行间的'爱'与'热'"。就这样原属于"南大人"（南京大学）的文化遗产在时空穿越中变成了"上外人"的贡献。一本《简明法汉词典》的真实编纂史就这样悄悄地被篡改了。这是一种社会的生态环境的表现，我无法改变，但是我要把知道的真相告诉大家，把了解的事实告诉大家，这是一种正义，一种道德。

父亲一生除了教学就忙于译作，他认为法文的教学与文学的翻译相结合，可以相辅相成。1951 年上海成立了翻译工作者协会——中国最早的翻译工作者组织，父亲是首批上海翻译工作者协会的会员，从父亲给中央编译局沈志远先生函稿中可知，他听了沈志远先生在上海翻译工作者协会上的讲话，特别兴奋。他希望在教书之余兼搞文学翻译以取得更大成果，他等待着中央编译局订出译书计划。在历史变革时期，他积极去配合着时代的需求，从事着中法文化的交流。

拉伯雷是十六世纪法国大文学家，1953 年列为世界四大文化名人之一，当时他的作品译成中文却很少见，许多人对这位伟大人物还不够熟悉，上海四联出版社希望父亲向中国读者介绍这位世界大文豪。父亲原想翻译拉伯雷《巨人传》，由于时代条件的限制原版书籍难以寻觅，于是父亲就将这位作家的生平、著作和思想，特别对于那部伟大的著作《巨人传》作了详细的介绍，编译成了书名为《拉伯雷》的书，1954 年上海四联出版社出版。1955 年为纪念法国文学史上卓越的资产阶级民主作家维克多·雨果逝世七十周年，四联出版社又邀请父亲撰写有关雨果的资料，父亲再次编译了《维克多·雨果》传记，在书中综合褒贬各家之说，兼顾作家雨果生平和思想之全貌。正准备出版时，该出版社奉命撤销，未能付现，直至 1989 年才由北京华夏出版社出版。

2016 年上海社科院历史所马军研究员在为《上海法租界史研究》第一辑撰写的序言《那些寥落、湮没和远去的星辰》的文章中，好奇的提到范希衡不是历史界的人，怎么会翻译中国近代社会研究参考资料之一《太平天国史料——上海法租界史》？这有着它背后的故事。

图 2-1 范希衡编译《维克多·雨果》北京华夏出版社，1989 年范希衡编译《拉伯雷》，上海四联出版社，1954 年

时间倒流到 1949 年年底的一个星期天，父亲多年未见的老友李亚农先生和李青崖先生来家里看望，李亚农先生是父亲中法大学同事、桥牌朋友，而李青崖先生是父亲同行老友。李亚农先生算是老革命了，在 1927 年就参加了共产党，当时是中国科学院华东办事处主任、上海文物管理委员会主任委员，我国现代著名历史学家，曾任中科院哲学社会科学学部委员，专研古代奴隶制与封建制，他的研究成果是出类拔萃的。母亲说他们那次相见还像年轻时那样，彼此的感情是那么融洽，谈笑还是那么爽朗，仿佛一切都和当年没有两样。

话间李亚农先生从他的衣服口袋摸出了一副扑克牌，和父亲还有母亲、李青崖先生四人来上了二局。李亚农先生对父亲说他在筹建上海图书馆，还准备建立上海历史学会和上海历史研究所，他想汇集一些上海史料。而当时能翻译法文史料的人很稀缺，希望父亲能为中国史料的翻译做些工作。父亲是搞文学翻译的，虽然比较了解中国史，但史料的翻译不是他的主业，既然老朋友前来相约，提到上海租界当局与太平天国革命运动，父亲就此翻译了1929年巴黎Plno书局出版的法国作家梅朋C. B. Maybon、傅立德J. Frédet合著的《上海法租界史》[36]，约十万字。

该书第一章以及第二章全部译稿，刊载在《上海小刀会起义史料汇编》，列入中国科学院上海历史研究所筹备委员会最早编纂的一部资料集中，上海人民出版社1958年9月第一版，第一次印刷，范希衡译，倪静兰校；《上海小刀会起义史料汇编》自1959年6月第1版第2次印刷和1980年7月出第2版之后，父亲的名字已被湮没，译者署了倪静兰一人的名字。另有《上海租界当局与太平天国运动》收入到南京大学历史系太平天国史料研究室汇编的《江浙豫皖太平天国史料选编》由江苏人民出版社1983年出版。还有一部分是未发表或是译名被湮没，尚不得知。在1983年的版本中，只署了倪静兰一人的名字。历史是这样走过来的，尽管这小小的翻译对父亲讲，无足轻重，作为真实的翻译历史把它正名还其本来面目，是诚信的中国人所需要的。

图3-2《上海小刀会起义》书封及范希衡翻译手迹

当时父亲与文史界朋友交往甚密，除刘思慕，李亚农外，还有上海市文管会委员顾颉刚和中央文史馆副馆长沈尹默等，此间又应李亚农先生之约，翻译了法国汉学家葛兰言[37]著的中国古代社会研究参考资料之一，中国多妻制的古代形式之研究《中国封建社会的姊妹共夫制与妻死取姊制》。

1951年社会上公映《武训传》，当时文史教育系统为了颂扬武训"行乞兴学"的义举，推动教育事业的发展，筹建了"武训蜡像

---

36 Histoire de la Concession França isede Shanghai.
37 Marcel Granet.

馆",父亲也义务参加了一些文字工作。开馆那天,父亲带我们去参观,看到那些栩栩如生的人物造型,表现出武训通过三十多年的不懈努力,建起了三处义学,对我幼小心灵还是有所触动,深感教育与读书的重要。当时江青、袁水拍等人执笔写了《武训历史调查记》,把武训定为封建统治的奴才,于是"武训蜡像馆"开馆不足半个月就被迫关闭了。在2012年沉寂了近六十多年后,《武训传》原版高清晰电影和正版 DVD 又开始发行了,就像 1974 年批判的孔老二,现在恢复为孔子、孔圣人一样,终究最后把他放在历史的框架上作出了客观的评价。

二、五十年代初在上海的日子

1. 流年碎影

在 1949 年末至 50 年代初期,父亲有了一个相对安静环境可以做些工作,感到心情舒畅,时不时唱出一、二句京剧来。父亲之所以对京剧情有独钟,他说,"京剧弘扬的很多是精忠报国和讲求仁义的做人之道"。我记得父亲每年春节都会带我们去大世界那边看场京剧,吃上一顿涮羊肉回家。不过这样次数对我们来说,真是太少了,我连坐在店堂什么位置都记得很清楚。父亲业余爱好除京剧外,就是收藏金石器、鉴赏古玉了。他把对金石器的考据同古代历史联系起来进行研究,为此收藏了不少有关玉器研究书籍,如光绪己丑孟夏,吴大澂的古玉图考等。他从古玩商店、地摊、挑高箩(收旧货的人)收买或交换来的古玉,都会很得意地在我们面前炫耀一翻,告诉我们这块玉是什么年代、叫什么名称、作何用途、是否入过土等,使我们对古代文化玉雕艺术有点皮毛认识。

父亲的藏品中,最喜爱的可能要数那长方形的端砚了。这方端砚不仅因其研出之墨汁细滑,书写流畅不损毫,而且字迹颜色也经久不变。每次父亲只要加一小勺水,经旬不涸,研墨不洼,水气持久。偶然有机会,我也喜欢在砚台上面哈口气为父亲研墨,感受一下手感的润滑，墨香的淡雅，颇是一翻乐趣。在这方端砚上还有 39 只"活眼"，其中 34 高眼，约 6-10 毫米高，雕在砚的底端；另有五只低眼，高约 3-5 毫米，错落有致地落在水池之中，与雕刻细腻流畅的云纹相呼应。"眼"呈黄绿色如同鸟眼睛一样，圆形斑点外面晕化成数层圈纹。砚的左侧有五行楷书铭文为"杜小弟冒襄拜题"，右侧是篆书"筠精馆主人书画第 X 研"下款是著名收藏家"南海吴氏"和荣光所得珍品的印文，使人产生一种怀古的幽思。

根据父亲的考证，这是明朝万历年间的四大公子之一、江南才子冒襄（字辟疆）送给南京秦淮河上的南曲名妓董小宛的砚台，后被清朝嘉道时期书法家、藏书家吴荣光所收藏。可见这方端砚不仅具有人工雕琢与自然造化相得益彰，还有历史文人的真迹雕刻所在，更富有着中华文化的历史沉淀。这方端砚跟随父亲几十年，每当书写时他总是坐姿端正，手握狼毫笔，墨汁也就随心流入纸上。他对砚的喜爱溢满了他的一部又一部的书稿，历经了一个多世纪，他的手稿墨迹仍新鲜如初。直至 20 世纪 60 年代"破四旧"时，他忍痛割爱上交给居委会了，他希望这最基层组织能按他的建议上交给南京博物馆。

时间转到 1949 年 10 月 19 日，我的小妹范珊在红旗招展下出生了，与共和国同龄成了她美好的印记。这时家里请了一位保姆，安徽无为人，在她新婚不久，国民党抓壮丁把她丈夫抓走，不知死活，娘家人都死于日本人屠刀之下，婆家说她是丧门星将她赶出家门，她和同村小姐妹们来到上海当保姆，母亲说她是个无依无靠的可怜人，将她带回家。她姓孙没有正式名字，母亲给她取名为"孙其秀"，权作自己的妹妹。我们管她叫孙阿姨。

也是在这一年，我的玢妹，由慧芳大姐从桐城奶妈家带到了上海，全家人欢聚一堂其乐融融。慧芳大姐是父亲堂兄的大女儿信奉佛教，皈依佛门，进了尼姑庵。这年尼姑庵关闭后，性格孤僻的慧芳大姐还俗了，在家乡无依无靠，父母亲让她来上海和我们生活一起，并让她学点技艺，有个谋生技能。她先后学了刺绣、裁剪、缝纫，后来，父母亲给她买了一部缝纫机，她觉得生活有了依托，心里感到踏实、也开朗起来，在父亲调往南京那年，她决定回家乡桐城独立谋生。

我们住的桃源村是荷兰人的房产，有68栋清一色的三层楼房，地处复兴中路法租界，属于闹中取静的黄金地带。当时正是公私合营时期，大量私企转型或倒闭，随之老商标废弃，由于各厂商标的型、色、样不同，很有艺术感，中小学生像集邮票一样收集商标，互相交换，这些私企的名片从此淹没在历史长河中。每天放学之后经过一些小店，中、小学生都会到小店里看看有没有新的商标出来，我和玲姐也是一样，收集了许多商标，摆满了一盒又一盒。回到家里我们推着珊妹的竹制小童车，带着玢妹在弄堂里和小朋友一起跳橡皮筋、抓沙包、滚铁环。

晚饭后半小时，爸爸妈妈的时间就属于孩子们的，妈妈首先检查我们的作业，然后爸爸和妈妈有计划辅导我们读课外书，分精读和泛读。精读要求仔细读、慢慢体会、好的词句要背出来，有的小说则要求读得快、读得多。还有些古典文学则由父母亲选个别篇章逐字逐句讲解，如三字经、千字文、古文观止等，有时父母还会讲一些故事或者一些趣事。记得我刚到上海插班小学四年级，母亲为了纠正我的读音，一遍又一遍带我朗读课文中一首儿歌："向日葵，花儿黄。头戴大草帽，身穿绿衣裳。它的根底深，骨干硬如钢"。没多久，我的朗诵、演讲都在学校有了小名气，到了高中还承担着学校的播音员、报幕员、小记者。

那个时期，苏联时尚深深地影响着中国人的穿着，城市里只见到蓝灰色服装在流动，也都是一个模式的双排扣西装开领，腰中系一根布带的列宁装，年轻女子扎着两根辫子，这是当时的时尚。那时如果你穿上其他服装和花色衣服被当作另类，甚至被批判为资产阶级思想。从小学五年级开始，我们就学会写大字报、小字报，批资产阶级思想还有打倒美帝，打倒艾逊豪威尔、李承晚（前韩国总统）、铁托（前南斯拉夫总统）……我们这些小学生，像水中的花瓣随着一波波浪潮向前涌动。

在这座受西方影响的多元化城市，天主教、基督教堂到处可见，我们弄堂靠马路一侧的房子里就有一个小教堂，每到礼拜日里面坐满了虔诚的基督教徒，他们唱圣歌，向上帝祷告寄托自己希望也忏悔自己的罪恶，他们都很善良，愿意帮助别人，平时是个教会幼儿园，遇到贫困家庭的孩子是不收托儿费的。到了1951年初，这个教堂一夜间就不知所向了。街坊人说是上帝的神灵将她召回到天堂去了。

夜生活仍然是上海人的习惯，夜幕降临之后，从凉台或窗子里可以看到小贩挑着担子、推着车子、骑着带筐的自行车满弄堂叫卖，"甜香——橄榄，卖——橄榄——"，卖馄饨的敲打着竹板喊着"馄饨吃吧，小——馄饨"，"糖——炒栗子，又——香又糯"，还有卖酒酿的，无论天寒地冻叫卖声此起彼伏，形成弄堂里的叫卖交响曲，然而在寒风侵肌的冬夜，不免让人感到有些凄凉。当叫卖声远去的时候，孩子们开始睡觉了，父亲和母亲仍在台灯下挥舞着笔杆直至深夜。

2. 历史的化石

1951年6月2日的傍晚，有三个身着便服的陌生人突然来到家里，要父亲交代问题。半夜醒来，我看到这三个人还坐在房间里，其中一个人拿着笔在写什么，在刺眼的日光灯下，气氛是那么凝重，每个人的脸都绷紧着，似乎凝固了一般。整个晚上通宵达旦追问父亲，只听到"要好好洗澡，用热水洗，洗脱一层皮！"；"要真正地'脱胎换骨！'"

我似乎感到不是好事，吓得蒙起头来，玲姐推推我，示意让我不要动，原来玲姐也醒了。接连三天就这样轮番打疲劳战，后来就不了了之了。而父、母亲接连三个晚上无法睡眠，白天还要上课。母亲就这样第一次在课堂上晕倒不省人事，被学校送了回来。在那种精神紧张、身体疲劳的环境下，也许母亲身上隐藏的病诱发了。眼看着妻子受苦受连累，父亲岂有不痛心，但又有什么办法呢？！

对这突然事件发生，我不知其然，什么叫"洗脱一层皮"？什么叫"脱胎换骨"？真是一头雾水。第二天我们赶忙叫父亲去洗澡，免得这些人晚上又来打扰。这虽然是句童言,也可见当时孩童们的想法。父亲大概知道我和玲姐受惊了,他带着微笑地说,"这澡盆不够大、水也不够烫,过阵子去很远的地方洗澡,那里有个大水池装有满满的一池子水,烫烫的,人在烫水中毛孔就苏醒了,吐出黑色的虫子,……,然后就可以体体面面、舒舒服服地回家啰"。

  当时洗澡的人很多,他们都是凡人,他们懂得有温度的美好,适温的水不仅能够洗涤身体,而且能够洗涤心灵。洗澡使人们的鼻腔不断呼吸着水中的热气飘入空中的气味,可以"吐故纳新",大家都恐惧那热水的升温超过了自己对"烫"的承受能力。其实,父亲还是比较镇静,因为他没有做过对不起人民的事,他相信党。父亲自知自己是从国统区过来的知识分子,有着留学欧洲的教育背景,并长期生活和工作在旧社会,自然的被认为带有一些与新社会、新政权格格不入的旧习惯和旧思想。在社会转型中,只有清除残存在知识分子中的旧的帝国主义、封建主义、小资产阶级思想,才能适应新政的需要。

  这一年,知识分子思想改造运动由国家机关和高等院校发起以清理组织为目的的"忠诚老实学习",对人们的家庭出身、阶级成分、社会政治关系,以及个人和亲友的经历、政治面貌进行了一次普查,记录在案;与此同时,把知识分子改造问题提上议事日程。

  首先,从文艺界开始到高等院校、研究院所,逐步发展到教育界和整个知识界,最后扩大到所有在校教职员和高中以上学生。号召知识分子认真学习马列主义、毛泽东思想,联系实际,开展批评和自我批评,进行自我教育和自我改造,并指出这次运动的目的,主要是分清革命和反革命,树立为人民服务的思想,地无分南北,人无分长幼,只要是知识分子,无一能够置身度外。至此,一场知识分子思想改造运动如疾风骤雨般地席卷神州大地!母亲所在中学也开始展开批评与自我批评,挖掘自己思想上的'毒瘤',每天下班很迟,我们很难与父母说上几句话。

  那时组织要求知识分子'忠诚老实交清历史'推行自我批判、自我否定,主要是高级知识分子,特别是原国统区来的高级知识分子,以达到集体忏悔、集体认罪、服罪，以防他们翘尾巴。他们唯一可做的只能是洗面革新，痛斥自己的过去，洗刷被洋面包、洋墨水污染了的灵魂，谁都摆脱不了时代的语境。

父亲的检查是很自发、很真诚、始终坚持自己独立的判断，很少表现过火的痕迹，他的检讨是不卑不亢，对自己个人历史的反省不憎恶，对新中国的赞扬不溢美。他说自己在国统区做的仅仅是黄泛区救灾和社会服务工作，没有做过危害人民的事。这种检查当然通不过。他又一次次不断'洗澡'，开始认识到他曾在国统区工作，他所做的一切本身就是为国民党涂脂抹粉，麻痹人民，是为国民党歌功颂德，是帮助国民党维持反动统治，是'反革命'的行为。

当时报纸上刊登的高级知识分子、著名人士如季羡林、梁思成、曹禺、丰子恺等的检查自贬、自辱、自损的言辞俯首皆是，我父亲当然也不可例外。从他们自我批判可见，他们对祖国和人民并没有什么贡献，都是助桀为虐、为虎作伥。在当时的政治气氛下，所有从旧社会过来的知识分子，都必须坦白交代自己的历史，挖掘自己内心的'反动思想'，竭力'丑化自己'，即使如此也不一定能过关。

1951年8月至同年12月父亲被调往苏州华东人民革命大学政治研究院参加第二期学习。这是建国初期专为开展统一战线工作的机构，学员均为华东地区高级教育工作者，宗教界及民主党派知名人士。学习的过程实际是个知识分子思想改造过程，是组织的政治审查过程。许多从旧社会来的高级知识分子都参加过这种学习。结业时组织对父亲的结论是："历史问题交代清楚，不予追究，回原单位原职工作"。父亲的出身被定性为"小土地出租者"。父亲那时四十五岁，正是年富力强的最好时光，他通过苏州革大的学习，感到政治上得到了党的信任，洋溢着新生的喜悦与活力，他要为中法文化交流努力工作，期盼着自己走向事业昌盛时期。

1952年6月至9月为学习苏联教育经验，在全国范围内，对高等学校院系进行了大规模的调整。父亲被调整到南京大学西语系。父母亲为避免我们兄妹五人中途转学影响学业，暂时跟随母亲留在上海读书。这种暂时分离也给父母亲带来了"九分恩爱九分忧,两处相思两处愁"的情怀,每到周五母亲叮嘱孙阿姨准备一些父亲爱吃的鱼虾,而父亲为了

图 5-1 范任在课堂上,摄于 1954 年南京大学

能够全家团聚,每周末总是匆匆地踏上火车,随着车轮的滚动声往返奔跑着。

3. 春蚕到死丝方尽

回忆小时候偎依在母亲的身旁,母亲的爱、母亲的温柔、母亲那慈祥的眼睛总是关怀着我们,一种甜蜜幸福感油然而生。渐渐长大以后,我仔细品味人生,这味道变了,这一份甜蜜,带着酸涩甚至有些苦涩的味道,像品尝青橄榄一样。母亲的一生,大部分时间是在动荡中度过。她没有做出一番大的事业,却付出了无比的艰辛。1949 年春季,她曾在上海杨思中学高中部教英文。这所学校地处浦东三林镇上,1947 年秋季才设立高中部,高中师资比较缺乏,当时浦东很荒凉、交通也不便,很少有浦西的教师愿意到浦东去工作,校长很希望母亲给予支持,将课程排在上午三、四节和下午一、二节。母亲想到自己办学时,对于一位好教师的渴望心情,便同意在此校任教。

那时我仅知道母亲上班很远,究竟有多远并没有概念,只见天不亮母亲就出门,赶早班车从我们住的复兴中路到十六铺码头,改乘轮渡到浦东渡口,再乘长途汽车到三林镇,途中有时需要二、三个小时。我实在不敢想象,在冬天、在风雨冰雪的天气,在海水倒灌马路积水的日子,母亲需要多大的毅力、要付出多少的辛苦?她只是为了贫困地区的教育,为了献身于教育事业的信念,她没有豪言壮语,却默默地为教育事业工作着。母亲教了一年半的英语,中学的英语课就

取消了。母亲又回到了浦西,在斜土路的卢湾中学教了一年语文,虽然离家近多了,但是中学也开展了知识分子思想改造,下班仍然很迟。

母亲因为在教会学校读过书,在民国时期当过女子师范学校校长,又是教英文的,有人说她接受与传播了奴化教育,彻头彻尾的洋奴思想,美帝国主义的走狗。她成了他们中学思想改造的重点对象,这给母亲带来了沉重的思想包袱,善良的母亲没有向家人诉说,她怕影响着父亲。从1951、1952年起上海市中学开始设置俄语课了,俄语一时成了中学乃至大学普遍的、唯一的外语语种。学校要求母亲改教俄语,为了适应教学需要,为了赶上俄语热,母亲整个暑假都坐在收音机旁,跟着广播电台学习俄语。

幸好母亲是学外语的,她有一套自己的学习方法,开学后她就开设了俄语课,当时学校俄语教师只有她一人,她也是边教边学,担子很重。可喜的是,她割掉了美帝国主义走狗的尾巴,成了社会主义苏联语言的传播人。这不到两年的时间,我们平平稳稳地过着家庭生活,尽管父亲不在上海,我们仍能体会到家庭的温暖,父母的爱。我特别记得有一次,母亲下班回来用大手绢扎了满满一手绢的荸荠,她高兴地告诉我们,今天没有作业本带回家,就买了荸荠给我们吃。妈妈脸上堆满了笑容,就像孩子吃了荸荠一样高兴,这在现在看来是不值得一提的小事,可是在当时、在我的记忆中还是件难得的事。因为母亲的课时很多,每天需要带一大堆学生作业回来批改,无法中途下车买其他东西。从这平凡的小事中,我深深感受到母亲对子女非凡的爱。

图5-2 范希衡夫人
孙其节证件照
摄于1953年上海

1954年母亲的健康日趋下降,经常有难以忍受的头痛,多次在课堂上晕倒。医生只要检查病人不发烧、血压正常,找不出病因就算身体正常，医生无法开具病假条，上海这样的大城市在当时的医学条件下，竟找不出病因来。父亲找了在法国学医的朋友内科赵开树和骨外科余正起来家听诊，他们分析是脑血管瘤，父亲立即带母亲去上海广慈医院就诊，并要求住院。住院日期却排到一个月之后。父亲要母亲休息，母亲因学校找不到代课教师，强烈的责任心又促使她靠止痛片麻木神经来坚持上课，直至学期快结束。

学生俄语期终考试的试卷还未批改完成，终于支持不住了。她放下红色蘸水笔，倒在床上，再也没有起床；她卷曲着身体，两手抱着头，闭着双眼、紧缩着两眉，面部的神经轻微、缓慢地抽搐着，呻吟着，谁看到都揪心。父亲坐在母亲的身旁，双手扶着母亲的肩膀，俯首贴在母亲的耳边轻柔地说着，"节，你喊出来，喊出来舒服些"。母亲听到了，听到了，"哇"的一声叫起来，两行泪水挂在面颊上，父亲再也克制不住自己，两滴热泪落到了母亲的脸上，此时父母的热泪溶合在一起，我想母亲是感觉到了，感觉到了父亲的深情，可是爱也无回天之力啊！

很快母亲就昏迷了。赵伯伯和余伯伯带了急救箱来到家里诊治。父亲一直坐在母亲身边抚摸着母亲的手，两天后母亲清醒过来，我们都赶快围了过去，珊妹、玢妹高兴地拍手喊着："妈妈醒了，妈妈醒了！"。扑在床上抢着吻妈妈的脸、拉着妈妈的手，母亲露出了无力的微笑。在弥留之际，她一个个挨次喊我们到她床前，这时铮哥刚收到清华大学录取通知书，这对母亲是极大的宽慰，母亲对哥哥的学习与前途毫不担心，但要求哥哥关心父亲，照顾好四个妹妹；她希望玲姐除了照顾好父亲和妹妹外，还希望玲姐将来当一名好医生；当时我还不足十四岁，母亲说我小还不懂事，要好好听话，我告诉母亲我要像她一样当名教师；这时母亲显得精力不够了，拉着父亲的手用极其低微的声音断断续续地说："你再——找——一个……"。这似乎是民间所说的"回光返照"，这是母亲最后的声音，表达了她最后的爱，平淡中有着极其浓厚的深情，其实母亲最不放心的是父亲和两个小妹妹。

父亲扒在母亲身上泣不成声，久久不愿离去，这是我有生以来第一次也是唯一一次听到父亲哭声，它是如此的凄惨悲切。赵开树医生见状给母亲打了一针强心针，想让母亲再一次并发出生命的火花，哪怕极其微弱，然而母亲实在太累了，长久地闭上了那双慈祥的眼睛再也没有睁开。她停止了在世间的艰难跋涉，就这样静静地走了，走得是那样的痛苦、却是那样的平静；走得是那样的从容，却又是那样的匆忙，其实我们知道，妈妈不想走，因为她有太多的牵挂与期盼，她还有工作与事业等着她去完成，她走的时候才四十四岁正当年华，可是无情的病魔夺走了她的一切。

母亲走了，她的灵魂还在，她的精神始终照耀着我们，她以纯真的母爱情感，朴实的为人境界，平凡之中显现出人格的伟大和质朴的魅力，使我为之骄傲；母亲的执着、坚韧、勤劳、贤惠的优良品德，永远留在我的心中。唐代诗人李商隐《无题》中诗句"春蚕到死丝方尽，蜡炬成灰泪始干。"正是母亲献身教育事业的写照。父亲亲手为母亲剪下了手指甲，还为母亲剪下了一缕青丝发用黑丝带扎着，放在一只扁扁的金属小盒里随身带着。

母亲的追悼会在上海西宝兴路殡仪馆举行，化过妆的母亲躺在鲜花簇拥的灵柩里，平静而又安详，花圈摆满了整个大厅，延伸到走廊上。卢湾中学校长赞扬了母亲平凡而伟大的一生，母亲为教育事业鞠躬尽瘁死而后已。除了亲友百来人外，卢湾中学同事及高中十八个班的七百余名学生在哀乐声中绕灵柩一周，瞻仰母亲遗容的队伍一直排到门外，哭声一片。泪水打湿了我前行的路，我能做的只有坚强。

第六章 伟大的父爱

父之美德,子之遗产。

——塞万提斯

一、爱的教育

1954年8月28日母亲因病撒手人寰之后,铮哥到北京上学去了,留下我们姐妹四人,当时珊妹五岁、玢妹七岁。爸爸不得不给我们马上带往南京,我简直想象不到当时父亲一人是怎么忙过来的,搬家谈何容易?就是联系我们四姐妹插班上学就够麻烦了。幸好南京大学组织及时安排了宿舍,配备了家具;父亲系里的同事、邻居毛起先生的夫人也给了我们很多的生活照顾;保姆孙阿姨愿意跟我们来南京继续在我们家帮忙;很快我们生活就安定下来。

我们住在南京大学教授宿舍大钟新村39号,位于南京中心地带鼓楼,与古迹大钟亭毗邻,北极阁(古称鸡笼山)近在咫尺,一条废弃的小铁路擦肩而过。当你站在鼓楼任何一处,环顾四周,亭台楼阁尽收眼底,只是那时一片片瓦屋低矮破旧。大钟新村的院子环境自然而优美,二层楼的黄色房子一栋八家,前三栋与后三栋对角排列,共四十八家住户。东南部有一个直径百来米的荷花池,周围种植着杨柳、桃树与迎春花。法国梧桐树有序地站在道路两旁。村子的西北角是个空旷的高坡,成了一些人家的自留地,只要你有兴趣任你去开荒。

我们到南京正是秋意甚浓的季节,那参天的柳树枝繁叶茂,生机盎然,枝条垂荡,黄绿斑驳,随风而动;柳树不是一种刚强的树,但却有着它自己的忍耐与坚持,不强求,不奢华,随遇而安。最让我有

第六章 伟大的父爱

新鲜感的是那满塘的荷叶中冒出的朵朵荷花和莲蓬,粉红的、翠绿的,散发着幽香,他们"出淤泥而不染,濯清涟而不妖",我喜欢荷花这种圣洁、天真、自然,不显媚态的高尚品质。每每看到这个环境,我都会感到一阵心酸,我想到了我的母亲,她喜欢荷花,如果傍晚,我们姐妹围坐在父母亲的身旁,共享这一份清静、这一份悠闲、这一份雅兴,这一份幽香,我们听母亲朗诵宋代周敦颐《爱莲说》,该是多么幸福美好的时光。然而这只是隐藏在我心中虚拟影像而已。

我们刚到南京一切生疏,玢妹进了鼓楼小学一年级,而珊妹则在鼓楼幼儿园,开始全靠父亲接送,那时玲姐在十一中读高二,离妹妹学校比较近,后来玲姐接替了这项工作。两个小妹活泼可爱,父亲送她们学小提琴,让她们从小有点艺术修养,她们先后都被学校推荐到南京市小红花艺术团,中学生艺术团,每次演出玢妹都是第一小提琴手。而珊妹虽然小提琴拉得也不错,但长得像安琪儿,被舞蹈团相中,成了舞蹈团的成员。

我在成贤街一所城中中学插班初三,读了大半学期的书,初中毕业了。如愿考取南京新建的第一所苏联式实验中学——第十三中学。穿过大钟新村的后门,

图 6-1 范希衡和他的五子女,摄于 1955 年南京

沿着峨眉路直上,经过西家大塘就是这所中学,玄武湖近在咫尺。在开学的前一天,父亲带着我到学校走了一圈,并和班主任进行了交谈,算是家长与学校的沟通吧。这所新学校一切都是新的,大屋顶式的教学楼,宽大而明亮;有着阶梯式的物理实验室和几十张单人实验

台的化学实验室；新式的课桌椅；当时少见的玻璃黑板；师资也是市里选拔而来。这所学校是中苏友好的象征，市里特别重视，作为第一届新生，无不为之自豪、为之骄傲。人有跌宕起伏，学校也是如此，自 1960 年中苏关系逐渐恶化后，很长一段时期这所学校变成了一所默默无闻的普通中学，听说若干年后通过师生们努力学校又有了起色。

也许为了弥补孩子失母的痛苦，父亲对我们又给予了慈母般的爱。他不仅关注我们的身体发育、营养健康，对我们的心理、学业都给予了全面关心。那时父亲总是在饭后抽出半小时到一小时时间来给妹妹们讲故事，每当晚饭后妹妹们都迫不及待地端起小板凳、高兴地坐在父亲的膝前，听他讲那古老的故事。从古代中国西游记、水浒、三国、……，讲到古埃及、波斯帝国、古希腊、古罗马转而讲到欧洲的文艺复兴，我们都听得津津有味。

父亲给我们讲述那些古老的神话，那些主持着正义与邪恶，美与丑的各司神灵如天神宙斯（Zeus）、智慧女神阿西娜（Athena）、诗神缪斯（Mousika）和恶魔等。尽管古老的国度不同，地理环境差异，然而相同的却是古代人都以敬仰自然界的某种动植物形象，来演化升华成神灵，用对神的顶礼膜拜和遐想，净化心灵，赋予人们信心和凝聚众人的力量。

儿时爷爷和父亲讲的故事，深入浅出、通俗易懂，后来也就耳熟能详，他们的每一个故事里都含有做人的道理，耳濡目染，自己也会知道应该如何做人，这大概是小时候听故事最大的体会！懂事以后，父亲常教育我们有了成绩无须张扬；失败之后也不必气馁，沉着稳重，努力面对困难；与人相处以诚相待；学会去帮助他人；他人有恩于自己不应该忘怀。

父母对我们的教育不仅在思想品质上有所要求，即使在仪表、风度上也是从小严格要求，要我们坐有坐相，立有立相，说话切忌大声喧哗，吃饭忌嚼出声响、夹菜不许翻来挑去，衣装要整洁得体等。父亲的身教胜于言教，在生活中随时随处会表现出来。我是听着故事长大的，所以我也传承了讲故事给孩子听的习惯。现在退休了，我仍然在讲故事给孙子们听。让孩子自小从趣味的故事中吸取营养，懂得尊敬老人、孝顺父母，养成劳动习惯和善恶分明的思想，去思考如何做一个有道德的人！论语学而篇中说"君子务本，本立而道生"，在这里家庭品德教育就是本，道德修养便是道！这也许是上辈对家庭教育重视的原因吧。

二、父亲将德、智、美的教育寓意于生活中

我最美好的时光是孩提时代，那是一段美好而祥和的岁月。记忆犹新的是那繁星闪闪的夏日夜晚，父亲给我们带进了无限广阔的知识海洋。他教我们看星星、看月亮、看那变化莫测的云彩，看那落日余晖的景象……。他吟诗赋词，讲解那自然美之所在，讲解那文学之美源于自然，自然之美无处不在，需要自己去寻找、去领略、去享受美的存在，美不尽存在于物质，更存在于精神、存在于人的心灵，它会让你宁静致远，它会让你胸怀宽广。长期以来我喜欢看天空、看云彩、看晚霞，从中获取灵感，从中消除烦恼，从中消除疲劳。

假日里父亲还会带我们去中山陵、灵谷寺、无樑殿等风景区游玩，父亲会应景向我们讲述那些建筑的年代、雕刻和建筑艺术风格，建筑师的博学多才和能工巧匠的辛劳，引经据典的讲述其中的典故。他指着古建筑、古文物上一些动物雕塑讲解着龙生九子，九子不像龙，各有所好、各司其职的故事。小时候我的两个妹妹最喜欢驮着石碑的乌龟，抢着去摸一摸，趴一趴。父亲就告诉我们，这不是乌龟，它叫赑屃（音毕喜），好重，最喜欢背负重物，所以背上驮一块石碑。后来他又指着古建筑的大屋顶岔脊上装饰的小兽说，这是鸱吻（音吃吻），好望，最喜欢四处眺望，常放于屋檐上。还陪着我们像做游戏一样，按外貌和爱好特征，去寻找龙的九子好风、好鸣、好险、好重、……。

我记得有一次，也是给我印象最深的一次，那就是父亲带我们去

群山环抱的紫霞湖游玩。取道紫金山脚的小径进入，父亲让我们仔细听蝉声、风声、水声；看山、看水、看云。他让我们置于大自然中陶冶自己的情操，不时吟诵着优美的诗句。一路上经过潺潺的溪流，喷涌的山泉，满坡的野花，一路上感受着无比清新与自然，最后到达波纹柔媚的紫霞湖。父亲指着那山脚下不起眼的流水，吟咏着老子道德经中："上善若水。水善利万物而不争，处众人之所恶，故几于道""水滋润万物而无取于物"；甘心停留在最低洼、最潮湿的地方，不参与任何名利的争斗，也就没有什么得失之忧；水柔而有骨，骨能穿石；水的信念执着，追求不懈，不畏起伏。父亲说他喜欢水，上善若水。

父亲要我们仔细观察自然、品味着水的品格，学习着水的精神。教育我们做人也应该有这样的心态和行为，尽可能地发挥自己的力量去帮助别人，而不与他人争名夺利。刚直不阿、待人真诚、友爱和无私，会使人感受到心灵的欢悦与美丽。

直至现在我仍喜欢形态各异的水，那晶莹剔透的冰、缭绕迷蒙的雾、刚柔并齐的水流。父亲就是这样从大自然中、从人类的遗产中傍徵博引来给我们德、智、美的教育。我爱父亲，爱他宽厚为人，爱他宽广胸怀；我爱父亲，爱他渊博知识、爱他对事业的追求与执着；我感谢父亲对我的教育培养，我感谢他教会我寻找美的享受，这是少儿时他给我最深的印象。

所有这些浓重得化不开的儿时回忆无疑是极其温馨的，然而越温馨，却也越显出其后的悲凉，显出一个安宁的理想之家是如何陷入破碎的惊恐之中，愈加衬出其后的人生之悲，并让那悲凉直穿纸背。

三、父亲教我习诗

至今，在我的抽屉里，还保留了一本中学时自己习作的诗集。尽管纸张因夹着花瓣、枫叶有些杂染，但那清一色黑墨水写的字和画，依然清晰可见。几十年来，它躲过了"文化大革命"的风风雨雨，又一次次迁入新居,我一直珍藏着它,因为那里凝聚了父亲的心血,那里面有父亲亲笔为我修改的诗词。

从小父亲就教我背诵诗词,还尽可能深入浅出地讲解给我听。我呢,似懂非懂也能接受一点。在我记忆里,父亲常给我引入到自然环境中,讲解日、月、风、雨、露、花草、树木等自然现象,还结合着意境,诵咏着诗句。渐渐地,他让我学会欣赏,学会'美'的享受,学会从自然界升华而出的人品的修养。进入中学时,我特别喜欢诗,无论是杜甫、李白、孟浩然、杜牧、李清照……中国的古诗词,还是雨果、海涅、拜伦、普希金、泰戈尔……外国诗人的诗,我都会去读、去背、去抄录。

我的作文也经常被语文老师当作范文,拿到年级里传读。那时我已感受到父母亲平日的教导对我的影响。父亲注意到我喜欢诗,就开始给我讲诗词、诗歌简史,讲韵律、讲词牌,教我习诗。我还记得父亲告诉我,写诗要进入诗的意境中,慢慢地,还要有自己的风格,他说:"风格就是生命!就是思想的血液!"。尽管他给我讲解了很多古诗词,但他告诉我,古诗词容易束缚思想。十四岁那年清明节踏青时,在郊外偶见一秋千,小玩片刻后,回家父亲要我写作文,我写了一篇题名"荡秋千"的纪事诗,父亲说关于"秋千"的诗,自古至今很多,要我写出自己的情感特色来,并告诉我句子的长短,音节的长短,要象征荡秋千的上下,于是我闭上了眼想象着荡秋千的情景:

……
腾呀,腾呀,腾上天,高过墙头,
直叫我看得那么远,
河啦,树啦,牛羊啦,什么都有,
满佈在乡野的那边。
……

"荡秋千"一首诗就在父亲指导下,逐字推敲终于写成了。后来参加了学校里学生们自发组织的"野草"诗会,应时触发还写了些

"炼钢""抗旱""抢收""打猪草"等诗歌。其实我也很想学着写点古诗词,不是意境不够,就是上下葵的韵律把握不住,总是写不好。当时,单一拘束的思想,疯狂不安的环境,也无法安静下来学习诗词了。

四、父亲给我解读《格兰特船长的儿女》

父亲自1952年9月院系调整来到南京大学后,开始翻译儒勒·凡尔纳科学幻想小说,海洋三部曲中第一部《格兰特船长的儿女》。父亲选择翻译凡尔纳科幻小说是偶然也可以说是必然。建国初期,人民群众对文化的需求极为迫切。那时中苏关系非常友好,而我的母亲从事俄文教学,常去图书馆借阅苏联文学来读。一次她在看一篇苏联人写的《论儒勒·凡尔纳》作品的文章,于是她建议父亲翻译儒勒·凡尔纳作品。父亲也正想从新的视角来启迪人们的思维,他觉得凡尔纳的作品是世界优秀的文学作品,是以《在已知和未知的世界中奇异旅行》为主题的科学幻想小说,可以启迪青少年对科学的畅想。他计划将儒勒·凡尔纳的作品系统地翻译出来介绍给中国人民。于是与中国青年出版社联系,先翻译儒勒·凡尔纳的作品中最有名的海洋三部曲中第一部《格兰特船长的儿女》,引起了出版社的重视与兴趣。

父亲翻译书非常重视版本的选择,为了寻找最好的原著版本,父亲找遍北京、上海、南京有关图书馆的藏书,进行比较,筛选。最后他从上海徐家汇藏书楼书库中借来一本《格兰特船长的儿女》豪华精装本。这书是那么厚重,插图是那么精美,一下子给我吸引住了。当时父亲跟我们说,这是一本很珍贵的书,1868年由凡尔纳与他的老搭档出版商赫泽尔(J. Hetzel)父子合作出版,至今已有85年了。这本书是第一版插图版,由著名的装饰画家爱德华·里乌[38]绘制、铜版雕刻画家帕纳玛科[39]雕刻的插图173幅。

---

38 Edouard Riou.
39 Pannemaker.

父亲很喜欢爱德华·里乌的绘画，他告诉我《巴黎圣母院》《基度山伯爵》中插画都出自里乌的笔下，里乌与凡尔纳合作持续出版了六部科幻小说，已适应了凡尔纳虚构地理的许多梦幻般地域的现实复制，如迷雾、冰川、冰凌，地壳内的阴影、荒凉而广阔的海滩，以及许多水体运动……他

图 6-2《格兰特船长的儿女》
精装版、普通版及原版

的作品风格跨越了 19 世纪初的插画家与后半叶的插画家之间的过渡。父亲还说里乌的绘画充满光明，对人物特质表现力很强，在里乌的工作中，一切都是有序和令人回味的，他的风格可称为"浪漫现实主义"。爱德华·里乌以不同法文字体签名融合在画面中，就是一种西方书法艺术的欣赏。我翻开书中插画仔细地欣赏，果真如此。也许不少读者尚未捕捉到这点艺术的欣赏呢。那时徐家汇天主教藏书楼不对外开放，只供天主教神学院专用。幸巧，父亲是上海天主教办的震旦大学法文教授，这书也就比较方便地借了出来，当时中国青年出版社得知这消息非常欣喜。也正由于父亲的敬业精神，译本中才有了那些精美隽永的 19 世纪法国铜版插画。

凡尔纳是世界著名的科幻小说家，在他的科学畅想中，做出了种种奇妙无比的构想，编织了复杂、曲折而又有趣的故事。正因为这部书涉及的科学、天象、地理知识和风土人情很多，正因为书中充满了大自然奇景、土著人的风俗、各种奇特的动植物，正因为凡尔纳对科学态度的严肃认真，父亲花了不少精力兢兢业业、一丝不苟地翻译着。父亲在三十年代在比利时鲁文大学学习拉丁语系语言学、拉丁语系文学及法国古文，懂得英、法、意、西班牙和拉丁语，所以他对原著的文字、原著者思想风格比较容易了解，为了帮助读者阅读，他总是加上很多译注来说明，绝不会放过任何问题，这是父亲从事翻译的风格与基本态度。

当时，父亲除了教学，就忙于用毛笔熟练而有力的在毛边纸上写下凡尔纳的科幻小说《格兰特船长的儿女》的译文。父亲闲来常给我讲述小说里精彩的片段，我好像漫游在海上人间，观赏到前所未闻的绚丽景象。我迫不及待先睹为快，成了这本书的第一个读者。在那个通信还不发达，社

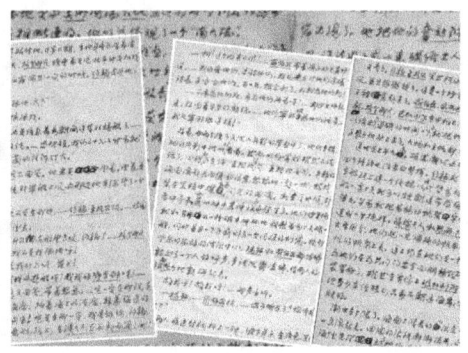

图 6-3 《格兰特船长的儿女》手稿

会封闭的年代，翻译这样一部科幻小说，父亲付出了不少艰辛。该书出版后，通过出版社转来的读者来信像雪花般飞来，多到一天几十封，有的讲述他们的读后感；有的感谢译者给他带来了这样一部蕴含了丰富的科学、地理、文化知识的科幻宝典；有的读者来信表达了学生们对这部书的喜爱，学校为了增长学生们的科学知识、启迪学生们的智慧与想象力，组织了读书会和朗诵会。更有一些读者要求父亲写一些对这样大部头的科幻小说的翻译过程。

这部书的问世，在社会、在读者中起了很大反响。的确，它可以激发人们去推动人类进步的创新精神；更可以陶冶人的情操，提高人的审美能力，激励人们去创造更多的真、善、美的东西。朱光潜先生曾在一次文艺座谈会上说："范希衡先生开创了新中国科普幻想小说之先河"。那时这部书曾为共青团中央等九部委提出的中国青少年新世纪读书计划书目中之一。直至现在，60多年后范希衡译本仍被国家教育部列为中学语文新课标课外必读书目之一。因而，重译本、剽窃本、盗版本多如牛毛。

五、将"名利"置之度外

父亲原计划翻译一整套儒勒·凡尔纳的系列科幻小说，与文艺理

论书籍相比，它们的读者面要宽得多，翻译难度要小得多，自然在名、利上更有所得。但是父亲根本没考虑这一些，他为了中法文学理论的交流与发展，放弃了儒勒·凡尔纳的系列科幻小说的翻译计划，放弃了这些对他来说容易获得名利的译作，转而从事文学理论的翻译研究工作。

1956年10月12日，他收到人民文学出版社欧美组负责人、资深编辑、翻译家赵少侯先生的一封信函："闻兄曾为青年出版社译凡尔纳之小说，未识出版否。最近有何翻译计划。我意吾兄似宜致力古典名著，特别是文艺理论。至于通俗小说则青年优者为之、得兄为之校订指导可也。我社新订有圣伯夫之月曜日丛谈选译，伏尔泰、福禄贝尔、雨果等之论文集。未识有意尝试否？"。

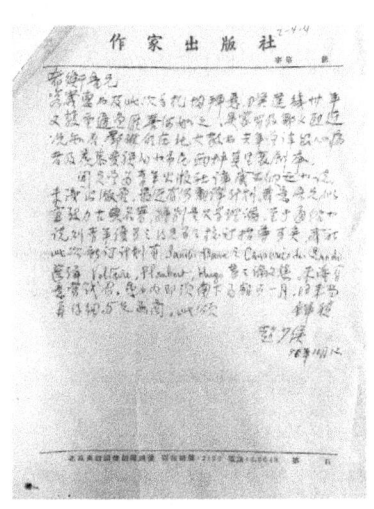

图6-4 人民文学出版社赵少侯信函-1

1956年11月11日赵少侯先生的又一封信函："波瓦洛《诗的艺术》甚为重要，急需译出，已请若干名人试过，均不能令人满意。想保持诗体（诗句是否像样暂不谈）意义即晦涩难懂，若用散文又恐失去波瓦洛的优点之一。我意如能照波瓦洛原作用四句诗，即讲清楚三一律，并且可朗朗上口，便于记诵，斯认为之成功。吾兄既用诗体译《中国孤儿》，是否也可一试？"。

从此以后，父亲在这片贫瘠的

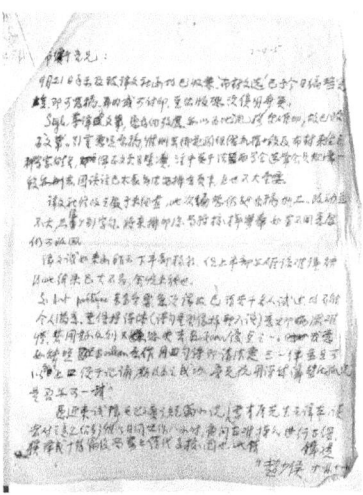

图6-5 人民文学出版社赵少侯信函-2

土地上耕耘着、收获着，让后代的文学理论爱好者得以生活在一个富有成果的环境中，而不是搞文学理论的人们却很少知道范希衡先生的存在。1956年父亲无辜受政治审查回来后，接着翻译"波瓦洛《诗的艺术》。该书是以诗歌的形式，论述各种文学体裁特性的一部文艺理论书籍，正如该书引言所说，《诗的艺术》本身就是一部不易懂透的经典著作，何况以诗译诗。怎么能达到诗的原文那样的整齐、斩截与和谐呢？最后父亲利用中国传统的七言诗句，双迭着，以十四个字，译十二音，韵脚努力以罗马拼音为准，两句一换，终于在这块荒芜土地上结出了他的开创性与经典性的成果。波瓦洛《诗的艺术》自1959年出版至今，没有间断过发行。人民文学出版社编辑夏珉曾告诉我，副总编绿原先生看到了父亲的手稿，用毛笔小楷书写的字体而为之赞叹，感慨范老先生一丝不苟的治学精神。

我与著名翻译家冯至女儿冯姚萍过去经常有联系，1989年除夕，她将她的父亲年底再次发表在《世界文学》上的一篇文章《我和十四行诗的因缘》寄了给我，冯至先生在文中写道："我首次跟十四行发生关系，是由于一个偶然的机会翻译了一首法语的十四行诗，而法语又是我不懂得的一种语言。1928年秋季的一天晚上，友人范希衡到我住室来闲谈。我们在北京大学读书时，他学法语，我学德语；毕业后有一个时期我们共同在北京孔德学校教书，他教法语，我教国文。年轻的朋友遇在一起无话不谈，也谈到了爱情一类的事，他给我背诵了一首法语的十四行诗，背诵后又逐字逐句地讲给我听，我根据他的讲解，逐字逐句地记下来，略加整理，形成了以下的一首译诗……"这首译诗曾收在冯至先生的第二部

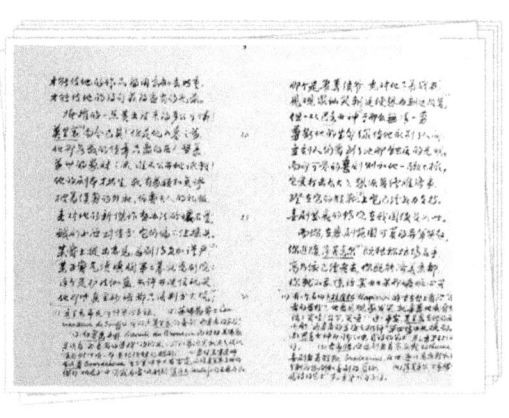

图6-6《诗的艺术》手稿

诗集《北游及其他》里。冯先生在文章最后写道:"我不迷信,我却相信人世上,尤其在文艺方面常常存在着一种因缘。这因缘并不神秘,它可能是必然与偶然的巧妙遇合"。可见冯先生尝试用十四行体译诗是由父亲启发诱导,而父亲尝试用十四言体翻译波瓦洛《诗的艺术》又是他最为成功的代表作之一。

图 6-7《诗的艺术》封面

六、一种做人的境界

1955 年初,北京大学西语系主任李熙祖教授和法文组组长陈定民教授(均为父亲在中法大学任教时的早期的学生),曾主持毛泽东选集第四卷法文版翻译并担任法文翻译组组长。李熙祖教授曾写信告诉父亲,父亲的名字已列入毛选法文翻译组名单中。但是通知下达南京大学西语系后,却迟迟未见回复,不言而喻内中自然有所隐情。父亲知情后建议李熙祖教授重新安排人选,他认为翻译毛选不存在功利问题,而是要解决实际质量。正如吴敬梓《儒林外史》写到"功名到底是身外之物,德行是要紧的"。

是年 7 月 1 日中央发出《关于彻底肃清暗藏的反革命分子的指示》以后,由反胡风运动发展到发动群众开展肃清一切暗藏的反革命分子的运动。当时正处在院系调整初期,不少高校有萁豆相煎的现象,是己非人锱铢必究,排挤外校调入的人员,特别是对才学优长者,遂遭忌受谗,而罹於祸。打击或者整倒对手最好的办法、最有力的武器是给对手抹黑扣上一顶政治帽子。不幸,父亲就是遇到了这种情况。在盘根错节,枝杈横生的各种关系中,他像只"棋子"在这盘乱棋上被人摆布而陷入悲惨的命运。

　　父亲刚到南京有二年多时间和几位家眷都还在上海的教授住在小粉桥宿舍桃园的楼里，平时会在一起吃吃饭聊聊天，竟然被莫须有地定性为现行反革命小集团，也就是本文所说的父亲被突然逮捕的原因。

　　父亲被身陷囹圄政治审查一年后，省公安厅结论是"反革命小集团查无实据，历史问题交代清楚，回原单位、原职工作"。从而1956年9月释放回原单位、原职、原薪、原工作，学校补发了一年工资。但其后患影响了父亲后半生，正所谓"倏忽抟风生羽翼，须臾失浪委泥沙"。周围人都为父亲感到冤枉，而事实上父亲对此冤案，看得很平淡、很透，他认为"冤枉"每个人都可能遇到，一个人不要停留在怨天尤人的境地，他从没对任何人讲过自己的悲惨，他的看法是："世界上和历史上冤枉的事情很多，没有必要感叹自己的人生"。父亲对人生的态度就是这样泰然、淡然、超然，没有一定的思想境界是很难做到的。

　　出狱后父亲为了有更好的工作环境，他联系去北京大学教书，北京大学同意接受，也已发了商调函至南京大学，学校却不肯放人。然而，父亲自己也未想到，出了这个险区不久，又开始被推入另一个难以拔脚的泥淖，在那个年代这是必然的因果关系。此后20多年间使他辗转不得脱身，最后窒息于泥淖的正是南京大学党委、校工作队和系党总支构成的百慕大漩涡。要求调动工作这本是理之常情，可是1957年整风时对父亲要求调动工作，按照他们特有的思维逻辑被视为对组织持敌对态度无理取闹，又成了后来反右时的罪状。

　　父亲经公安部门审查从狱中回家那一天，玲姐气喘吁吁地跑到学校来找我，脸笑得像朵花，我已很久没看到她那么高兴了，她一见我就说："爸爸回来了"。我们欢跳起来，我已经等不及了，赶快告诉班主任请假回家。家还是在大钟新村39号没有变，连以前借用学校的书橱、书桌位置都没变。父亲瘦了些，看上去有些疲劳，但精神爽爽，穿了一身干净的中山装，头发胡子都修理得干干净净，像是出差回来一般。我们在外面吃了一顿晚饭，玲姐考取大学的消息也让父亲高兴一番。

回到家里不懂事的我们，七嘴八舌地诉说父亲离开后，我们所受到的遭遇及生活上的艰苦，这对父亲造成了很大的心灵创伤。我想这也许成了父亲后来命运转折的引火线，而父亲身陷丛棘情况却丝毫没有和我们提起过，也没有听说他和亲朋好友谈过，他总是一个人扛着，对此我至今感到内疚。

还有一件事就是自母亲去世后，父亲一直割舍不了这份情意，朋友们建议父亲续弦，他起初没有考虑，这次父亲看到子女受那么多的苦，是因为没有母亲照顾的原因，他考虑续弦了，余正起妻子王淑英曾想将她妹妹王荪英介绍给父亲，荪英阿姨一直住在她的姐姐家，在上海一家外国银行任高级会计师，气质高雅。我们与余正起夫妇来往较多，彼此都很熟悉，荪英阿姨还主动关心过我们，送给我们每人一件漂亮毛线衣。记得有天晚上父亲找玲姐和我谈话，在父亲卧室门口，玲姐和我低声耳语："我们不要爸爸娶个后妈回来，否则我们都变成灰姑娘了"。

我实在不懂，也来不及考虑，玲姐唱了主角，我只是应答。当父亲说完后，玲姐说："爸，我们会照顾你，永远照顾你"。父亲只说了一声："那好"，几分钟谈话结束了。之后我和玲姐却没有任何思考，我想父亲是看到我们态度，考虑日后家庭关系，再也没有提起此事。随着我年龄的逐渐增长，我总觉得我和玲姐犯了一个大错误，太自私、太不懂人类的天然法则了，子女关系怎么能替代夫妻间的关系呢？真是不懂事的女儿啊。我一直为此忏悔，不能原谅自己。

父亲回家后，邻居宋家泰先生知道我们没人做家务，愿意让孙阿姨做选择，孙阿姨又回到了我们家。爸爸让孙阿姨每天给我们准备牛奶鸡蛋，加强营养。并要我们永远不要忘记在困难时候，帮助过自己的人。我们给同学陈友宝家和门卫张伯伯家都送去了很厚重的礼物。当然，这是不够的，仅仅是个心意而已。

父亲乐于助人，当时有个狱友疑为胡风分子入狱，查无实据释放，因他家在西安没有盘缠，父亲将自己仅有的十块钱借给了他，并没有指望他还。过了大半年，此人专程到南京找到父亲还了这十块钱，这就是信誉。父亲常教育我们要多帮助别人，我们班上有个住校同学黄佩瑜，她父亲被打成右派，遣返农村老家。她和她弟弟黄家伦整年住在学校，一次黄家伦得了脑膜炎住进了南京传染病医院，星期日黄佩瑜去传染病院看她弟弟，我主动要陪她去，父亲知道了并没有因对方是传染病而阻止，而是叫孙阿姨做了一饭盒的鸡蛋红烧肉让我们送去；有位华侨谢清莹得了风湿性心脏病暑假住校没人照顾，就和我住在一起像姐妹一样；甚至同学谭莉得了肺结核，也在我家小住了几天，父亲说这些父母不在身边的同学，我们能照顾的尽可能多照顾一些，都是孩子嘛。

父亲经过政治审查回到家后，就得知《格兰特船长的儿女》已经出版了，而且受到读者那么的青睐，这对父亲是个安慰。翌年1月父亲与人民文学出版社签订了《布封文钞》约稿合同，5月该社又来函邀请父亲选译圣勃夫的《月曜日丛谈》20万字先出一集。接着1958年父亲翻译的《布封文钞》在人民文学出版社问世了，其中动物肖像如《天鹅》《马》《鹰》《松鼠》等散文，半个多世纪以来直至今日，都被选入中小学语文课本，2002年天津百花文艺出版社以《动物素描》再次出版，15年后北京出版社在

图6-8《布封文钞》
人民文学出版社出版

图6-9 左：布封《动物素描》，百花文艺出版；右：布封《动物肖像》，北京出版社

第六章 伟大的父爱

《布封文钞》基础上,增加了父亲翻译的圣勃夫评佛鲁兰斯的《布封著作及思想史》和布封的《通讯集》以《动物肖像》出版。可是长期来教师、学生和读者却忽略了译者的存在。

在五十年代那个众所周知的特殊时期,中国青年出版社没有用他的真名而取了笔名《知人》。人民文学出版社出版的《布封文钞》、波瓦洛的《诗的艺术》也都用了由出版社取的笔名《任典》出版。父亲只要自己的书能贡献给社会都很高兴,不在乎用什么署名,他认为出版社取的这两个笔名不错,一直没有更改署名,直至"文革"之后我才将他的作品署名更改过来。父亲这一生不为名,不为利,他知道自己劳动成果被别人剽窃去,也只是无可奈何付之一笑。他认为一心为社会做事情才对得起自己,而不是做给别人看,这可以说是从自己心里流淌出来的一种做人的境界。他对我们说人是社会的人,不能只乘凉不种树,只有为社会做贡献,才不枉来到人间。父亲的为人忠厚、乐于助人、总是宽以待人、严于律己,这在亲友中是公认的。

在我们搬到南京二年后的某一天,上海桃源村的老邻居王伯伯来到家里,他说我们上海的住房属无人居住的空关房,已被查封了。其实当时父亲是留下来给铮哥在大学毕业后回上海时居住的,房内的家具基本没有搬动。尽管父亲与有关部门进行了交涉,无奈房子上没有户口,当时也没有物权法制约,只有作罢。父亲对钱财都看得很淡,他写信给铮哥说:"身外之物,生不带来,死不带去,不必耿耿于怀"。多轻描淡写的一句话啊,它却包含了非凡的哲理,既教育了子女也排解了自己。很多年后,我出差上海,顺道去复兴中路原住房看看,老邻居告诉

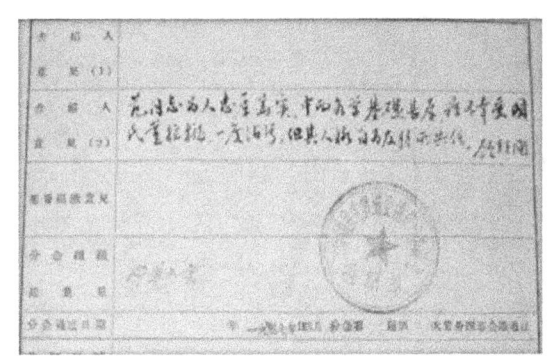

图 6-10 1957 年范希衡加入中国民主促进会申请书

· 169 ·

我:"这房子被当地派出所所长搬进去住了。"

十几年前,我在孔夫子网站溜达,无意发现网上拍卖"民进入会申请表一份,范任毛笔手札一通",被网民春天的消息以1125元拍得。我想购回对方不作答,我只有从网上复制留存。从这张申请表我才知道,1957年3月民主促进会中央委员顾颉刚[40]介绍父亲参加了《中国民主促进会》,父亲在他的小传中有这么一段话:"这次肃反运动,组织上用了一年多的工夫把历史问题查清楚了,我今后应该更容易贡献一点力量。现在我申请参加民进,也是希望多一个学习机会,加速我的进步,提高我的认识,加强我的服务效能"。

图6-11 1957年范希衡摄于南京

作为父亲的介绍人顾颉刚先生签署评语为:"范先生为人忠厚笃实,中西各学基础甚厚,虽不慎受国民党拉拢,一度玷污,但其人格自为左朋所共信"。次月中国民主促进会就同意批准父亲入会了。从父亲的申请表上,可见父亲就是这样无处不想到去贡献自己微薄之力。他是多么企盼有个好环境从事他的学术研究工作啊!

---

40 顾颉刚(1893.5.8-1980.12.25),名诵坤,字铭坚,号颉刚;笔名有余毅、铭坚等。江苏苏州人。中国现代著名历史学家、民俗学家,古史辨学派创始人,现代历史地理学和民俗学的开拓者、奠基人。

第七章　理性与愚昧的对撞

似花还似非花，也无人惜从教坠。
细看来，不是杨花，点点是离人泪。

——苏轼

一、麻雀遭殃记

毛泽东在年青时代和后来多次讲述的一句话："与天奋斗，其乐无穷！与地奋斗，其乐无穷！与人奋斗，其乐无穷！"。我的青年时代是生活在"其乐无穷"的日子里。从除四害、整风、反右到大炼钢铁，整个高中是在轰轰烈烈的运动中度过。1956 年初，党中央为了增强人民体质，减少疾病，增产粮食，号召全国人民行动起来除'四害'，消灭老鼠、麻雀、苍蝇、蚊子。这是为人民大众利益着想的多么良好的意愿啊！周建人先生是权威的生物科学家，又是教育部副部长，1957 年 1 月 18 日他在《北京日报》报纸上撰文，称"麻雀为害鸟是无须怀疑的"，力主清除害鸟不能犹豫，周建人先生振臂一呼，便万马齐喑了，消灭麻雀，成了"除四害"中规模最大、影响最深的活动。

从 1957 年一直持续到 1960 年；从基层到政府机关；从农、工、商到高等院校、科研机构，到处都在统计除"四害"业绩，定期检查评比，商店里灭蚊灯、灭鼠器、苍蝇拍供不应求。那时我们还正是贪玩的年龄，这运动正合学生们兴趣，课间人人在做打鸟的皮弹弓，人手一只，其实女同学都没有射鸟的技术，跟在男同学后面去收获。这种皮弹弓射鸟效率太低，完成不了任务，于是我就和几个同学利用晚上麻雀归巢以后，在我住的大钟新村里，带上手电筒挨家挨户爬上二楼漆黑的楼顶，猫步行走，发现一只鸟窝，像发现宝藏般的高兴。大家屏住了呼吸，轻轻地、慢慢地靠近，用布米袋猛然罩上去，一个鸟的家庭就被我们捕获了，麻雀惊醒，却仿佛在噩梦中，就这样我们爬完了四十八家楼层，捕了近百只鸟还有鸟蛋，收获不小。

接着我们又去郊区农村捣鸟窝，这时发现有三只雀窝里都有麻雀为了护蛋，无论怎么轰、打，宁死不肯离窝，一个男同学爬上树，鸟妈妈孵着它的孩子一动不动，听凭捕捉，我们也就喜出望外的连窝端了，一个个鸟的家庭就这样又被我们破坏了。当时除了兴奋还是兴奋，对麻雀护自己蛋的这一举动没有丝毫感受、对保护生态更没有一点意识，只觉得麻雀打得很不过瘾。班级组织的这种个别的行动，仅能是小范围的持久战而已，当然比不上当时全国六亿五千万人口大动员有成效。1958年初，"打麻雀运动"进入高潮，全国各地同时打歼灭战，人多力量大，热气高，人定胜天嘛，这是征服自然的历史性伟大斗争的一个重要组成部分。在"全民动员、人人动手，让麻雀上天无路，老鼠入地无门，蚊蝇断子绝孙…"的号召下，大家敲锣打鼓，用"轰、打、毒、掏"的综合战术，给麻雀以歼灭性的打击，这是一场参与人数最多、最广泛的群众运动。

当时在我们学校布告栏上有张宣传画，画面是一个戴红领巾的小男孩手拿着皮弹弓正作射击姿势，旁边有个小女孩

图 8-1 1957 年爬树捣鸟窝的情景

也是戴红领巾的少先队员,手提着几串麻雀。那时"打麻雀"运动已深入到小学和幼儿园孩子们心里。全国各地新闻媒体也做了大量报道,班上团支部宣传委员,每天组织大家轮流读报,宣传各地打麻雀的战绩,为了宣传也为了时政考试,同学们都很认真拿着记录本将这些战绩记录下来。

4月20日《人民日报》报道了北京打麻雀的情景,个个都很激动,大喊"过劲"。首都确实是全国的榜样,4月19日连刘少奇委员长都亲临剿雀总指挥部督战;数百万"剿雀大军"拿起锣鼓响器、竹竿彩旗,纷纷走向指定的战斗岗位。凌晨5点钟,在北京市副市长王昆仑一声令下,全市广大地区,立刻金鼓齐鸣,红旗飞舞,对麻雀展开了轰、赶、捕、打、投毒、电网等措施。屋上、树上、场地上到处是人,连纸人、草人也来参战,千万双眼睛巡视着天空。工人、农民、商人、干部、学生、战士、居民,人人手持武器,各尽所能。为了摸清"敌情","剿雀总指挥部"还派出30辆摩托车四处侦察。解放军的神枪手也急驰支援枪击麻雀。傍晚后,青年突击队又到树林、城墙、房檐等处掏窝、堵窝,捕捉麻雀。

不仅高校师生都参加了这次运动,中国科学院2000多名科学家和工作人员也放下了手头上的科研任务,参加"剿雀"大战。这些知识分子和科学界的杰出人物,在"剿雀"战斗中也没有妙法。鸟类学专家郑作新研究了一辈子鸟类,但从来没有研究过如何"剿灭麻雀",也只能手敲锣鼓扯起

图8-2 居委会严正以待的剿雀队伍

喉咙鼓噪。著名数学家华罗庚、火箭专家钱学森也带着响竿，前往参战。北京市 300 万人连续突击了 3 天，共歼灭麻雀 40 余万只。新闻还纷纷报道了有位专家进行了计算，以每只麻雀连吃带糟蹋粮食每年按 5 公斤计算，共可节省粮食 200 多万斤。又按每年每对麻雀繁殖 15 只计算，可节省 1500 多万斤粮食。这笔账一算更激励了全中国人民的斗志！

有了北京的样板之后上海、南京等地都不甘落后，4 月 27 日也是在清晨 5 点钟全国统一"剿雀"。南京副市长亲任剿雀总指挥、当总攻击命令一下，突然间鞭炮齐鸣，锣鼓喧天，彩旗飘动；幼儿园的小朋友也被组织起来，他们拿着小红旗、敲着小鼓、打着锣、还有他们的铃鼓、三角铃，几乎是拿了所有的玩具敲击乐器，高兴地挥动着一双双小手，喊着、跳着，看到许多麻雀在空中乱飞，一只只掉下来，喜得不亦乐乎；连白发苍苍老人也出来挥动起那双迟钝的手，跟着叫"轰、轰"。

我住的大钟新村大院，空地上撒着毒药上面铺着一只塑料大网。清晨 5 点正室外还透着凉气，各家各户都拿着工具在门外等候着，村委会的锣鼓准时响了起来，居民们拿着锅、脸盆、铁桶及各种响器乒乒乓乓也跟着敲打起来，爆竹声不断，没有响器的人齐声叫喊："轰——轰——轰"；别出心裁的男孩一本正经地在池塘边拉起激昂的小提琴乐曲；扫帚、拖把、鸡毛掸帚朝天挥动着，群众的热情高涨，只有住在我家对面的生物系禾木科奠基人、一级教授耿以礼，见此状在家里急得直跺脚，喊着："不能打！不能打！"然而，她的孙女，媳妇还是出去围剿麻雀了。人们都听党的话，谁会去听他那微弱的呼唤呢。

麻雀在天空中乱飞乱窜，找不着栖息之所，立足之地，有的被轰到施放毒饵的诱捕区和火枪歼灭区，有的吃了毒米中毒丧命，有的在火枪声中中弹死亡，……，可怜的小小麻雀被撵得东窜西逃，真正成了魂飞魄散的惊弓之鸟。当麻雀们筋疲力尽纷纷从树枝上、瓦檐上跌落下来时，人们开始欢呼"除四害"战役的伟大胜利！讴歌"这场人类征服自然的历史性伟大胜利！"，与天奋斗其乐无穷！一时出现了以诗词、歌曲、快板等"广大群众喜闻乐见的文艺形式"来鼓动、来赞美这场运动。

当时我们学校大字报栏里，不知谁贴了一首郭沫若《咒麻雀[41]》的诗，成了同学们戏闹的俏皮语，开口闭口"你真是个混蛋鸟"，今天我再次品赏大文豪紧跟时代的朴素语言，就体会到中学生们为什么给郭老的诗句作为口头禅的语言了。

"麻雀麻雀气太官，天垮下来你不管。麻雀麻雀气太阔，吃起米来如风刮。麻雀麻雀气太暮，光是偷懒没事做。麻雀麻雀气太骄，虽有翅膀飞不高。麻雀麻雀气太傲，既怕红来又怕闹。你真是个混蛋鸟，五气俱全到处跳。犯下罪恶几千年，今天和你总清算。毒打轰掏齐进攻，最后方使烈火烘。连同武器齐烧空，四害俱无天下同。"

那时报纸、广播大肆进行舆论宣传，历数麻雀罪状的科普文章、漫画、山歌、快板之类比比皆是。报纸副刊"生活小知识"专栏里，还有介绍烹制麻雀菜肴的制作方法，清炖时如加上一块天麻，有平肝熄风，祛风止痛的独特疗效，……。一时间大街小巷都有一串串、一斤斤卤水麻雀和油炸麻雀卖。这在中国麻雀史上，无疑是一场大劫难。

其实我们读的生物课以及有关生物科普知识已经介绍了自然界的物竞天择和食物链的法则，可是在现实生活中、在轰轰烈烈运动中，却又忘了这基本知识、缺乏了辨别能力，不只是未出茅庐的高中生，连大学者们也糊涂起来。当然也有一些生物学家仍不顾个人安危，继续为麻雀翻案，比如上海的朱洗、冯德培（中国科学院生理研究所研究员兼所长）等。一年多后失去了天敌的各种虫害开始猖獗起来，造成粮食减产和树木枯死，首先在南方显现出恶果，1960年全国发生了极为严重的饥荒这远比麻雀的危害更要凶百倍。这场'打麻

---

41 刊登于1958年4月《北京晚报》。

雀'运动,在一定程度上破坏了人与自然的和谐发展。

　　1959年底,中国科学院综合生物学界,特别是中国细胞学家,中国细胞学和实验胚胎学的开拓者之一,朱洗先生写了一份的意见书'关于麻雀问题向主席的报告'。这份附有大量科学依据和分析的报告终于打动了毛泽东。毛泽东在1960年起草的《中共中央关于卫生工作的指示》中明确提出:"麻雀不要打了,代之以臭虫,……"。终于阻止了"城门失火殃及池鱼"的现象继续发展。麻雀家族总算盼来了大赦令。之后,不管天南地北、城市乡村,又成了麻雀的乐园,它们又叽叽喳喳地满天飞了。然而,当时朱洗和其他几位反对消灭麻雀主张的科学家,却都在文化大革命中遭到残酷迫害,已故朱洗的墓被毁,墓碑被砸,曝尸在苍天之下,直到1978年平反后,朱洗才获重新安葬,并按照原墓志勒碑。

　　当下的人们可能很少有人了解朱洗的成就,甚至没有听过他的名字,其实他在生物学界与童第周齐名、成就也不相上下。我记得六十年代初,有一部获得百花奖的科教片"没有外祖父的癞蛤蟆"上映,在青少年中影响很大,父亲知道是朱洗的成果,高兴地说:"朱洗动手能力很强,既聪明又勤奋,他是为科学而奋斗的人,我就知道他会有成就。他的导师是有名的法国科学院院士巴德荣教授,培育出世界上第一只'没有父亲'的青蛙而闻名于世,而朱洗却挖掘了他的导师的全部知识,继承与发扬了导师的工作"。

　　原来父亲和朱洗是在法国国立图书馆认识的、"九一八"事变发生后,为了抗日救国他们同时期回到祖国、同时期在北平中法大学任教,彼此都熟悉。朱洗并不是书斋里的科学家,他关心政治敢于说话,在全民"打麻雀"运动中,首先提出对麻雀实施"缓刑"。他在1956年一次学术会议上,从法国的经典著作《自然界的奥妙》说起,谈到弗里德里希大帝下令消灭麻雀带出的不良后果,再叙述了美国纽约以及附近城市、澳大利亚为扑灭害虫从国外引进麻雀的成果,最后得出结论:"……除了某些季节外,其他时候麻雀都是有益的。"历经几年,最终证明朱洗的意见是正确的。朱洗常说:"科学需要一个人的全部生命"那个年代的知识分子,就是这样为事业奉献出自己一切,而盖棺之后仍遭摧残,实在是令人发指。

二、铁水映红半边天

1958年我高考落榜后白天代课,晚上参加大炼钢铁。毛主席提出要在十五年左右时间在钢铁产量方面赶上和超过英国的口号,掀起了全国人民大炼钢铁,为生产一千零柒拾万吨钢而奋斗。一时期小高炉遍地开花,无论城市、农村,工厂、学校、机关、居民都参与了大炼钢铁,土法炼钢如火如荼。特别在夜晚犹如夕阳普照,把整个天空映得通红通红,苍穹下灯光如昼、车水马龙、人丁沸腾,搬运的车辆从大卡车到独轮手推车,还有排长队人工传递运输的,个个都大显身手。搬运的物品繁杂,有制造土高炉的水泥、耐火砖、黏土,黄泥;有作为燃料的煤炭、树木;作为原料的铁矿渣及废旧钢铁。砖砌小高炉结构十分简陋,一个炉子、一台鼓风机就成了炼钢的土高炉,有的还用汽油桶内衬黄泥和吹风机制成的小土炉。

炼钢炉群个个都是用土块黄泥糊成直径约一米、高约两米的筒状建筑,再配一个木制大风箱,人们拉着风箱,喊着有节奏的号子:"大家齐力,哦呵!风箱拉起,哦呵!大炼钢铁,哦呵!超英压美,哦呵!"我参加了居委会土高炉的建造和炼钢,我特别卖力、拼命干着,每天提早到场,最后一个换班,哪里艰苦就到那里去,手上水泡破了,血沾在手套上,撕裂地

图8-3 1958年大炼钢铁的场景

痛，口水舔舔继续干，看当时群众的热情、干劲，真以为要超过英国、压倒美国了。

那时郁郁葱葱的山林，绿树茵茵的村落，松柏苍翠的坟茔，古刹，不管是百年古树、千年古柏，都在大炼钢铁运动中被砍伐，填进了这群土炉中化为灰烬。于是山林光秃秃、村落光秃秃，坟茔、古刹光秃秃，就连我们的祖先千辛万苦雕刻的那精美的壁画、古碑群、石牌坊、石狮、石龟、石羊都永远消失在熊熊烈火中。南京岗子村那边横七竖八被倒塌的石狮、石羊、石人、……，后来都和农村石碑群一样，被拉去敲成石子烧成石灰了。

由于当时缺乏铁矿石，千家万户中所有铁制物品锅、勺、铁铲，门、箱、柜上的铁制饰件，都被砸、被撬、填进了这小土炉群；古刹里的铁制文物，寺庙里的古铁钟，也被这群土炉所吞噬。小学生任务是交废旧钢铁，他们有指标、也评标兵，于是孩子们放学就四处寻找，什么铁丝、螺丝钉、铁锅、菜刀都拿去上交学校，有时还会为了谁先看到废铁争论不休，甚至推推搡搡动起武来。

各单位包括居委会都有上交废钢铁的任务，我将家里暂不用的锅、勺、铁铲，柜上的铁制饰件，甚至家里的冬日烤火炉、排烟管、铁门都上交了。人们表现出与地奋斗"其乐无穷"。现在想来当年全国人民这种激情、这种不怕困难、艰苦奋斗的精神的确非常感人，也理解当时的中共中央和干部、群众急于改变国家落后面貌的心情。但是用这样的土高炉冶炼出来的生铁，由于温度不够高，往往得不到充分氧化还原，杂质很多。凝固后的铁块质地酥松，还有很多"气孔"，所谓"海绵铁"。

然而，用土高炉炼出的铁，还达不到合格海绵铁的标准，它只是渣、铁混合的"豆腐渣"铁，这种废铁，大多无法再利用，造成极大浪费。农村弃耕炼铁，在我们到农村砍树炼钢时，沿途都看到稻子烂在地里，没人收割真是好可惜。那时人们的狂热已经到达失去科学与理性的愚昧程度，这也给日后带来了严重灾难。

三、饥肠辘辘的困苦生活

我的年青时代，政治运动像虎跳峡里的波浪，气势磅礴，一浪推向一浪。在1958年夏季粮食丰产的喜悦里，在以钢为纲、全民炼铁的风暴中，农村忙于大炼钢铁，秋季的丰收也就不在乎。当时的大跃进，农村搞人民公社，乱指挥、浮夸风大肆泛滥，在新闻刊物上天天可以看到许多农作物高产丰收、放"卫星"的消息。我记得当时传播甚广的是安徽的稻子生长茁壮、亩产万斤，一个十八岁的大姑娘躺在稻穗上，稻子都不会倒塌；还有"一个萝卜千斤重，两匹毛驴拉不动"的宣传；特别是天津某个农场"试验田"，亩产稻谷12万斤多的特大消息，一时轰动全国，可称得起亩产之最，真可谓压倒群雄独领风骚了。那真是你追我赶，喜讯层出不穷。当你经过或进入县城时，首先映入眼帘的是巨大的标语口号，"共产主义是天堂，人民公社是桥梁"，"人民公社好，大家吃得饱"。农民们却诙谐地说"人有多大胆，地有多大产""只怕想不到，不怕做不到"的疯狂言语。

在科学界狂热思想也发挥到了极致，特别是1958年6月12日，著名科学家钱学森在《中国青年报》发表了一篇科普文章，为这些粮食高产提供了"科学依据""土地所能供给人们的粮食产量碰顶了吗？科学的计算告诉人们：还远得很！因为，农业生产的最终极限决定于每年单位面积上的太阳光能，如果把这个光能换算农产品，要比现在的产量高出很多。现在我们来算一算：把每年射到一亩地上的太阳光能的30%作为植物利用的部分，而植物利用这些太阳光能把空气里的二氧化碳和水分制造成自己的养料，供给自己发育、生长结实，再把其中的五分之一算是可吃的粮食，那么稻麦每年的亩产量就不仅仅是现在的二千多斤或三千多斤，而是二千斤的二十多倍！"

后来作家吴晓波在文章中写道："钱学森的论文引起了巨大的反响。他为各地大放卫星提供了充足的'科学论证'"，正是在这些文章发表后，'粮食卫星'从亩产数千斤一下子蹿升到了数万斤。1958年的这两篇论文以及所产生的后果，形成了一个'档案社会'，当时人人疯狂，我也疯狂，敲锣打鼓，拿着喇叭四处报喜宣传，从内心发出狂欢。

在"大跃进"中农村人民公社化运动也发展起来了。农村都吃着大锅饭，实行平均主义，过着"共产主义"生活，农活干不干一个样，也阻碍了农民劳动积极性的发扬。1959年至1961年粮食供给严重困难，那些亩产万斤样板田更是颗粒无收，全民饥饿状况开始了，亲历过的中国人都会想起那个饥饿的年代，那些到处饿死人的日子。

那时代南京城市居民及小学生粮食定量月23斤，中学生和大学生月定量32斤。每人每月油二两，肉二两，鸡蛋每户半斤。在那个缺少鸡鱼肉蛋和油的年代，买蔬菜都要票证的年代，我们三姐妹每天一人只有七两米，没有油水，没有钱买高价食品，整天感到饥肠辘辘。除此外，各种与"吃"相关的票证接踵而来，有糕点票、玉米、红薯票、年糕票、月饼票、豆制品票、副食品票、糖票、肉票、鱼票、鸡蛋票、菜票、烟票、酒票等，包括人民生活必需品和某些紧缺商品都实行凭证定量供应。人们都在票证中、饥饿中生活。很多和睦家庭由于饥饿争食，家庭成员关系变得紧张，不少家庭都采取了分食制，各吃各的计划。饥饿使许多人变得野蛮和残暴，为求生存，不择手段。其物资缺乏的状态远远超过抗战时期重庆的状态。

有一本书，书名为《饥饿地理》[42]，它是曾任联合国粮食和农业组织执行委员会主席卡斯特罗教授的著作，书中有段文字精辟指出："没有别的灾难能像饥饿那样地伤害和破坏人类的品格""人类在完全饥饿的情况下，所有的兴趣和希望都变为平淡甚至完全消失""他的全部精神在积极地集中于攫取食物以充饥肠，不择任何手段，不顾一切危险""而且对于环境的一切刺激所应有的正常反应完全丧失消灭，所有其他形成人类优良品行的力量完全撇开不管，人类的自尊心和理智的约束逐渐消失，最后一切顾忌和道德的制裁完全不留痕迹""其行为之狂暴无异于禽兽""盗窃、抢劫、卖淫以及其他一切

---

[42] 卡斯特罗（J. de. Castro）著；黄秉镛译，生活、读书、新知三联出版社出版。

道德堕落越轨行为，或多或少都是饥饿对于人类品格的平衡和完整所起的瓦解作用的直接后果"。这段文字对"贫穷"与其后果分析得淋漓尽致，这就是人们为什么期待民富国强的道理。

1960年是国家经济灾害最困难的一年，菜场上只有飞机包菜（没有包卷好的包菜）、干瘪的烂茄子和冬瓜，而且限量供应。我的户口计划是在学校，玢妹刚进中学，已有32斤粮了，中午他在学校搭伙，当时孙阿姨既找不到工作也没地方去，仍在我们家混在一起生活，她将三人的粮食计划分开按各人计划蒸饭吃，似乎家家如此。为了让米多出点饭，社会推广了"双蒸法"，将米干蒸半小时后分装入罐，加上凉水，1斤米加4斤水，用猛火蒸1小时。双蒸法能使每斤米出饭5斤，比原来能增加40%以上，且饭粒不烂，味道好，但不耐饥。那时广大农村满目荒凉，农民生活极端困难，没有粮食，人们不曾食用的作物和野生植物的秸秆、根、叶、皮、果实及壳类，都成为农民的主要食粮，吃完了就等着挨饿，死亡。在饥饿死亡面前，为了求生，残暴的人性屡见不鲜。

从1959年下半年到1962年三年的饥肠辘辘时期，不少青少年发育不良，不少人得了浮肿病，我和两个小妹，由于长期生活条件差不仅发育不良，两腿、脸部也都浮肿，后来喝了很长时间蚕豆皮煮的水才慢慢消肿。1961年孙阿姨结婚后，就剩下两个妹妹在家里生活，我几乎每天上晚自习前赶回家看一看，快步走二十多分钟也就到家了。珊妹因为五岁那年住在阴暗潮湿的房子里，落下了风湿性心脏病，经常胸痛、乏力、咳嗽，本该加强营养，却天天吃不饱肚子，十一二岁的女孩瘦骨伶仃、面色苍白，标致的脸蛋上露出一对无神的大眼睛，看了令人怜惜。

有一次她放学后走了40多分钟才走到我的学校，正是吃晚饭的时候，我留妹妹吃了顿晚饭，菜也只是红烧冬瓜、茄子和咸萝卜干，一桶飘着几片菜叶的酱油汤，同学帮忙给我多打了一份饭，我给妹妹打了一份汤。菜是桌长分的，全桌人都愿意多分出一份菜给珊妹。患难之情胜于言表，珊妹狼吞虎咽、埋头吃饭，一会儿全都吃完了，脸上有了一丝笑容。我很感谢同学们的帮助，其实饭桶里的饭，很快地就空了，吃得慢一点就吃不饱。我们上晚自习都会到十点，回寝室之后不少同学开始用开水调制酱油醋汤来填充饥肠。珊妹这一顿吃得很开心，她说她很久没有吃饱过。

在我送她回家的路上，她靠着墙走一步一停，走得很慢很慢，在快出校门时突然靠着校园围墙不肯走了。我告诉她以后学校有馒头我一定带一个回家给她，但是我不能带她到饭堂吃饭，这是每个大学生计划，等二年她进中学了就不会这样挨饿了。珊妹哭了起来，而且抽噎得很厉害，还不断咳嗽，我想我的话一定伤害了她，就一把搂住了她。停了一会儿，她说她害怕，昨天晚上她做了一个梦，梦见自己偷人东西，被人打得胸口好痛好痛，后来被人打死了，躺在马路上，吓得她大哭一声，醒了，全身是汗。

她接着问我，"我会不会被人打死？"。我说："不会，梦是反的"。我知道她的心脏病在夜间发作了，我没有上晚自习也没有请假就陪珊妹回家了。当走到山西路马台街的一条僻静的小路上，珊妹胆怯怯地说："琅姐，对不起，我真的偷东西了，我饿得头昏、心慌、全身冒汗，趁楼下小店的爷爷不在的时候，从他的玻璃瓶中偷了二块饼干，就二块，我吃了心里就好多了"。

我沉默着没有说话，心想一个人在饿极状况下，为了求生是会做出一些出格的事，更何况是个十岁出头、没有父母关爱的病儿。为了这二块饼干来充饥肠，珊妹已感到羞耻不安做噩梦了，这是多么大的心灵创伤！我只有悄悄和她说"下次不要拿了，姐姐给你买"，珊妹点了点头，我将头贴到珊妹的脸上，眼泪像泉水般涌出。昏暗的小路，寂静无声，除了我们姐妹拥抱的身影，别无他人。

我承诺给珊妹买饼干，如何兑现当时并未想到，无奈我的食品计划全部在学校，只有和玢妹协商，让她拿出一两粮票来，我带着珊妹去门口小店买了一两饼干，跟小店爷爷说，"珊妹那天饿极了，店里没人自己拿了二块饼干，现在还给你二块"。爷爷似乎同情又似乎牢骚地说，"饿了，现在还有人吃人的"，当时社会上流传着饿死人和人吃人的现象。这件事情经过了五十多年，珊妹已迈入老年还记得那场噩梦。

1961年我们学校组织学生去农村支援春耕，在我们驻扎的大队里，常看到一群孩子衣衫褴褛、面无表情、用呆板的眼睛看着我们。有些农户门口，骨瘦如柴，面容憔悴的可怜老人和孩子东倒西歪、有气无力地坐在墙根晒太阳，孩子嘴里嚼的竟是一块块树皮。其场景使我想起爷爷笔下的"流民叹"，以往的灾荒都是局部的地区，而那时却成了全国性的饥荒，连城市百姓也饥肠辘辘了。即使这样在广大农民眼中，对城市生活已经是羡慕不已了。当时我想不明白，为什么这一场场为着"人民利益、国家富强"的群众运动，总是带来民族的灾难？

1962年元旦，南京各高校敞开一顿吃饭，比平时多了许多菜，食堂张灯结彩，个个兴高采烈，好日子要来了，可以吃饱饭了，饭后还举行了舞会。不幸的是毗邻铁道学院一名学生吃得太多，胃部不适应而穿孔死亡，俗话说："撑死了"，这个现象在另一个学校也发生了。当时人们能吃饱饭，就是最大的愿望，现在想来真有些悲哀。

第八章　池鱼堂燕之殃

不经一番寒彻骨，怎得梅花扑鼻香。

——黄蘖

一、坚强背后的酸辛诉说

　　正当我们沉溺在父爱的幸福中，1955年8月的某一天刚吃完午饭，窗外的警车响了起来，接着一阵响亮急促地敲门声，这时父亲也许心中有数了，他低头亲吻了一下玢妹和珊妹的额头。孙阿姨将门打开，两名公安人员已经进到房内，让父亲在逮捕证上签字后，将父亲的书信、宗卷搜罗一空，铐上手铐就带走了。真是晴天霹雳，大家都吓呆了，不知怎么回事，犯了什么罪？也许我们都未成年，没有被告知的权利吧。当时我感到一盆凉水浇到了身上，8月天浑身冷汗，有些哆嗦，脖子像被勒住一样，哭不出声也喘不过气，两个不懂事的小妹把头紧紧埋到了我和玲姐的怀里，除了孙阿姨在流泪外，房间里鸦雀无声。我和玲姐站在那里像木头人一样，全身失去了感觉。我们再也无法克制的泪水涌了出来，刚失母的创伤尚未完全愈合，又来了离开父亲的痛苦，几个人哭得惊天动地，好心邻居跑来过问，以为家里有了丧事，却也未问出所以然，很快全村人都知道了。他们尽量用目光避开我们，当时我们完全未想到后来的遭遇。

　　没过几天学校开学了，南京大学校产科赵同民来到家里说，反革命分子范任家属限于三日内搬出大钟新村宿舍。一改以前那种点头哈腰的面目，这时我们才知道父亲是反革命分子。一切尽在须臾之间，往哪里搬呢？一片茫然。虽然我们有三位堂叔住在南京，谁敢接受我们呢？我们决定不找别人麻烦，不投靠亲友。放学以后，我和玲

第八章　池鱼堂燕之殃

姐在鼓楼小学附近挨家挨户地问，两天过去了，没有找到便宜租房。我们除了一点压岁钱外，孙阿姨手头还有些日常生活费积蓄，因为父亲每月拿到工资后，就将一个月的生活费交给孙阿姨，由她安排。

于是我们又到古楼街菜场附近那种嘈杂脏乱的'贫民区'挨家挨户地问，终于在菜场正对面找到了一间破旧木屋，常供卖鸡鸭、卖鱼人的日租房。房主是一位七十来岁的老太太，高高个子、瘦骨嶙峋，热天穿着短袖短裤，站在那里像个高脚圆规，她白天忙着做小时工，回家很累，十多年不上楼了，当然谈不上管理，靠菜场的地势，不缺客户。她让我们自己上楼看。楼梯不仅狭小，走起来还咯吱咯吱响，和摇橹的声音一般。进了房间，一股鱼腥混杂鸡鸭粪的怪味扑鼻而来。三四处地板翘了起来，走上去如走弹簧。而且那扇带轴的老式木房门门闩磨损了还关不紧。说实话我们就没有见过这样的房子，感到落差实在太大了。不禁自问，这样的环境我们能住吗？单纯的我们还未考虑到自身安全问题。

第四天中午，我们正在吃午饭，校产科赵同民和另一个年轻人来了，看我们还没有搬，凶狠狠地将床上用品扔到地板上，两个小妹拉着床架拼命哭喊："不要，不要，不要拿走，这是我们的东西"。面对弱小的孩童，硬行把棕绷和床架搬到了屋外的小路旁。他们对待未成年的子女也像对阶级敌人那样。我和玲姐俩人未掉一滴眼泪，坚定地说："搬，马上就搬"。我们到学校上完课，我请了二位男生，玲姐请了三位男生，他们帮忙借了一部板车和一辆三轮货车，连夜搬走了。

当然，我们仅仅搬走了一张大床，一张妈妈留下的梳妆台，一只儿童小方桌带四把儿童椅子，几只箱子，至于父亲房间的东西，和大件的衣柜、沙发、餐桌我们都没力量顾及，仍然留在那里。孙阿姨被地理系宋家泰教授请去帮忙家务，家里只剩下我们姐妹四人。我们折腾了很长时间才算给那些东西搬上了小楼。有个同学手都被擦破了皮渗出了一点血，他那若无其事的表情，真让我们宽心。

那天晚上两个同学还出去帮我们找砖头，捡了十几块砖头、石头放在家里，临睡前我们将小方桌顶着门，桌上放了四把小椅子，椅子上堆着砖头和石头，这是我们仅有的防卫措施。我们姐妹四个刚住到如此恶劣的新环境，很不适应，两个妹妹号啕大哭喊着："我要爸爸！我要爸爸！我要回大钟新村的家！我们为什么要到这个臭地方来睡觉！不，我要爸爸！"那凄厉的哭叫声、吵闹声，直穿我的心底。直到他俩哭累了，才在抽泣中入睡。

整个一晚我和玲姐都没有入眠，对于我们四个未成年的女孩来说，只有听从，毫无回天之力。凌晨三四点钟窗外开始骚动起来，摆摊设点的嬉笑声、吵骂声、黄鱼车的喇叭声，声声入耳，仿佛身临其境，耳边还不断夹杂着"咔嚓"的锁车声。唯独这种声音冲开了我的心扉，我的心突然悬了起来，扑通扑通地跳着，一种莫名其妙的恐惧袭击而来，眼前出现了父亲临走时那一刹那间的影像，总是挥之不去。心里焦虑地喊着："爸爸啊！你现在怎样了，但愿是场梦吧！"后来我和玲姐俩互相发誓，不管遇到什么困难，一定要坚持，要克服，要努力进取，这样两个小小年龄的妹妹才会感到有依靠，不会随着我们而哭泣。

几天来，我们在烈日下奔跑，在南京这火炉中煎熬，不知流了多少汗，多少泪水咽下！上衣的领口上、腋下都结了从来没有的盐霜。无论如何，我们四姐妹还没有成为英国小说家狄更斯笔下夜宿街头的流浪儿，房子再破，总算有了遮风避雨之地，再也没有人来赶我们走了，相比之下应该是幸福的，这种自慰、给了我们信心和力量。租房没有烧饭的条件，我们就在学校搭伙。两个妹妹跟随着玲姐在十一中学吃饭，当时肃反运动尚未波及到中学，校长照顾让两个妹妹交一份伙食费。

接着是生活费的问题，爸爸临走仓促，没有任何交代，工资停发了，没有生活来源是现实问题。我们只有变卖家具、衣物以及其他可以变卖的东西，卖什么价钱？怎么卖？全然没有经历过。我们找了仲华二叔，是他一样样帮我们给家具变卖出去的，没有钱时就找旧东西卖、哪怕能得到一点买菜钱也好，那时我们实在太年轻，我才十五岁，不懂料理生活，真是酷暑不知严冬寒，我记得夏天棉被没地方放，又缺钱，连被子都卖了只剩两床，当然，只有卖给走街串巷收旧货的人。

就这样拉拉扯扯，勉强维持了一段时间的贫困生活。在古楼街住了大约一个星期，帮我搬家的同学向班主任吴毓东老师报告了我家发生的情况，吴老师还去了鼓楼街看了这个租住的房屋，她说："赶快搬走，四个女孩怎么能住在这里！"。吴老师找了我的同学陈友宝，她家有一间堆杂物的披屋，答应腾出来给我们住。我们喜出望外，终究感到了人间的温暖。陈友宝的妈妈胖胖的显得很富态，不多言却总是笑眯眯的，看上去很和蔼。又在同学帮助下，我们搬到了陈友宝家的披屋栖居，在这里我们住了一年，直到父亲回家。

为了省一点钱，我们开始自己烧饭吃，以往从来未干过家务活，现在要买菜、烧饭、洗衣服还要管好两个妹妹，一切都得自己摸索。最难对付的是煤炉，经常放学回家煤炉熄火了，重生炉子总是被烟熏的一把鼻涕，一把眼泪。那年，正值玲姐考大学还要每天接送两个妹妹。妹妹们放学早，她就将两个妹妹接到学校放在传达室再继续上课；两个妹妹似乎感觉到什么，不再撒娇也很少吵闹了，就在传达室等候着玲姐放学。

我承担了主要家务活，每天都是在收市时去高楼门菜场买菜，不仅便宜而且给得多，卖菜的人基本都认识我，有时肉案上剩下点筋筋绊绊的碎肉或鱼摊上剩下的小鱼、烂鱼，摊主会向我招手，将不要的鱼、肉往我菜篮里一扔，挥下手，表示拿走吧。我在感谢他们之余，也发现了良心，凭他们的经验，意识到为什么一个女孩总是在收市时来买菜。走出菜场心想妹妹们有荤菜吃了，不知怎的鼻子却又一酸，一个教授的女儿竟落到这个地步。

这也是我的闺蜜、同学傅益珊和我坐在校园的大树下，问我的一句话："你是教授女儿，以前那么好的生活环境，现在这种情况，怎么能生活得下来？"我说，"这是'水'教我顺应形势，最终总能归向大海"，"这是我爸爸说的，要学习'水'的品格，人处在任何环境中，要冷静、要坚强，谁也不能保证自己生活一直顺畅、不会遇到荆棘与创伤"。我凝视着前方的绿树，无限迷惘，突然伤感起来，话虽然这么说，你知道我心里多么惆怅，多么痛，我不知父亲怎么了，什么时候能回家？还是永远不能回家了？我的两个小妹怎么办？

说着我的眼泪扑簌扑簌地落了下来，我的头靠在她的肩上，抽泣着，我竭力在为自己寻找继续生存的理由和力量，拯救我即将枯萎的心。傅益珊说："我的爸爸讲范伯伯是没有问题的"，她的妈妈叫我们住到她家去，这对我们应该是最佳的选择。傅抱石是全国政协委员，就是北京人民大会堂挂着"江山如此多娇"那幅画的大画家，也许他了解国家形势，也许是宽慰我的心，总应该是好意吧。

傅益珊和我同岁，有着共同喜好，至今我还清楚记得，每当放学，我俩总是选择那条废旧的铁路回家，有一阵，一爬上铁路就将裤脚管卷得高高的，手里拿着搭在肩上的书包带，学着高尔基的三部曲《童年》《在人间》《我的大学》中主人公阿廖莎的形象，边走、边说着小说中自己喜欢的句子，我还告诫自己要像阿廖莎那样，做一个不为环境所屈服的坚强的人。

傅益珊的父亲和我的父亲是抗日战争时期重庆中央大学的同事，彼此相识。那时她经常到我家做功课，我也常去她家，有时傅益珊还带着我轻悄悄地溜到楼上看傅伯伯画画。傅伯母是位热情、有善心又仔细的人，在我们孩子面前常提到傅伯伯青少年时代的悲惨生活和发奋图强的故事，也许正因为如此，对我们四姐妹产生了爱怜之心。那时他们住在南京傅厚岗6号独栋的别墅内，家里有保姆，如果住在他家肯定会受到照顾，但是我们已经走到这一步，也不想给文化名人、我喜爱的画家傅伯伯、伯母带来日后的麻烦，我谢绝了傅伯母的善意与关心。

从内心我们没有钱就得过穷日子，不习惯去麻烦亲友、寄人篱下。极度自尊心不断驱使自己抓紧一切时间去学习，争取比别人学得更好。马路上的梧桐树叶渐渐转黄、干枯、凋零，在冬日寒风的吹袭下，树枝上仅剩的枯叶，也都飘落了，撒向大地一片冷漠。余下光秃秃的树枝，在北风中战栗。树叶被风卷走，树枝仍在凄凉的寒风中感受着离别的痛苦，树上皑皑白雪好像在诉说着这些曾经的往事。平日的梧桐树，它不怕风吹雨打，因为它有着温暖的阳光，有着充分的营养，它有着叶子围绕，它也能把自己的叶子爱护着，呵护它们慢慢地生长，但没有想到春天才欣慰的片片叶子，到了西北风劲吹的日子，眼睁睁地一夜间突然离去，孤独的梧桐树呀，还需要在寒风中度过日月。一种伤感袭上我的心头，我的心好凉好凉！那真是声声梧叶声声秋，几多芭蕉几多愁。

我们住的那间披屋越来越寒气逼人，从窗缝里、门缝里、从水泥地上冒出一阵阵寒气，夜晚我们四姐妹相拥而眠，抱团取暖，用自身的热气温暖着对方，还冷得难以入眠。我们的手脚都生了冻疮，肿得像胡萝卜一样。在这漫长的冬季，哪怕是喜气洋洋的春节，我们也只好躲在屋子里读书，期盼那春天的到来！

屋漏偏逢连夜雨，1956年6月，南京来了一场历史上少有的暴风雨，一夜之间房里水深至膝，鞋子、锅子、脸盆等都飘了起来，炉子、蜂窝煤都浸没在水中。再涨水就要淹到床和架在凳子上的箱子了。我们看着水发呆，不知如何是好，这披屋是周围的最低点。天气预报当晚还有大暴雨，可怕的天啊！布满着乌云，雨下个没停。我们已经两顿没吃饭了，有气无力躺在床上，想怎么找吃的。妹妹饿得直叫，我们对妹妹说，"睡吧，睡着了就不会饿了！"

其实我自己也是饥肠辘辘。我们担心晚上再下大雨，就会给床铺和箱子都淹了，于是我和玲姐淌着水，在水里摸火钳或通火钎，想通一通阴沟，可是摸来摸去怎么也摸不到。于是我们给箱子先搬到床上，把垫箱子的四张凳子横倒在棕绷上，再架上箱子，折腾了半天，认为摆妥当了，牵着妹妹小心翼翼走了出去，积水抹到妹妹的胸口，尽管六月天，身体长时间浸在水中仍感寒凉。走出我们住的高楼门小街，大马路上积水就没有那么深了，我们沿着小铁路冒着雨走到大钟新村，这是南京制高点，没有一点积水。我们想到门卫张爷爷、张奶奶，他们都是慈祥的老人，很喜欢我的两个妹妹。他们的收入不多，为村子里做事不少，以往每到过年过节父亲总是让孙阿姨送个红包过去。孙阿姨做了好吃的面点，包的粽子也会送给二位老人尝尝。所以，我们带着妹妹去借通阴沟的工具，也想在那里填点肚子，这已是没办法的事。

我们四个女孩像落汤鸡一样，赤着脚躲进了大钟新村传达室，心安定多了。珊妹说，"张爷爷，我们一天没吃饭了！"。张爷爷赶快带我们到他家，炒了一锅小葱蛋炒饭，这是张爷爷自家鸡养的蛋，我们头也不抬、狼吞虎咽吃着，也不知吃了几碗。这时我们体会到了什么是饥寒交迫。饭饱后，准备借个火钳和通火钎，回去通阴井。张爷爷的儿子张广殿说："凭你俩手无缚鸡之力，歇着吧！"。

他穿上挖藕塘的塑胶衣裤带着一条长竹片，一个人走到我家通阴沟，大钟新村后门就是高楼门，他很熟悉。他去通了阴沟，说下水道太细，高处水都往我家流，来不及排水，夜里再下暴雨，积水还要升上来。张爷爷留我们在他家住了一天两夜，躲过了这场暴雨，妹妹说这是她最开心的两天，临走时孙阿姨也特地蒸了八个小肉包、八个小菜包给我们带回家，让我们美美地吃了一顿。这种"雪中送炭"的人，我一直牢牢记在心中。

天放晴了，玲姐正面临着高考，不能耽搁课程的复习，便带妹妹去上学，我上了半天课，请假回家清扫房间。经过三天暴雨，一看水又涨了起来，床上的席子都进水了，无法睡觉。于是，玲姐带着两个小妹在校长关心下挤在女生宿舍，我也在学校宿舍睡了几宿。

室内善后处理真够折腾人的，煤球全淹了、碎了；煤炉淹没在水下面，满地黑水；更可恶的是便盆也浸没在水中，房屋里发出一股怪味。我逼不得已地赤着脚站在水里，用搪瓷杯和脸盆将地上的积水一盆盆往阴沟里倒，那黑乎乎的水上还飘着一些蟑螂和死老鼠，我一阵寒颤，全身起了鸡皮疙瘩，心中直犯毛，还得咬紧牙清理屋子，整个人被脏水染得像煤矿工人一样，脚也被凉水浸得一阵阵抽筋，不自觉地哇哇叫起来。剩下的煤渣被我搬到小天井一角，留着做煤球。棕绷床垫湿了，只有请几个女同学帮忙抬到天井里晒。现在想来，这些活对于我们十五、六岁的女孩子来说，真是不容易。

玲姐就在这样的环境中参加了1956年高考，录取在山东齐鲁医学院医疗系，后来改为山东医学院，她说她打工也要去上学。不久，父亲回家了，玲姐总算幸运，如期圆了读大学的梦。

二、厄运再次降临

1957年这个老一辈人难忘的年代，正是我进入高中的第二年，也正值《格兰特船长的儿女们》问世次年。记得当时同学们都在抢着看这部小说，还相互交谈着书中精彩的情节，我自然很高兴但却没人知道翻译者正是我的父亲。

这年春夏，各级组织开始动员人们大鸣大放。虽然在中学生中不搞反右，但在学校党团组织动员下，放手发动学生们"敢想敢说"，张扬"个性解放"，为了帮助党整风，鼓励批评，让同学们抱着"治病救人"，"知无不言，言无不尽，言者无罪，闻者足戒，有则改之，无则加勉"的原则，号召同学们满腔热情去写大字报，谁写得越多，谁的意见越尖锐，表明对党的感情越深。一时间教学大楼走廊到饭厅、校园内外贴满了大字报。这些我没有太多记忆，只留下"少年狂"们如闹剧一般打笔战的混乱模糊印象。

中学生涉事还不深，大字报内容多数是肤浅的，间或也有人身攻击、暴露男女同学间隐私的内容。在五班也有一位同学，头脑特别灵，他曾获得江苏省级中学数学竞赛第一名，他大字报写得比较尖锐，就这样连自己都不知道，稀里糊涂成了内定右派，后来升学、工作都受到了影响。20多年后，他才知道个中原因。教师则另外组织鸣放，记得我的物理老师刘达德，他的物理课教得非常生动，很受学生们欢迎。可是，因为我而受到我的班主任炮轰，那是因为在1955年父亲因错案被捕期间，刘老师曾对我的班主任说我是个优秀学生，不要让家庭遭遇影响我个人前途，建议班主任吴毓东老师多关心我的学习生活。未想到1957年刘老师为这两句关怀我的话，成了立场问题，遭到吴老师炮击，要追查他的思想根源。

此事让我感受很深，我在感谢刘老师同时，也非常理解当时人们的处境。那年月一次次政治运动，在政治压力下人们多多少少都有点变形。特别是后来从报纸上看到当时一些名人、大家在各类批判会上的表现，都有着一种像看漫画人物似的变形，当然也充分表现出了各类人的人性。然而，我对我的班主任尊重、感激之心未减，而对刘老师至今仍感到有些内疚。自高中毕业后我始终没有见过他，后来知道他调到江苏省教育学院教书，我一直想约几个同学看望他，总因这样那样的原因未能成行，成了我终身遗憾。

在百花齐放、百家争鸣的"双百方针"指引下，党中央保证"不揪辫子，不打棍子，不戴帽子，不秋后算账"。各级组织都在动员人们大鸣大放。党中央提出在"整风过程中就是要注意研究检查党和各方面群众的关系"。"同志们不论有什么意见，都可以讲。对中央和中央各部门有意见可以讲，对地方有意见也可以讲，可以放手批评。但一定要从团结的愿望出发，实事求是，和风细雨，注意态度"。

这时，特别是知识分子被党的自我批评精神所感动，焕发出空前的爱党热情，全国提出了几十万条意见、建议。父亲是个诚实的人，他怎么想就怎么说，他提出法文专业学生学法语不应该选用苏联的法语课本，而应采用法国人编的教科书，这就成了反苏的一条罪状。又因为1955年被莫须有的罪名逮捕审查一年，他感到再回到原有的讲台上无脸面对学生，要求调换工作环境，迟迟未有回复。他曾几次要求面见党委书记也被拒，于是只有给党委写信。

在信中反映了他因查无实据的错案被捕审查后，在妻子早逝的情况下，四个未成年的子女被赶出校舍，生活无着落的悲惨景况。并要求组织同意他调往北京大学，北京大学也同意接受，并给南京大学发了商调函，南京大学就是不肯放人。申请调动这本是人之常情，当时被看成"上万言书""对党持敌对态度""无理取闹""扬言罢课"。在那风云变幻的时势中，他成为全校大会批斗的"反革命份子"。

可是每次父亲受批斗后，回到家里从未和我们说起在学校的事，以至于我们子女一直不知道挨批斗的事。直至 60 多年后，他的学生和我谈起父亲，还说起在反右时期，挨批斗的场景。他说，无论大小批斗会，父亲每次站在台上交代问题时，仍然和站在讲台上授课一样，挺胸正视地讲述自己的问题，不苟且，也不阿世媚俗，不承认自己是反革命。引起台下一片严厉的"打倒声"，还有些同学跑上台拳打脚踢，揿下父亲的头，让他做"飞机"，高呼"低头认罪"……。批斗会散会后，从大礼堂出来，见到自己的学生擦肩而过，他还重复低声说着"千万不要丢弃法文"。这位学生还对我说，受父亲这句话的影响，他坚持走上了法国文学翻译之路。

1958 年 4 月，父亲再次被捕。那天，我和妹妹们都在学校，回家后只见桌上有张纸条："琅琅，带好两个妹妹，我争取早日回家。父字。"我盯着纸条默默无语，头脑一片空白，犹如晴天霹雳，突然摧心剖肝之痛袭击了我。那时政治上幼稚的我，认为两年前通过逮捕审查，所有问题都已查明，党组织再次作出了"历史问题交代清楚，不予追究，回原单位原职工作"的结论。一家人过去生活得战战兢兢、如履薄冰的日子不会再有了，我积极要求进步、发奋读书，一心期望着考上一个理想大学，谁知才安定不到二年时间厄运再次降临。我的视线渐渐模糊了，纸条上的字也被泪水打湿。为了不让妹妹幼小心灵受到创伤，我立即跑到厕所暗自流泪，用抽水马桶的水声来掩盖自己的哭声。我对孙阿姨说，两个妹妹问起父亲，就说父亲出差了，就这样用善良的谎言，欺骗了妹妹好一阵子。

父亲一直教育我们热爱祖国、热爱人民，他希望祖国富强、人民安居乐业，他只求有个良好的工作环境。我以为父亲会很快回家，未想到一个多月后父亲以"历史反革命罪"被判刑十年，同一个人的历史过程，以往二次组织审查的结论在反右时却被翻转了。

如此严重结果让我万念俱灰，这时我正面临高考填志愿的时期，如果厄运迟降临两个月，也许我会报考北京大学，因为班主任有过这预测，我自己也有这信心。可是命运让我改变了志愿，为了二个年幼妹妹，我只能报考南京的高校。当时我求学的欲望更加强烈，希望能通过自己的努力来削弱家庭给我的政治影响。

可是事与愿违，那年高考作文题《我的家庭》，试卷上印有提纲要求，要如实写出家庭出身、政治面貌、家庭的影响及对家庭的看法等，这是一个配合反右运动、政治性很强的命题，我当然是老老实实按提纲写，至于我怎么写的已经记不清楚了。总之，我努力想写好，却又心慌意乱，不知如何下笔，我好像写了很多批判家庭，批判自己，上纲上线的违心话。

发榜时，班上很多非工、农、军、干的家庭，特别是知识分子家庭的子女，基本上都分配在非志愿的专科学校。如傅抱石女儿傅益珊具有美术、文科特长，我们以为她会考上理想大学，因为傅伯伯从50年代至他1965年9月离世，他一直紧跟时代。

1949年11月中央从新年画开始了改造旧美术的第一次运动，艺术家作为一个人，首先面临的就是生存的选择。当时各类画家都在画新年画，出名于三四十年代，擅长于山水与形象高古的仕女、高仕人物画的傅伯伯也未能免俗。他也有心加入到时代的艺术潮流中去，他的一幅朱色重彩表现海陆空三军的新年画，虽然歌颂了人民解放军，却大大失去了自己的风格。他一直在变革中探索，但在精神的适应上仍然感到困难。

他以毛泽东诗意提到的重大的历史事件作为新题材，创作了《抢渡大渡河》《更喜岷山千里雪》等作品，又以毛泽东诗词创作了《冬云》《咏梅》《登庐山》等一系列毛泽东的诗意画。正如《艺术百科》中《中国现代画家——傅抱石》文中所云，"这些毛泽东诗意画已经失去了那种早期朴素的情感，一种装饰化的倾向反映了时代的变化。即使以传统的形式来表现四季山水中的新生活，其意境已与他往日所画的兰亭、赤壁等有很大不同，那种古典的精神，已完全被一种现代的风情所替代。"

他还专程赴井冈山、瑞金，革命圣土采风，这批作品中都表现出当时社会生活中的政治背景。傅伯伯一直是在时代的感召下，以其不懈的努力和不间断地创作，使毛泽东诗意山水画在新山水画中获得了特殊的地位，新山水画也因毛泽东诗意画的表现而在国画中得到了少有的重视和广泛的影响。为此，在五十年代傅伯伯还能安心作画和篆刻印章，未受到时代的政治冲击，这在知识分子中实属凤毛麟角的有幸之人。

傅伯伯一向关爱自己的家庭，妻子和七个孩子，未想到1957年他的长子傅小石在中央美术学院读大学二年级时，积极响应党的号召，投入到全党展开整风运动和反右斗争之中，被划成右派送去劳动改造，从此，走上了坎坷不平的路。

傅益珊并没有因当红大画家的父亲而列入正常录取范围，而是受其大哥的影响，被降级分配到非志愿的南京永利化学工业公司厂办化工学院，这还算比较好的结果。而我和时蕾，南京化工学院教授、学部委员、大右派时钧的女儿，都名落孙山。那时正是大跃进、群众大炼钢铁时期，时蕾进了正在建设的南京钢铁厂学木模工，后来她去一个小学教书了。我呢，成了社会青年。

两个月后学校开学了，我被班主任吴老师叫到母校做初三和高一化学课的代课老师，过了一阵子又做了初二数学课的代课老师。

初中的学生正处于思想活跃期，个别男同学特别调皮，当我给初三学生上第一堂化学课的时候，就受到了"下马威"。我记得一开始讲到"蜡烛及其燃烧"，我带了蜡烛、火柴和玻璃器皿放在讲台上，准备穿插做个实验来引起同学们对化学的兴趣。当我转身写化学方程式时学生们哄笑了起来，我以为自己写错了方程式，脸上一热，自问"三个简单方程式怎么会写错？"我又检查了一遍，没问题，我转过身面向学生，心里却揣鼓着学生的怪笑定与自己有关，但凡事需要镇静。我冷静下来，只当什么没发生，继续讲课。在我开始做示范实验时，怎么也擦不着火柴，学生们又哄堂大笑，我是又急又气又好笑。

我灵机一动，指着头低下来笑得特别厉害的同学，请他站起来回答问题，问："燃烧物在什么情况下不能燃烧？"答："碰到水，"我说："答对了一部分，"接着我拿起火柴盒问，"这两片磷皮为什么擦不出火？大家说说。"同学们眼光瞟向坐在第二排的那个同学，笑声低了下来。有个调皮学生说："老师不会擦火柴。"我微笑着说："噢！"学生回答声中冒出"有口水"，我吃惊地愣了一下，接着说："你们给这道题抄下来作为课外习题，下次交上来。"我没有任何责难学生。下课后我对这个恶作剧的同学说，舔火柴盒，连小学生都不会做的事，你还在舔，有什么好吃的！这上面有磷，赶快去好好漱口、洗个手。"第二堂补做实验时课堂也就安静下来，从此课堂秩序好转。

  令我记忆犹新的还有一事，这就是同学潭莉父亲介绍我去浦口铁路小学代课，学校离家很远，需要过江，我就住到学校集体宿舍。这个学校教职工每天早上六点半开始民兵操练，当时实行全民皆兵，除了地、富、反、坏、右五类分子及其家属外，符合年龄条件的都要接受民兵训练。校长通知我不要参加，我只有躲在寝室里或办公室里，但是同事们那种异样眼光瞟着我，很少有人和我说话，让我感到一种被歧视的伤害，仿佛我的脸上已经刻上了阶级的烙印。那些年，尽管我心里难过，我还是努力求进步，积极参与居委会各项政治运动来锻炼自己、提高自己、改造自己。唯恐得到"不可教育子女"的评语，因为我需要工作，我身上还肩负着抚养两个妹妹的责任。

  父亲已没有工资，剩下一点积蓄够不上生活的开支，我到处在找工作。好在南京大学这次没有赶我们搬家，让我们住到 1960 年夏天，才让我们搬到学校编外宿舍，中山路 350 号两间小房子里。因为要付房租，孙阿姨结婚后，我退掉一间。我知道这是父亲提了意见后，南京大学组织的关心，没有让我们露宿街头。

  可惜的是，父亲正当可以发挥一技之长，从事教学、科研和翻译工作的黄金时代，却到了南京龙潭采石场开采石头。龙潭离南京有两站的火车路程，下火车还得步行不少路。每月探监的时候，我都要设法去看望父亲，把一家人省下来的糕点票买点饼干、糕点送去，好给父亲一点安慰。可是父亲总是说他在那里很好，让我带回去给玢妹、珊妹吃。父亲的话不多，却充满着深情。

在 1959 年下半年的饥荒时期，大家都吃不饱肚子，作为高级知识分子，有一些副食品票的补贴，我家邻居黄川谷伯伯，他是英语专业教授，他看到我们总是亲切喊"孩子"，一天他送我们一张副食品票，别看这张小票，我拿在手上感到特别厚重。我去鼓楼鸡鸣酒家只能点一份猪脑，虽然汤居多，内容很少，我还是倒在饭盒里，泼泼洒洒赶到了龙潭采石场送给父亲吃，告诉他是黄伯伯送的副食品票在鸡鸣酒家点的菜。父亲脸上露出一丝笑容说："啊！谢谢他"，我想父亲高兴的不仅是这份情谊，更是人们对他的看法。他拿着饭盒迟迟不肯打开，说："我不饿，你们吃吧。"我脸上露着呆板的笑容，眼泪却在眼眶中打转，父亲见状才说："好吧，我留下吧。"

三、一场切肤之痛的经历

1958 年是个异乎寻常的一年，我就在这一年高中毕业了。三十年呼啸而去后十几个同学们相聚一堂，曾经朝夕相处同歌共舞的挚友同窗，竟是相逢面对好似不曾相识地两两相望，慢慢地我们回忆起旧日的时光，重温那充满着美好的理想，那份纯真的同学情谊，彼此诉说着分离后的苦乐岁月，分享着成功的喜悦，也抚慰着心灵的创伤。大家记忆最深的是反右扩大化的特殊年代，语文老师曹英隆、历史老师周汝昌、还有一些记不清楚的老师突然一下子就变成右派，不来上课了。回忆起当时曹老师在语文课上朗读"元旦献词"中一句话："年年岁岁花相似，岁岁年年人不同"。面对三十年岁月的磨砺和时光的雕刻，有着多少物是人非世事沧桑的唏嘘感慨。这与其他年代同学相聚的气氛有所不同，欢乐中带着几分少年的感伤。1958 年高考时，除了不愿升学或身体不好的同学以外，都考上了大学、大专，基本都有书读，而一些尖子生却落了榜，这真是个谜团。

当年的团支部书记说，在我们毕业高考填志愿表时，学校、班主任就已经按要求在每个同学志愿表上填上了，"保送某校""按志愿录取""降格录取""不宜录取"四个类型。在场一位女同学像少年时候哪样天真地叫了起来:"天呐,娘胎里就注定了,我还要去考干什么?"。呜呼!2500多年前孔子就提出"有教无类",遗憾的是当时在左的思潮影响下,连无辜的高中毕业生的学习机会都被无端地剥夺了。

其实呀,高考一发榜很多同学就产生了疑惑,只是在当时环境下不敢询问原因,而压在心底而已。改革开放后,"左"的错误一次次得到纠正,当年的谜团才慢慢解开。原来,我们上高三时,校方在极为保密的情况下对学生一一作了政审,除了推荐保送生外,政审结论基本分为四类:可录取机密专业;可录取一般专业;降格录取;不宜录取。所谓降格录取是录取在非填写志愿的学校,或不在全国招生范围的学校如各县市师专、农专、蚕桑学校和中专戴帽子的大专班。政治审查并非依据个人表现和学习成绩,而是依据家庭出身和社会关系。出身地主富农家庭的,或者家长在1957年被划为右派的,或有海外关系尤其是港澳台关系的学生,基本上都是不宜录取和降格录取者。

当时高校招生时,先看政审结论再看考试分数,我的同学中因此失去上正规大学机会的不在少数。我们班上"降格录取"和"不宜录取"的同学基本上学习成绩较好甚至是班上尖子,他们都有着切肤之痛的经历。在保送的五位同学中,可惜后来没有一位能真正成材。拿班长林杨来说,保送到北京大学物理系,硕士生毕业后,进了南京大学物理系。这样好的条件,没有全心致力于搞科研与教学,改革开放后帮妻子做起生意来,50多岁去世时,还仅仅是个跟班升的副教授。团宣传委张小励,在班上学习成绩一直较差,保送到南京工学院(今改为东南大学)无线电系,这是一个很有前途的专业,可惜她的学习跟不上,不得不退学了。再说我们的团支部书记学习的确不错,保送到中国科技大学,毕业后分配到上海科学院,一路走得很顺当。文革时父亲被错打成叛徒、反革命,一向有优越感的他,自己受到影响而一蹶不振,后来调到了科学院下属的开发公司工作,业绩平平。他自嘲地说:"谁想得到我这老团支书,现在连党员都不是"。再说说江云保送到中国科技大学后，利用公派出国机会，留在了美国，完全忘了党对她的培养和为祖国服务。

在1958年没有一个好出身是很难进入名牌大学的。进入名牌大学的学生中不乏于基础知识差、知识面窄狭者，更可惜的是不少学生缺乏道德品质的修养，缺乏上一代人知识分子的一种骨气，骨子里并没有国家情怀，为国民服务的精神，凭借着他们的红出身受到党的种种培养与照顾，毕业后他们可以取得好的工作环境，还可以优先取得各种荣誉。但其真正的才与德却被群众看在眼中。

中国的教育是要培养共产主义接班人，要为无产阶级政治服务，然而却受到历史和现实的无情地嘲弄。以往那些由封建主义和资本主义培养出来的学者们，包括我的父辈们，在国难当头之际纷纷回归，报效祖国；而如今，我们共产党自己培养的"共产主义接班人"，包括许多高官的子女，却纷纷跑到美欧日澳等发达国家，去接资本主义的班。其实教育像科学研究一样，本身并没有什么阶级性，当年"唯成分论"这种提法既伤害了一大批青年，也损害了国家利益。

当今，我已进入耄耋之年，真正的80之后，我仍然在关注着中国的教育事业，关心着人才的培养，这是一个国家强盛之本啊！不料另一种切肤之痛又降临到我的身边。

那是在2015年，我在豆瓣读书网上溜达着，一个偶然巧合，我看到一些读者对著名法文翻译家陈筱卿译作剽窃的网上呼声，还有几位读者在豆瓣读书网站《凡尔纳作品》的贴吧上，用例证指出："……可以认为，凡尔纳小说陈筱卿译本中存在着'难逃有剽窃之嫌'等类的问题，……"。我当时感到十分惊讶，教师是个神圣的职业，是社会良知的代言人，应该为人师表，怎么会有抄袭、剽窃的行为！？

我一时无法相信这位1963年北京大学西语系法语专业毕业、国际关系学院教授、硕士生导师、享有国务院政府特殊津贴的陈筱卿教授的剽窃行为，他可是当今法文翻译界走红的有名人物啊。他的翻译有七八百万字，每本书都同时在多家出版社出版，就拿他"翻译"的

《格兰特船长的儿女》而言，就同时在近三十家出版社出版。爱读书的人，出版界、翻译界谁不知道陈筱卿的名字？

为了求证他的剽窃事实的真伪，我比对了陈筱卿翻译的《格兰特船长的儿女》、父亲的译本和法文原版书，竟然发现陈筱卿的确抄袭了父亲的译本，连父亲的译注和一些数字等明显错误也被陈筱卿照抄不误，只不过为了掩盖抄袭，陈筱卿做了些改动，而其改动的手法多端，所改动之处与原文不符甚至相悖。但是，一般读者谁会对照原文来读书呢，陈筱卿很了解这一点，他采取了以最少的劳动力来获取最大的投入产出，获取名利双收。

难怪一些知悉法文的读者在网上评论陈筱卿是翻译抄袭的老手，他所翻译的书都是曾经被人翻译过的法国名著。他的履历为他的名声贴上了金字招牌，在这个金字招牌下，行使着自己翻译抄袭的自由。他还通过中间包装商，为自己推销译本，那有一点知识人的品质。我对剽窃他人作品的高校教授而感到羞耻、愤慨，更为腐败侵入树人的殿堂而感到痛心。

"陈筱卿"这个似曾相识的名字又无意间跃入了我的眼帘，于是这种无意间的发现也就无意间变成了我今天步入长达六年之久的艰难诉讼之路，尽管一审胜诉，但二审用了一年多时间，直至父亲作品在中国著作权法保护期已经过期了，还未结案，无形中给了被告继续侵权的时间，其诉讼过程令人罄竹难书。我连再想进一步维权的机会也随着时间的流逝而丧失了，奈何之无可奈何！

古希腊诗人米兰德在他的《残篇集》中曾经写过"任何腐败都来自内部，来自人的心灵""对于健全的人，一切都是健全的；对于腐败的心灵，一切都是腐败的。"陈筱卿为了逃避侵权的审判，设置了种种障碍，首先，以查无此人二次拒收法院的传票，拖了几个月在不得已的情况下，又谎称自己搬家了，将原来的"国际关系学院某楼某室"直接改成了"国际关系学院"的城市地址。当一审败诉后，又拿出了患"老年痴呆病"的医院门诊证明，进行反诉，如此等等都是一种腐败心灵与道德缺陷的具体体现。

第八章　池鱼堂燕之殃

　　陈筱卿与我同是1958届高中毕业生，国家为他创造了优越的学习、工作条件，给了他荣誉与特殊待遇，他却用欺骗的手法汇报祖国和人民，何以为师？岂得有益于国家、有益于人民乎？这难道不是当时中国培养高等人才"唯成分论"造就的结果！？我对于这种学术的腐败痛恨恶疾，我只有通过法律来公开揭露，我想只有对国家民族满怀深沉挚爱的人，才会批评社会的阴暗面；只有怀揣光明的人，才会去发现和揭露生活中的龌龊；因为他们知道这是一种责任，一种现代公民义不容辞的责任。

　　我国高校招生原则曾走过了一条曲折之路。1958年至1965年的八年中，高校招生执行"不宜录取"和"降格录取"的政策，有不少高中毕业生成了中国教育史上这一极"左"招生政策的直接受害者，这些学生大多数是学习成绩上称、胸怀报效祖国志向的人才苗子。在1958年之前高考并没有执行"不宜录取"的政策，而是按学习与品德来考量一个学生。80年代作为"中国知识分子的优秀代表"（聂荣臻语）的蒋筑英之所以能成为万众瞩目的"当代英雄"，和他受过良好的高等教育是分不开的。他同样有父亲被劳改的家庭背景，1956年仍考取了北京大学。我的姐姐也在这一年，按第一志愿录取了山东医学院医疗系，后来被评为江苏省中西结合的名医。机遇不同，人生的道路也就大相径庭。

　　由此想起诺贝尔物理学奖获奖的美籍华人崔琦，与我同一时期的人，他有三个姐姐在香港，当时属于有"严重家庭问题的人"。如果五十年代初，崔琦不去香港上学而是留在家乡，也很难逃脱"不宜录取"的命运，岂能与诺贝尔奖有缘！相反，那些"不宜录取"和"降格录取"者之中，如果有人被命运推上崔琦式的人生轨道，获得诺贝尔奖也不一定是痴心梦想。正如《晏子春秋·内篇杂下》说："橘生淮南则为橘，生于淮北则为枳，叶徒相似，其实味不同。所以然者何？水土异也。"显然不是仅凭个人的聪明才智与技能，更需要一个崇尚民主、宽松、和谐的教育生态环境，这样国家的繁荣昌盛才有保证。抚今追昔，这一段"不宜录取"的历史，对我国在二十世纪中期，培养科技人才队伍方面造成的损失无法估量，最终损失的是国家利益。

1966年至1970年的五年没有招收新生，1971年至1976年的六年推荐工农兵学员上大学，1977年才恢复正常高考，造成史无前例的高等教育长达十年不正规招收学生，形成人才严重的断层。当时我所在的工厂，推荐了一名小学未毕业的工人上大学，称为工农兵学员。他说自己是被"赶驴子上轿"，上学像读"天书"那样难，拿起笔来比铁锤还要重，不知道读了些什么就毕业了。其实这是普及中、小学教育和职工教育问题，像这样缺乏文化基础，就进入大学，对国家的确是个损失。

我和两个妹妹都没有这样的运气。1979年父亲冤案昭雪，珊妹在江浦县中学教英文，由于表现突出，县里有个保送南京师范学院的名额给予了她，政审时发现我们从来没有联系的舅舅在香港，就取消了她保送的资格。我的两个妹妹都是在1979年父亲被平反后通过高考凭着他们的成绩才进入大学，也算是后来的一种宽松吧。

"不宜录取"政策，明显烙有那个年代'左'的印记，由于它摧残人才于未成年之际，受害者受的是"内伤"，具有隐蔽性，故而时至今日，尽管右派基本公开'改正'了，国门打开了，历史上种种冤假错案多多少少给予了甄别，然而关于当年"不宜录取""降格录取"对一大批潜在人才的摧残，却尘封于历史的死角，极少被公开提起。值得庆幸的是改革开放后，这段历史的教训至少在国家教育部门得到了改进。

四、跨进高校的校门

1959年铮哥由清华大学毕业分配在上海锅炉厂工作，每月寄30元供两个妹妹生活教育费。我仍然靠代课和刻钢板来获取一些家庭收入，总算渡过了经济最困难的时期。1958年"不宜录取"执行的年代，正是大跃进的年代，从江苏省教育厅下达的文件可知，当时国家急需高等专门人才并不是考生过多，而是考生不足。1959年部分高校又进行春季招生，鼓励在职人员报考或保送大学。有些省教育厅还颁发了"关于从高中二年级学生中动员部分学生报考高等学校的通知"。

我抱着尝试态度报考了南京化工学院化学专业，该专业办学目标是为大中专学校培养化学师资，由国家提供伙食费和学杂费，我终于以最高分录取在这所学校。南京化工学院是在1958年南京工学院化学化工系独立出来并扩充的一所高等院校，直属于国家化学工业部，坐落在南京丁家桥原中央大学农学院的校址上。

我上学的时候，学校的教学大楼还刻有土壤馆和米丘林馆等字样，我们就在米丘林馆上课。学生宿舍集中在教学区对面的青石村，我班九个女同学住在一间房间里。靠墙两边为六张上下铺紧挨着，多出的三张铺分放着热水瓶、脸盆、水杯等日用品和行李。五张课桌和凳子整齐排列在房中间，显得拥挤不堪，当时很多高校学生宿舍都是如此，与今昔无法相比。

我记得上课前一天，我和从青岛来的张惠林同学一起去教室，一路上我们迈着轻松的脚步，带着一种难以形容的喜悦心情走进教室。总支书记屠亚光给我们介绍了学校的概况、学生守则等等。我特别珍惜能有继续读书的机会，在各方面都认认真真、奋发努力，感觉到自己又焕发出青春的活力。我被选为校篮球队和田径队队员，参加校级比赛。晚上我们都要到教室上自习，班长点名，我只得利用晚饭后休息时间跑回家看看两个妹妹，有时上晚自习迟到了，会有同学关心问我的妹妹怎样了，一、二句关心话对我却是个安慰。

由于我提前自学了高等数学与英文，学习相对轻松，作业也做得很快，多余时间我就在看化工原理和量子力学。同学们喜欢来问我问题，我总是不厌其烦地与他们讨论，他们管我叫"聪明小脑袋"，岂是聪明，只不过"笨鸟先飞"而已。我自己遇到的困难很多，吃过不少苦，所以我这辈子都以帮助别人为乐趣，和大家相处得都很融洽。

那时，学校里各班级常利用假期组织到野外山坡打猪草、到池塘里捞小球藻、红萍等浮游植物送到更困难的农村,每次支部书记都会用报纸包上一包让我带回去给妹妹吃,这可算是最实在的关怀了。

在1961年,春去夏来江南田野的稻穗渐渐变黄,透出了成熟的气息。为了帮助农村抢收抢种,一些机关、学校开始前往农村,享受现在人所没有享受的农忙假了。全校各班同学在支部书记和班长带领下天不亮启程,大家背上行装,像部队拉练一样急行军,途中一切景象都被急促的脚步掠过,任何好奇心都无法使你驻足,赶到目的地天色已暗,同学们只能环视一下周围环境,累得都不想多走一步。我们班安顿在农村小学的三间教室里,睡在课桌上。书记分工完后,大家倒在课桌上就睡了。

伙食团有五人负责买菜买柴、烧饭、供水,每人轮流值班。厨房是生产队长提供的大灶,对于这大锅大灶不是每个人都能驾驭的,有时吃到稀粥烂饭炒焦的菜,厨师这一天就难免会遭到同学们揶揄了。

我们的支部书记(后来是南京化工学院副院长)是初中毕业参军的,到我们班上学习有些吃力,但他非常努力,不想自己放过任何学习机会,提出了晚上上课。我是除了政治课,其他各科全五分的人,一次同年级各专业物理化学期末考试,有半数以上不及格,我仍然得了满分,引起了同学们的尊重。因此,书记要求我按课程表给大家复习有机化学、无机化学、物理化学和高等数学。我下午不上农田,主要是写些宣传报道和备课。

每天早上六点钟哨子一响,半小时吃早饭,饭毕就带着头一天晚上磨得锋利的镰刀,走进宽窄不一的稻田里收割,别看庄稼人轻松挥镰自如收割,可是镰刀拿在我们手上,不知如何使唤为好,不多久就累得手腕发酸腰背发痛,有的同学稍不留神,就划伤了皮肤。

每天农活之后出了一身臭汗,大家要求能洗个澡,支部书记和大队长协商,每三天可以用他家煮猪食的大锅烧一锅水,男生洗过之后女生才可以爬进大锅里洗澡,男生们抓起阄来,谁先洗全凭碰运气。试想二十多号男生洗后,这锅水岂不是变成了细面条汤呐?女生们一听个个吓跑了,想想又不甘心,干脆一个个抢先到大锅里舀一盆热水,大锅的水几乎舀完一半,支部书记笑得直摇头,连喊"节约一点水!节约一点水!"逼得男同学又到河里挑水、烧水,嘻嘻哈哈说笑一阵,也算争得了女同学先用热水的权利,日间的辛劳,这时也就缓解了。插秧是个技术活,虽打人海战术,人多力量大,但外行人七手八脚往地里插秧,秧长不好就得不偿失了,一般农村人是不欢迎学生参加的。

还有一年暑假教我们有机化学的高善娟老师带着我和另一同学去农村搞科研,寻找各种根茎、树叶进行提取,分析其有效成分,希望能给农村开发出一种有益的食品,不致误食野生植物而中毒死亡。当时我们的活动主要以农村为中心,期盼用知识改变农村饥饿的状况。

1960年玢妹小学毕业了,录取在一所离家有二站多汽车路程的学校,且是区里的差校之一,不能不说和家庭有关。这给我和玢妹带来很大的安全担忧与负担,我不得不找区教育局和学校请求照顾,由于玢妹成绩不错,还是南京市小红花的第一小提琴手,总算让靠家近的南京第四女子中学(前南京汇文女中)接受了。就此玢妹有了32斤粮食计划,解决了自己的饥饱问题。

在南京化工学院读书的岁月里,我受到老师和同学们的喜爱与尊重,这对我是一种宽慰,我没有感觉到家庭的影响使我受到歧视。当然,这只是个表面现象。毕业分配时,这种家庭的影响却完全体现出来。

五、用坚毅谱写人生

1. 毕业分配的遭遇

在毕业分配时,我的唯一要求是留在南京,以便照顾两个有病的小妹妹,这是总支书记、班主任和支部书记都知道的事,他们也表示尽可能照顾。可是正式分配名单上,我被分配到盐城专区教育局,当时我们专业留校的四位同学全都是党员干部，此外还有五、六位同学分配在南京，而我却没有得到照顾。我终于明白在毕业分配一开始，系里考虑的只是学生的政治背景，而根本不去考虑学生的成绩、表现以及个别学生的具体困难。

无奈我只有带着两个妹妹前往报到，然而这个贫困地区的学校为减少工资开支与口粮，以不能提供教师的家属宿舍为由，将我退了回来。江苏省重工业厅将我分配到南京化学工业公司化工学院，该院正好缺少一名物理化学教师，第二天上午我立即前往报到，不料，中央第二次精简机构的文件下达跑前了一步，我被拒收了，理由是无法安排。

老天啊，为什么这样捉弄人？我报到时间还没有超过二十四小时，还在报道有效期内呀，怎么一下子就无法安排呢？我困惑不安，南京化学工业公司在大厂镇需要过江，途中往返需花几个小时，我马不停蹄，连中饭都没吃，赶回学校，学校再次开介绍信到江苏省重工业厅。省重工业厅也无法安排，将我的档案退到学校，我要求学校缓期分配，未能同意。我不敢想象，偌大的一个南京市，从省重工业厅到省教育厅，连一个应届大学毕业生都无法安排？！我还是在期盼着、等待着、努力着，谁知道二个月后，盼来的确是一份"不服从分配"的通知。

"不服从分配"这在当时是个非常严重的处分，它意味着开除了公职，任何单位不得再录用，我的整个前途就这样被断送了。那时我的信念完全崩塌了，我呆呆地坐在那里，头脑一片空白，几乎不知道自己的存在，许久，我才清醒过来。我想，我必须向上级说明情况，于是我不断写信到省人事厅和省教育厅，说明这对我是错误的处分，不是我不服从，而是用人单位不接受，我继续要求人事厅、省教育厅、学校人事处撤销处分，缓期分配。

后来省教育厅一位慈祥的工作人员告诉我，国家遭遇了严重的经济困难，中央决定精简机构，压缩城市人口，精减职工人数，减少粮食供应。包括中央到地方各级机关都在精简人员，可能会持续几年，精减下来的人员很多，都难以安排，我的工作自然没有单位接受。在这个背景下，学校急于结束毕业分配工作，就这样简单地、轻率地将一个应届毕业生处理了。人事处对断送一个毕业生的前途根本不会去考虑。

现实既然这样残酷地赋予了我，我必须面对现实，无奈我还有受冤入狱的老父亲，我需要带着两个妹妹顽强地生活下去。我一面打零工、一面作了长期、艰苦的人生打算。在继续找代课的同时，我自习了高分子化学等课程，有时也会去南京大学或母校蹭课。老邻居胡宏纹和王德芬夫妇分别是南京大学有机化学和高分子化学的教授，我去求教却从来未遭到拒绝。我抓紧一切机会来充实自己，提高自己，父亲曾经告诫过我"天无绝人之路'只要功夫深，铁杵磨成成针'机会总是留给有准备的人。"

恰巧这一年初夏，父亲经中宣部、文化部的批示，从采石场保释回家，从事法国文学翻译工作。父亲知道我的遭遇后觉得在我关键时刻，受他的影响最大，他要为我的前途另辟蹊径，建议我踏踏实实在家跟他学习法文，同时自己进一步提高化工及其他专业知识。那时候与中国建交的国家还不是很多，父亲看到了中国的发展，深信中国在国际上地位会日益提高，与我们建交的国家也会越来越多。他预感到中国将会缺乏法语人才。作为一位长期从事中法文化交流的使者，他看到了中法建交的曙光。

为了适应国家的科技繁荣、促进中法科技交流，他开始系统教我学法文，希望我以后能够用自己的化学、化工专业知识，在沟通中法科技交流方面为国家多尽一份力量，这不是高调，而是父亲一贯爱国的朴素感情自然表露，人总是要为社会作出一点贡献。于是我决心走父亲安排的这条路，学习法文同时提高自己的专业知识水平。

两年多后的一天，居委会主任鲁大妈来找我去她家，一位文质彬彬的先生，很客气地与我交谈，问我学习法文的情况，今后打算干什么，我一一道来，但显得很拘谨、胆怯，我怕出什么事情。这人还向我提到章含之的幸运机遇……，我表示除了从事法文科技翻译外，其他我没有考虑。他勉励我努力学法文，二年后他再来找我。但他始终未暴露自己的身份、姓名，这对我始终是个谜，文化大革命开始后也就没有了声息。

2. 阴影下的恋情

　　正在我毕业后困惑时期，有时也会感受到温暖的春风吹拂。我虽离开了学校，我和学校个别老师都还保持着联系，他们都没有嫌弃我，他们看的是学生的学习成绩和品质，物化教研室王惠英老师和实验室的女实验员小徐，星期日常给我送学校的电影票，一送就三张，让我带着两个妹妹看电影，旁边坐着王老师和小徐外，还有一位教其他班物理化学的男老师林智追，毕竟是男老师嘛，我有些不自在，将妹妹安排坐在他的身旁。

　　他是福建人厦门大学毕业，与分析化学教研室高慧娟老师同乡，高老师四十多岁，丈夫在外地工作，为了让林老师和我多接触，她在家里安排包饺子聚餐，那时还是凭票证供应时期，组织一次聚餐是很不容易的事，他们请了我姐妹三人，我推托不掉还是被她们拖去了，除王老师、小徐外，还有林老师。高老师笑着说，"林老师是个忠厚老实人，个人事也走群众路线"。后来我才明白高老师这句话的含意。有一天，林老师托小徐给我送来一枝花，淡淡的紫色，花朵小巧秀丽，色彩搭配和谐醒目，尤其是伞状花序随着花朵的开放逐渐伸长，一簇簇形状酷似"我"字，半含半露，惹人喜爱。它有着一个令人难忘的名字——勿忘我。

　　小徐不知道花的名字，我当然不好意思说出来。林老师的这一举动，再明显不过了。对于当时二十二岁少女的心不会冷而漠之，我将它插在玻璃杯里，放在极不相称的饭桌兼书桌上。我撑着头，凝视着这紫色的勿忘我，我的心竟如此跳跃？我的心竟如此翻搅？为什么我如此惊慌？可不是有人敲开了我的心房？难道我进入了情感的海洋？我知道'勿忘我'有着顽强的生命力，即使离开了生命之水、离开了生命之光、离开了生命之本，它仍然美如初，花如故。在我当时的处境下，它给了我勇气、它的精神成了我学习的榜样。它用心灵在告诉我，无论在天涯海角请不要忘记我。

　　林老师这种浓情厚谊，我感觉到了，感觉到一丝神秘、一丝温馨、一丝忧郁。但我不愿意由于我成为对方负担，我也不愿意成为一个依附于他人的人。我不知道为什么林老师花那么多心思热衷于我，但是这枝'勿忘我'却给了我温馨与安慰。我告诉林老师'勿忘我'虽有强的生命力，但在花卉艺术中却是一种配花。

　　他信中写道，"明天我们一起去给'勿忘我'配支百合吧"。多少年停业的花店刚刚开张，竟被他发现了。他说他喜欢紫色的高贵与深沉、胆识与勇气。它不能容纳许多色彩，但它可以容纳许多淡化的层次，当光明与理解照亮了这虔诚之色时，优美可爱的紫色就会使人心醉！我隐约感到了彼此间有点共同爱好。自他表白之后，每当眼神相交的刹那间，我都会迅速移开我的眼光，羞涩地低下头来，只听到心臟怦怦跳动的声音，我忘不了那种的感觉，莫非是爱神降临？

　　但是，我不能，在我没有事业支持之前，我必须抵制爱神的诱惑。后来林老师给我写了无数的信我再也没有回复。有一天他来到我家想和我谈一谈，哪怕最后一次交谈，我不能不同意。他告诉我，他是林家单传男孩，他亲伯父在香港有一份不错的产业，年龄大了要他去继承家业，而他是不适合办企业的人，他准备到香港大学教书，让我来接替这份工作，我的妹妹以后也可申请去香港。在别人看来，这对我应该是不错的出路，然而香港当时还没有回归祖国，我的舅舅在香港已成了我们求学求职的障碍。我再去香港会给父亲、妹妹带来怎样的影响？我不能因我个人幸福而给家庭添加麻烦。尽管林老师说他继承的是香港民族工业，得到共产党的支持与批准，但我的理想不是经商办企业，我的根在大陆。

　　我和林老师关系没有发展下去。作为师生关系，后来我参加了他的婚礼，他也来看望了我的父亲。三年后他从香港还给我寄来了二加仑食油，没有留下一句话，我也没敢留下他的地址，但我看到了这份真实的情谊，恰似那枝紫色的小花，一直开在我的心底。

时间过去了四年，这四年里我埋着头跟从父亲攻读法文和一些专业书籍，没有一点非分的想法，一心只想通过自己的努力改变自己命运。自从1965年我进了大集体企业东方化工厂后，特别是接受了化工部军工二处项目之后，经常会去市化工局汇报工作、送报表等，接触人多了平静生活就被打破了。

化工局技术科主管新品开发的技术员章源是我打交道的主要对象。他那书生气十足的脸上，架着一副宽边玳瑁眼镜，见人总是笑眯眯地招呼着。我每次去办事，他总是热情地迎上来，客气地倒茶、让座，询问试验的进展、小生产的设计，似乎想帮助我什么，却又难以插手。我们厂靠近古楼，在我家和鸡鸣寺市府大院之间，他常在下班前到我们实验室来看看，我总以为他是检查工作，不以为然。也许是情商不足吧，周围同事们见他来了都偷偷地笑，彼此递眼色，而我却未敏感到什么？

同事们背后管他叫"张公子"，因为他很注意仪表，着装总是整齐、挺括而干净，又是局里的技术干部，厂长见他也自然很客气。后来才知道他等我下班，想约我一起出去吃饭，然后到北极阁上散散步，这是年轻人向往的一个多么美好的时光。我的情商再低，也能感受到他的一片情意，可是我不能接受，我不想我的家庭让他今后受牵连，也不愿花他的一分钱。我问他："你了解我的情况吗？"。他连忙点头说："知道，听你们书记说过，那有什么关系，你就是你"。

我想越是爱你的人，越不能让他将来痛苦，我就打开窗子说亮话，告诉他："我是受'不服从毕业分配'处分的人，永远得不到国家的公职，尽管有职称评定以来，我是第一批被评为工程师，但职称永远与我的工资挂不了勾，政策不变我永远享受低工资"。我叹了口气说："家庭生活是现实的，我不会给你带来幸福，你重新选择更理想的人吧！"。他紧紧搂住我的肩膀说："你这么努力，我相信会有改变的。"

彼此沉默了片刻，他转移了话题逗我开心，可是我怎么也开心不起来，这事又触动了我的心病，我自虐地将爱情紧紧锁在心底，不愿意展现开来。有一次我去常州出差,他托我带一包东西给他父亲,我也知道他的用意,却又感到义不容辞。他家在常州一条繁荣的街上开了一家西药店,他的父亲在店堂等我,我礼貌地交出了东西,寒暄了几句调头就走,怎么也不愿留下吃饭,我想这次他和他的父亲应该明白我的态度了。

可是他依然一如既往地到我的实验室来。有一次我去北京出差,需要到市化工局开介绍信,技术科王科长笑眯眯地对我说:"不用开了,小章已经为你开好了,这次小章陪你去部里办事"。他真是用心良苦,但也说明他的人缘关系。在北京我们住在化工部和平里招待所,他和我形影不离,我们漫步在和平里大道上,聊着天彼此都很高兴。他直率地对我说:"我想和你在一起,天天看到你!"。

这是他第一次向我明确表白,当时我有些不自在,不觉脸上发烫,心慌起来。爱是神圣的、崇高的、美好的,被爱总是幸福的,而他在我不利环境中付出了爱应该是诚恳的、伟大的。我躺在床上冷静思考着,我仍无法抗拒我的现实客观条件,我感到自己步入爱情宫殿为时尚早。我辜负了他的心意也是没办法的事,其实我也痛苦,只是用理智来克服自己的情感而已,我不能看到爱自己的人将来为自己吃苦,更不能看到因我的关系,影响他的前途而怨声载道,我希望他现在就让这朵爱情的火花熄灭。

回到南京后,我尽量躲着他,让他能冷静思考问题。过了好一段日子他寄给我一条洁白丝巾,上面红字写着:"血书!"画了一颗红心,下面是:"我爱你!"三个大字,他说他是刺破了手指用鲜血写成,表示他的决心。我想我绝不能为此动摇,让他有更多的感情付出,我只有狠心告诉他,我无法投入这份感情,无法接受他的好意,我的感情目前是倾注在两个妹妹身上和对事业的追求上。

3. 机缘巧合

前面我曾提到过南京大学数学系教授余光烺先生和他的在南京师范大学教国文的夫人李相珏教授,都是父母亲的同乡与挚友,著名爱国民主人士,为人正直。余伯母说话总是那样文绉绉的,又很健谈,那时她已经退休了。

在父亲保外翻译期间,他们常来家里看望父亲,为此,父亲也让我去回访他们。我跟余伯母说:"我会常来看你,你别去我家了,你不怕受牵连?"。她说:"国统时期,我保护了多少共产党员和党的文献、书籍,也没有怕"。她还说起陈独秀,就是20世纪初反对封建文化思想启蒙运动的倡导者陈独秀,他曾在《青年》创刊号上发表《敬告青年》一文,大声疾呼,提倡民主与科学。他指出:"国人而欲脱蒙昧时代,羞为浅化之民也,则急起直追,当以科学与人权(民主)并重。"陈独秀勇猛地向封建主义的政治和文化进行冲击,成为新文化运动的领袖。

余伯母接着说,1937年陈独秀关在南京老虎桥监狱初期,陈独秀的女友潘兰珍还未到南京时,他们夫妇常送点家常小菜到监狱给陈独秀调剂胃口,帮助他洗涤衣被,也没有感到怕。只是在陈独秀出狱后不久,突然收到陈果夫和陈立夫兄弟二人联名的请柬,邀请他俩去赴家宴时感到不解和为难,有些忐忑不安。我问:"为什么?"。余伯母说,"平时与陈家兄弟素无来往,怎么突然来邀赴家宴呢?思前量后,不知葫芦里卖的什么药?"余伯伯他们一向靠教书为生,岂能拒绝陈家弟兄的邀请?于是余伯伯偕同夫人如约前往。

余伯母回忆了往事,说起了一段鲜为人知的故事。那天晚上,当他们刚步入陈公馆富丽堂皇的厅堂,举目所见,正中朝南是孙中山遗像和遗嘱,旁边配着"革命尚未成功,同志仍须努力"的对联;墙壁上嵌着彩色图案的方块小瓷砖,镶着镀金的、华丽的框子,框角上刻着彤红的花朵;装在天花板上的灯球射出明亮柔和的光线,反射在天花板淡淡图案的花纹上;墙壁上还装饰有华丽的壁灯闪光耀目;打蜡地板,透出微红的光亮,十分典雅气派。再仔细瞧,厅堂中间几张红木四方桌,白桌布上金、银、玻璃器皿闪闪发光,桌上摆满各色菜肴,宾客围坐,谈笑风生。

他们夫妇俩迈步走近再一瞧,剃了新头,身着一身洁净衣服的陈独秀及他的夫人潘兰珍，竟赫然在座，令他们一惊。余伯母于是模仿着陈立夫的样子说："今天是家兄和鄙人给陈独秀先生洗尘，请余先生夫妇作陪。你们和陈独秀先生同是安徽人，又是世交，今天，请你陪陈独秀先生多喝几杯"。噢！是这么回事，余伯伯夫妇顿解心中疑惑，向陈立夫笑了笑，便入座。

陈独秀见好友余光烺夫妇入座，忙上前握手，并顺手举起酒杯，十分高兴地说道："谢谢你们夫妇对鄙人在狱中的热情关照。鄙人平生滴酒不进，请允许我敬你们一杯！"。余光烺边摆手，边说："且慢！独秀先生，鄙人应先敬你一杯才是，你从狱中出来既是新人，又是喜事，值得庆贺，岂能让你先敬我一杯呢！"。"好了。在座的诸位先生和各位女士，同独秀先生都是难得的好友，还是让我们共同敬独秀先生一杯，为他洗尘"。陈果夫举起杯，以东道主的口气说道。"好！"诸位宾客异口同声。顿时，宾客举起酒杯，一同与陈独秀碰杯。陈独秀其乐融融，一饮而尽。他放下酒杯，连忙双手抱拳，向诸位一拜，并说："谢谢果夫兄弟和诸位对鄙人的盛情款待！鄙人无罪坐牢五年，吃了五年的白饭，这就要多谢蒋先生了"。说得诸位笑了起来。

笑声中，陈果夫从座位上站起来，笑声朗朗地说："诸位，我要向大家报告一个好消息！"，"什么好消息！"在座的不约而同地问道。"鄙人受蒋先生委托，他十分赞赏独秀先生渊博的学识和爱国精神，想聘请独秀先生任劳动部长，为中华民国效劳。独秀先生，你意如何？"。"果夫先生，请你转告鄙人对蒋介石先生的谢意。不过，他要鄙人当劳动部长是假，为他装点门面，当他的走卒是真。这真是异想天开"。陈独秀说完，不禁幽默地笑了起来。

"独秀先生，鄙人也受蒋先生的委托，要请独秀先生组织一个新共产党，并供给十万元经费和国民参政会五个名额。独秀先生，你意如何？"。在座的循声一看，说话的正是国民党中央秘书长、教育部长朱家骅，他与陈独秀多年前曾同在北大任教，两人交往甚密。朱家骅本想为此给刚出狱的陈独秀找一条出路。然而，陈独秀不领他的情,他听了朱家骅的一番'好意',当即拒绝道:"蒋介石杀了我许多同志,还杀了我两个儿子,关了我五年牢,我和他不共戴天。现在要我组什么新共产党,则更是异想天开,我陈某决不干这种事"。

停了一下,陈独秀摸摸山羊胡须,换了换语气说:"请朱先生转告蒋先生,现在大敌当前,国共二次合作,既然国家需要我合作抗日,我不反对他就是了"。陈独秀一语道破了蒋介石的"天机",弄得陈果夫兄弟和朱家骅十分尴尬,家宴不欢而散。余光烺夫妇暗自称赞陈独秀的骨气,不奴颜婢膝,光明磊落,仍然是一条硬汉子,老蒋也奈何他不得。

余伯母经历很多,这类鲜为人知的故事在她头脑里也很多,有一次冰心的大女儿吴冰来看余伯母,吴冰比我大几岁,我们正好相遇,余伯母又谈起《金粉世家》《啼笑因缘》的作者、现代文学史上的"章回小说大家"张恨水对冰心的青睐与追求,可是冰心不喜欢张恨水的鸳鸯蝴蝶文学流派,张恨水只有无奈地说:"恨水不结冰",说得吴冰会意地笑起来。我说我很欣赏冰心这鲜明的个性及人生追求,她的作品都充满着爱,都有一颗挚诚的爱心,而不是'冰'心啊。

那天数学系有位张姓年轻教师正好从余伯伯家书房走出来,经过客厅礼节式打招呼,听余伯母在讲陈独秀的故事便坐了下来。我们正听得津津有味时,窗外淅淅沥沥下起雨来,我就干脆等雨停后再回家,也好听完余伯母的故事,故事讲完了又聊了一阵,雨不见停、天却暗了下来,我不得不起身告别。余伯母拿出一把伞让张老师送我回家。一路上我们保持了二十公分距离,他将伞偏到了我这边,自己大半个身体都被雨淋湿了,我很不好意思地谢了谢他,彼此都没有多说什么。

后来我再次去余伯母家时,正巧又碰到了他,真是无巧不成书。在交谈中我能感觉到他从余伯伯和余伯母那里,对我家庭情况和我个人的情况了解了不少。他叫张克民,他的父亲也是以庚子赔款奖学金赴美留学的,一位学文一位学理,一位在中央大学,一位在浙江大学,都在知名大学任教,父辈还有共同朋友如严济慈[43]、王淦昌、卢鹤绂等,因此交流的话题也就多了起来,这次他主动送我回家,还约我到中山陵走走,我们在一起谈小时候、谈小说、谈音乐、谈理想。

他比我大五岁,我总觉得他比我大很多,懂得很多。我把他当成哥哥,在他面前喜怒哀乐毫无顾忌,我常背诵古诗词及普希金、拜伦、裴多菲的诗给他听,他知道我喜欢诗歌,就将马克思送给燕妮的情诗抄录了一本送我,他是位很有思想、很有事业追求的人,也是很勤奋的人。他相信我通过努力,一定会改变现状,因为社会在进步、国家在发展,不时地给我鼓励和力量。

我们有时也会谈些人生问题,他对我说:"人生好比一本'书',它的封面是出生,无论是华丽,或是平淡,甚至于不尽人意,必定是父母给予的,不能自而为之。当这本书不论是被人细细品读还是草草翻完,所见封底就已经是归去,把书合上最后放到书架上则是后人做的事。书的篇章当然和自己在人生大舞台里的表演有关,是波澜壮阔、精彩纷呈还是碌碌无为、空洞无味就看时代赋予自己的舞台和自身的努力了。人生有四然:'来之偶然,去之必然,尽其当然,顺其自然',自己才会感到一生舒坦"。

他还说:"人生的立点与支点永远要放在改变自己上面,而只有改变了自己,才能获得改变处境乃至世界的能力"。当时处于困境的我,很佩服他对人生的态度,觉得他的生活目标自有它可羡之处,很愿意得到他的保护。爱情这东西很奇妙,你拼命追求不一定得到,只有在日常生活中,自然发展成两情相悦,从播种、浇灌、生长直到绽放出爱的火花,这种较长期融合后的感情,才是最真实牢固的爱情。爱情不全都是花前月下的甜蜜,爱情更多的是日复一日的,单调与平

---

[43] 严济慈:(1901.1.-1996.11.),又名寓慈。物理学家教育家。1931年后,在法国巴黎大学从事研究工作,回国后任北平研究院物理研究所所长技术科学部主任、中国科学院副院长、中国科学技术大学校长、全国人大常委会副委员长、中国科协副主席及名誉主席、九三学社中央副主席及名誉主席。也是一位诗人。

淡，甚至于辛酸与苦涩，像陈独秀与潘兰珍的爱情那样。

那时我对他的哲学思想很感兴趣，不知不觉我们进入了爱的殿堂。有时我们到校园僻静处，他弹着吉他，我和声低唱，皎洁的月光柔和地撒在地上，我们憧憬着那属于自己的时光。

在我们相爱不久，他就被派去南通如皋农村搞四清运动，开展一次农村社会主义性质的清政治、清经济、清思想、清组织的教育运动，"挖修正主义的根"。约半年之久，没有回来过一次。这期间他给我的信次数并不多，一旦收到他的信总是厚厚一叠，约四五张信纸，大多篇幅是介绍他在农村工作与生活的情况，也洋溢着热情与爱情的话语。他说他所在公社分成几个片，他被工作队领导任命为其中一片的片长，管几个生产队的四清运动。他们要经常开会接受上级领导的指示，不仅要为几个生产队清工分，清账目，清仓库和清财物，还要进行访贫问苦，扎根串联，对农村各家各户的阶级成分进行复议、审定和重新登记，这些都不能有一点差错，所以没有更多的时间来给我写信。

我当然很理解工作的重要性，为不干扰他的思想，我也只是来信回复而已，彼此的情感尽在不言中。那时工作队要求他们和贫下中农三同：同吃、同住、同劳动，生活极其艰苦，吃的是玉米糊，稀得在锅里像"洪湖水浪打浪"，大家都用大碗来喝，一会儿就饿了，还要坚持工作到深夜。为此，工作队的人常常以集中到镇上传达有关政策机会，改善一下生活，集中吃一顿。

他说同系的马老师以往在南京时猪肉是绝对不碰的，这是回族人的习俗，可是那时连肥肉也照吃不误，真是饥不择食。他住的那家女房东是位心肠非常好的人，每次开饭总把锅里最干的部分盛给他们吃，这是克民一直看在眼里，记在心里的事，使他感受到一些农民生活的艰苦与善良。当然农村涉及的问题很多，情况也很复杂，既有敌我性质的问题，也有大量人民内部性质的问题，基层干部贪污腐化、多吃多占，对社员打击报复的案件屡见不鲜；群众打骂、体罚犯错误干部的问题也比较严重。

文化大革命开始后，工宣队进入南京大学，"四清"工作队就提前返校了。那段时间我们虽然没有见面，从他的诉说中却有着心灵的感应，我能感受到他是能吃苦也懂得感恩的人。一个人的路走远了，便有了寂寥，就希望有一个生命的伴旅，有一个心灵的栖所，渐渐地体会到我们彼此间的一种'缘'分，它摸不着，看不见，猜不透。一切在不经意中，让我感觉到冥冥中确实有一股力量存在，我不信'缘'，身却深深陷落在情缘之中，这种缘是不可强求的爱恋，是机缘巧合的情义，是瓜熟蒂落的归宿。于是，我们有了爱，有了婚姻，有了家，有了重叠与共识的心与情。

4. 姻缘

1967年的暑假我们领了结婚证，他忙着向学校借房子和家具，我忙于购置、拼凑必要的生活用品，我们谁都没有购置新婚物品和衣装。在那种政治形势下根本不可能举行什么结婚仪式，也没有人敢如此做，仅仅发点糖告知一下而已，否则会被认为是资产阶级思想的表现，所以我们用旅行结婚代替这一切。从那时起我们俩在生活中成了一双筷子，你中有我、我中有你，谁也离不开谁，正如我们的电子邮件的网名：zkmfl、flzkm那样，更像唇齿相依般，平日里亲密无间，但有时也难免牙齿咬到嘴唇，磕磕碰碰在所难免。也许每对夫妇都会有此体验，常言道家庭是一个不讲理的地方，却又是一个身心放松最舒适的港湾，此后我们经历的所有甜酸苦辣、政治风暴都一起品尝。

当时武斗已经甚嚣尘上，公交汽车一律停开，我们好不容易找到一辆三轮车答应出挹江门去下关火车站。车过挹江门，明朝城墙城门头上和与之相联的八字山、狮子山上刀枪林立，一派"八.二七"红卫兵与另一派"红卫兵（红总）"对立相峙，随时都有开战的危险。那时已不是打群架、扔砖头，用木棍作武器了，而是自制步枪、轻重机枪、冲锋枪、迫击炮、手榴弹甚至土炮装甲车。百姓闻之不敢出门，马路上冷冷清清，一种莫名的恐惧紧锁着人们的心，车夫让我们拉起车棚和门帘，只见他低着头弯着腰，双脚拼命蹬着脚踏子。我胆战心惊、捏了把冷汗，三轮车夫说孩子有病，没办法，他是拼着老命在做生意，幸而平安地到了火车站。

火车站内外挤满着披戴红袖章的红卫兵，他们随地躺着、坐着、有的挤在上火车的队伍中，个个洋溢着青春的笑容。红卫兵串联是为了到外地造反；为了去各地煽风点火，帮助"破四旧"；为了揪斗"走资派"；为了冲击"资产阶级的反动路线"；为了无产阶级革命。他们享受着食宿免费的待遇，火车、轮船也不例外，给予了免费通行。为此，红卫兵们潮水般地涌向车站，奔向全国城镇的大街小巷，响应毛主席的号召，扫除一切"牛鬼蛇神"。

当进站的栅门一打开，这些红卫兵们蜂拥而上，奔跑着挤上火车抢座位，开车窗，让后来者翻窗而入。我们这些购票进站的人则从另一个入口上车，车上比肩迭踵、人满为患，怪不得那个年代，人们都尽可能避免出差旅行。火车以每小时三四十公里时速缓缓行驶着，每到一个车站，火车尚未进入站台就听到高音喇叭传出声嘶力竭的广播声；"造反有理"的歌曲声；人群的喧哗声；还有持着棍棒、戴着红袖章的造反派威风凛凛站在出站口，要求旅客出站都要背一句毛主席语录，从南京花了十个多小时才抵达上海站。

在火车进入花桥站前，就开始像蜗牛似的爬行，爬爬停停。铁路两边的灯光如昼掩盖了暮色的降临，坐在火车上的人可以清楚地看到建筑物上的大标语"造反有理""不破不立" 打倒刘少奇！打倒走资派！……上海造反的声势比南京更浩大，武斗的形势比南京更严峻。

克民的大姐家在肇嘉浜路417弄14号202室中国科学院宿舍里，那时婆婆住在大姐家，好像这次就是我们与大姐最后的诀别。大姐张克庞在中国科学院上海生命科学研究院工作，她是一位思想上很进步、在学术上很有前途的人。我国著名的生物科学家，中国生物物理学的奠基人贝时璋是他的导师，2003年国际永久编号36015的小行星就是用她的导师名字命名——贝时璋星。

姐夫翁尊尧在中国科学院上海药物研究所从事肿瘤药物研究的

研究员。文化大革命中翁尊尧被扣上莫须有的一个特务集团头目的罪名而被隔离审查，他们把解放前国民党中央研究院作为一条线，把日本占领时期的上海自然科学研究所作为另一条线，同国民党溃退前夕成立的伪中央研究院接应安全小组委员会联系在一起，称作"'两线一会'特务集团"。大姐作为他的妻子受到牵连，也被隔离审查要他交代丈夫的罪行。

造反派使用种种卑劣手段，将大姐关在实验室隔音房里用橡皮鞭子抽打，即使喊叫外面也听不到，还用录音剪接的方法，说她的上级已交代了她的问题等等，大姐一无所知，难以交代，在不堪忍受的折磨下，最后大姐于 1969 年 2 月 11 日在实验室死于非命。在上海数日后，我们去了杭州上城区大井巷中姐家，中姐与中姐夫都在设计院工作，当时没有设计任务，相对逍遥。

旅途中武斗的气氛没有驱散我们新婚的喜悦，在杭州稍待了几日后，改乘长途汽车经新安江水库、淳安、安徽歙县，几经辗转来到黄山。在这不老的黄山上进入了婚姻的殿堂，让大自然见证了我们的婚礼。我们从武斗烟雾笼罩的城市来到云雾袅绕的黄山，感到特别清新、安宁。那时上黄山的人很少，一路上很难遇到游客，一日三餐也就和黄山宾馆工作人员同桌吃饭。黄山宾馆前的那条小溪清澈见底，形态自然。

若干年后再去时已经面目全非了，小溪已经变成臭水沟，两岸都是小吃摊贩，上山也有了缆车，到处是私人旅馆和住宿简易房，就连洗脸漱口用水都成了问题。又隔几年后第三次去时虽经过整顿，臭水沟没有了，山间也干净了许多，但永远不可能再找回 1967 年那种天然、宁静的感觉和没有人为破坏的自然美景。

我们婚后有五六年时间可以说是分多合少，1968 年工宣队进入高校搞"清理阶级队伍"运动，这是文化大革命时期所进行的一个大型政治运动。据后来统计在全国共造成非正常死亡人数超过 50 万，全国被揪斗人数超过 3000 万。

由于克民喜爱游泳，1965 年他曾是南京大学横渡长江代表队擎旗手，也正因为有了横渡南京长江的这段经历，1966 年 7 月 16 日报纸登载 73 岁的毛主席在武汉一小时零五分钟畅游长江 30 华里的消息时，他在宿舍里聊天时说，这是受水流速度叠加的影响。两年后，1968 年竟然被同事揭发了这件事，并以此作为唯一的罪证，加之受我的家庭影响，扣上了"恶毒攻击毛主席的现行反革命"，打入'牛鬼蛇神'的劳改队。事实上当年世界泳联见了报道后，两次正式向中国发电报邀请毛泽东出席世界游泳锦标赛，中国方面不作任何回应。[44]

历史走到 2016 年里约奥运会，游泳运动员孙杨赢得了 1500 米的世界冠军，它的世界纪录为 14 分 31 秒 02。就以此速度来计算游 30 华里，需 2 小时 26 分之多才能够完成。如果不是水流的叠加，而且是前进速度的主要因素，毛主席的游泳速度竟然比世界游泳冠军快 1 倍以上，这已经不是破世界纪录了。

在他的那个劳改队里有叶南熏（系主任）、徐家福（中国软件先驱）、莫绍揆（中国数理逻辑奠基人之一）、曾远荣（数学系唯一一级教授）、何崇佑、王明淑等，还有 1957 年被打成右派分子的郑德传。那时学生中的造反派一群人闯到我的家里抄家，我的家实在简单，一张床、一张带三只抽屉的书桌、一个书架、两只箱子、一目了然，他们搜走了克民收藏的清末和民国时期的纸币及邮集，顺手牵羊拿走了我放在抽屉里的一块梅花牌手表。当时抄家是司空见惯的事，不需要有任何司法部门批准的证明，我的心也很平静，不以为然。

"牛鬼蛇神"们先后被关押在南京大学南园的 4 舍、8 舍里不能回家，除了打扫厕所、挖防空洞、养猪等苦活、脏活、累活外，他们还经常拖着板车到中华门外的工厂里捡煤渣，拉回来打成煤渣砖供应食堂作燃料用。就以拉板车的活来说，往返走三四个小时路程，对上了年龄的一介书生来说，实在是件不容易的事，幸而在没有人时，

---

[44] 见《剑桥中国史》第十五卷《中国革命内部的革命（1966-1982）》，作者：罗德里克.麦克法夸尔（马若德）/费正清，海南出版社，译者：李向前、旷昕、韩钢、张树军等，冀岱澧校。海南出版社，1992 年 7 月出版。

第八章 池鱼堂燕之殃

彼此还相互照应着。这期间他们还到建造南京长江大桥工地劳动。克民年轻，干点苦活算不了什么，只是荒废了年轻做学问的大好时光，可是对于那些老教师来说是力所难为了，他们是拼着身体干活的，挨打挨骂也是常有的事。

1969年10月18日，林彪的1号命令下达后，那天克民突然回到家里，拿了一些衣物就走了。所有教师也紧急集中，要求立即背起背包步行去溧阳南大农场，有些教师的小孩无法安排只有带着跟队走，一百多公里的路程走了好几天。克民和莫绍揆先生先住在宁杭公路，路标98公里处的一户农民家里，没有床铺用稻草打地铺，那家农民很是纯朴，对他们并没有另眼看待，在那种政治气氛下实属不易。

这些教师从南大溧阳农场三队最后到一队劳动，种田、养猪、平整丘陵的土地，将旱地改为水田、开山放炮取石都干过。打炮眼是个技术活，一个人拿住钢钎，另一个人抡起大榔头，老先生拿不动榔头，只有稳住钢钎。对于没有干过的人，钢钎放到山体上大锤一下去，不是打歪就是打在手上，青一块、紫一块、红红肿肿；即使打准了，拿钢钎人的双手也被震得全身发麻颤抖。克民说他真不忍心看老先生干这些活，但他没有权力让他们不干或少干，有监视啊。

大约先后有近2年时间，克民都没有回家，空余时间男教师们多数学会做煤油炉，克民还跟当地老药农一起上山挖药草，他心想这也是一技之长，说不定哪一天对它会有用。一直到深挖五一六运动时，一方面因为运动的打击对象没有涉及到他，另一方面当时前前后后的运动涉及到'敌人'的面已经很宽，以前对'牛鬼蛇神'的打手，许多都成了'五一六'份子，南京大学被视为是'五一六'敌情最严重的单位，挂上'五一六'名单的教职员工多达一千余人，有21人自杀身亡。随着工宣队撤出学校，他们这些'牛鬼蛇神'自然也就'解放'出来了。克民喜欢读书，文革中没有条件去读专业书，他就去南京图书馆借政治哲学书来看，他认真读完了毛泽东选集五卷和马克思恩格斯全集二十余卷。

在他被打成'牛鬼蛇神'那两年，我的精神负担特别重，南大造反派两次到我厂里，说我是双料反革命家属，要厂里对我严加看管；要我揭发自己丈夫，争取立功。当时一夜变成"反革命"的人太多，大家已经司空见惯了，况且我在厂里表现很好，人缘关系也不错，我正主持着两项军工项目，为国家做出了贡献、为厂里获得了荣誉与经济效益，厂领导无论是党支部、造反派还是革委会都没有因此改变对我的看法，仍一如既往地对待我。

　　至于揭发自己的丈夫的材料，我一个字也没写，我认为只要自己亲人做了有损于国家和人民的事是坚决不允许的，我一定会帮助他，我很清楚人生有涯情无价，有国才有家。但是我没有发现克民有这些思想问题，我能揭发他什么呢？不能无中生有吧！这是做人的基本道德，何况姻缘是两个人的生命之约，是理性中的一块宝石需要珍惜；善待姻缘，就是善待自己，就是善待自己的生命，也是善待自己的精神与人格。

　　那时我家对面住着一对无儿无女的老年夫妇，老先生是体育系看管器材和操场划线员，民国时期是三青团某级干事，文革中被隔离审查。为此，老奶奶将报纸上的字剪贴成一封信，投给了校工宣队为丈夫鸣不平，被查出后工宣队在大操场开批斗会，当场宣布判决死刑，立即执行。这位老奶奶没有工作过，仅仅是个家属，当时工宣队竟有这么大的权利，令人触目惊心。

　　那时我真想见见克民，哪怕是一眼，然而，此心直似水中月，欲觅所处无所处。于是，我到他的系主任郑维德家了解克民在校的情况，郑老师让我放心，说他没有什么问题，吃些苦而已。可是我的心依然悬念着，白天忙于工作倒也平静，回到家中不免有一份思念，一份担忧，尽管以书为伴，到了夜晚却是愁肠百结，恰如李清照的《声声慢》描写的那种"寻寻觅觅，冷冷清清，凄凄惨惨戚戚"的感觉，"沈思前事，似梦里，泪暗滴"。

　　文化大革命以后，克民被大家选为学校教代会常委、系工会主席。干了几年，他觉得适合做研究的最佳年龄已经丧失大半，必须抓紧所有时间读书、开拓新的研究方向,他辞去了所有社会工作。他从复变函数、泛函分析、分析拓扑转向为组合数学、图论的研究。他是将组合、图论引入中国的第一代学人。他在学术杂志上已发表了论文120多篇,在美国哥伦比亚大学[45]官方网站公布的被美国《数学评论》评论国际同行 05/05C 分类的 27872 篇论文排行榜中排名第 25 位。一些成果被专著、教科书、工具书所引用,获得国家多次奖项。1989年他与澳大利亚国立大学麦凯(B. D. McKay)合作,以计算机作为辅助计算工具得出 R(3,8)=28,这在古典拉姆塞数历史上是一个重要的成果,在1982年之后的国内外图论书上都会引用这一结果。我们同甘共苦五十余年,至今牵手到人生的边缘,回忆过去我们尽力了,没有辜负国家的培养,人民的期望。

5. 甘于寂寞,十余年磨一杵

1965年夏,父亲说我的法语程度已达到甚至超过大学法文专业的水平,建议我多实践,多与社会接触。于是我到街道办事处找了一份大集体化工厂南京东方化工厂工作,厂里没有大、中专学生,为此,很乐意接受我。该厂主要生产双氧水和硬脂酸盐类产品。我被分配到技术科,没有具体任务,让我负责新产品开发,享受的是二级工待遇,每月33元工资,集体企业的工资都很低,而且工资很难上调。我并没有感到不满,自知我毕竟是被国家弃

图 8-1 作者(75岁)与丈夫(80岁)合影

---

45 Columbia University.

之于公职之外的人，能有这份工作已经很不容易了，而且我真正的理想不是在这里。于是我主动到每个车间劳动，直到熟悉生产操作为止。

同时我到南京大学化学系老师那里寻找课题，那时正值南京各高校师生分期分批到农村参加四清运动之际，这是介于大跃进与文化大革命之间的一场政治运动，后来发展为"清思想，清政治，清组织和清经济"。五十至七十年代各项运动都纷至沓来，知识分子总是被推在风口浪尖上，很少能集中精力搞科研。一般的高校与科研单位都没有什么重大成果，知识分子也没有知识产权的概念，不像现在厂校挂钩搞孵化器，技术转让等机制相对完备，有权利、义务和经费等等约束。那时科研人员科研经费很少，甚至没有经费。

正如南大高分子教研室开发有机硅新产品，实验人手不够，我就参加了他们的小实验，对课题教师来说有个帮手很高兴，教师能到工厂指导实验也算完成了"教育与生产劳动相结合"的任务，皆大欢喜。就这样为时也不长，我在南大做了约半年小实验，回到厂里开始自己筹建实验室，购买实验仪器与玻璃器皿，在厂里挑选认真好学的高、初中水平的工人参加试验。我首先给他们上课、讲解基本化学实验常识，包括洗瓶子。我告诉他们，我以前就读的南京化工学院学部委员时钧教授，反右后洗了十多年瓶子，他洗的瓶子滴水不挂，可见真功夫。不过我们需要洗的是装有有机高分子化合物的瓶子，非常难洗，需要配制硫酸、酒精等特殊洗涤剂浸泡，我的手指就是受这种洗涤剂侵蚀，直至现在指纹不清晰。

在 1966 年 5-6 月间，正当我们的实验工作慢慢走向正规的时候，适逢"山雨欲来风满楼"之际，全国掀起了一场声势浩大的声讨"三家村"的浪潮，给"文革"拉开了序幕，要摧毁所谓"资产阶级司令部"，在这个'怀疑一切''打倒一切''全面内战'的文化大革命十年中，在这个群体癫狂的年代，学校不上课，工厂不做工，成天不是斗走资派，就是这个派批斗那个派，打、砸、抢风盛行。大字报贴得满街都是，每天早请示读毛主席语录后，唱革命歌曲、跳忠字舞；晚汇报后也是如此，其他时间就是写大字报，打倒叛徒、内奸、特务、走资派、地、富、反、坏、右，什么反动学术权威、臭老九（特指知识分子）。

我们技术科有位老师傅匡正，据说在国统时期，他在铁路上学了点日文、又在南京励志社参加了集体结婚，于是作为叛徒、内奸、特务进行批斗，要他交代罪恶，不交代将他手绑起来，拿双氧水泼到他的脸上，让他洗面革新，他痛得直叫顿时脸上皮肤被漂白成一块块白色，衣服也顿时漂白腐烂了，在场的群众特别是小年青哈哈大笑。这种人与人之间的斗争，已经疯狂到品行低下、绝灭人性的地步，这并非个例，在中学被打死校长和教师的情况也时有所闻，草菅人命无人负责，犹如潘多拉打开了魔盒一般，释放出人世间的所有邪恶与灾难。

我对这种无益于社会的斗来斗去不感兴趣。而实验室的老工人对于能参加新产品实验都很高兴，也珍惜这份工作，大家都没有参加任何造反派，我们依然天天上班，做新产品实验。这些老工人特别认真，动手能力也强，肯吃苦，但缺乏发现问题和解决问题能力。面对这个产品反应周期长、工艺复杂且条件要求苛刻的情况，想改进它必须掌握第一手资料，我曾经三天三夜不合眼守候在实验装置前，这样反复进行全过程的操作，不断失败不断改进，终于提高了得率，也拿出了合格产品。

由于该产品耐高低温，具有上天、下海的特殊性能，并经过一些保密研究单位和军工厂的应用试验成功。但是我们厂是街道办的小化工企业，不属于市局管辖，我只有拿出多家军工单位的应用报告，去说服南京市化工局。终于老天不负有心人，市化工局同意将此科研项目上报给化工部科技局，由化工部二处（军工处）批准列项，争取了5万元的科研经费。这在当时是一笔不少的经费支持，这对于一个大集体的小厂是一件非常荣耀的事，不仅提高声誉也获得了国家经费的支持。

有了专款专用的经费，我从北京科技情报研究所索取英、法文专利影印资料，编辑自己的文献卡片，从而又进行了有机硅化合物其他产品的研究开发。提出了二种有机硅油与纺织工业部纺织科学研究院联合在青岛印染厂和常州东方红印染厂进行生产性大样实验获取成功。由于用于军用篷盖布和军用布上，可以防水透气，正符合当时备战要求，又被化工部二局列为军工项目，再次获得 5 万元科研经费。当时有很多军工单位和工厂来参观学习、订货，保证了我能在狭缝中从事科研与小生产的工作。文革十年来，我一手主持了新产品从小试、中试到小生产车间的设计、安装、生产，我赢得了这十年时间，在这十年中我的知识面增长，工作能力也有了较全面的锻炼。

由于军工项目归口到市化工局、省化工厅、省科委和化工部，我出差较频繁、人脉关系也增多了。即使我这样地工作，给这个厂赢得了荣誉与经济效益，厂长、书记对我也很器重，可是每年评先进工作者和一等奖金的时候，我们排（当时用部队编制）工人们推荐了我，但到了厂党支部一级，就被刷下来了，几次被选几次刷下，同事们心中有数，再也不选我了。我对这些荣誉真不在乎，我看得很透。在当时的政治环境中，无论走到哪里，五类分子后来扩大到九类份子的子女再努力，也被烙下那个年代'另类'的印记，在某些人眼中仍然是低人一等，特别在福利待遇上更是低人一等。

1975 年 6 月南京市政府下文成立南京农药厂筹建处，我被市化工局借调到筹建处设计室搞了三年产品工艺设计。七十年代末叶，我国第二次大规模引进成套设备，其中有几套装置是从法国引进的，引进设备同时引进了节能、节水和水重复再利用技术。当时水处理的药剂全部进口，南京化工学院杨璋教授推荐我翻译了一批这方面法文资料，给我很大启发。为了使水处理的药剂国产化，我又在南京图书馆和南京大学查阅有关法文文献资料后，给市化工局局长写了一份报告，关于学习国外模式建立水处理药剂开发、生产与技术服务一条龙的水处理公司。

南京市化工局经过可行性研究认为此举有率先开拓作用，在局领导组织下很快建立了南京市水处理公司，以南京化工设计研究院为基础,建立一套班子两块牌子的国内最早的水处理公司,这公司算是国内水处理公司元老吧。我被任命为研究室主任,先后获取南京市优秀科技论文一等奖、江苏省科技进步二等奖及化工部、核工业科技进步三等奖。有趣的是我承担的工作与享受的工资待遇极不对称,我可以在国家事业单位工作而没有享受国家待遇的权利,进不了国家编制。

十多年来我一直是享受每月 33 元的大集体二级工待遇。借调单位只管用人,却无法支付我的工资,可见当时大学生的"不服从毕业分配"是多么严重的惩罚。这点工资我不仅要养活自己,还要贴补两个妹妹和父亲的生活费。可想而知,一家人生活窘迫的程度。

现在大学毕业生自谋职业比起我们那个年代统一分配要自由多了。

6. 惊心动魄的一九七六年

1976 年在我们身边发生了很多大事,可谓是"天崩地裂,惊心动魄"。1 月 8 日上午哀乐突然在空中沉沉的回荡着,整个气氛非常的庄严、肃穆、悲伤,中央广播电视台播音员赵忠祥用低沉、缓慢而又悲哀的声音播出了周恩来总理逝世的消息,此时我正走在路上,我不敢相信自己的耳朵,似乎被冻僵般地定格在那里,静听着广播声音,情不自禁地流泪,不敢相信我敬爱的周总理就这样快的离我们而去。到了工作单位,每人臂上缠着黑纱,胸前都佩戴着白花,大家集中在礼堂开追悼会,观看着北京追悼会和十里长街送总理的悲壮场面,直至灵车缓缓离去,最后消失在茫茫的远方,在场的人都不自觉地流下了眼泪,哭声一片。在总理的追悼会上没有看到毛主席出场,人们都感到稍许不安,我不敢多想,心中在默默祝福着他老人家身体健康。

半年后 7 月 6 日哀乐的声音又一次在空中回荡着,广播中传来了 90 岁高龄的朱委员长与世长辞的消息。我顿时为中国失去这样一位伟大的革命家、政治家和功勋卓著军事家而感到悲痛、惋惜,虽然当时没有组织群众性的追悼会，但朱老总那忠厚仁慈的面貌、朴实无华的作风、无私奉献的精神却留在我的心中。

灾难接踵而来，7月28日凌晨唐山地区发生了强烈地震，几十万同胞罹难，无情的自然界让悲情的1967年，又奏上了一支最凄婉的悼歌。我们邻居亲戚的十一二岁男孩父母双亡，一个人爬上火车逃到南京，听他的诉说惨不忍闻，凄然泪下。当时一群逃难的灾民拥上火车，火车上非常拥挤，脸贴着脸、背靠着背，连厕所都站满了人，上厕所能爬窗的爬窗，不能爬窗的尿裤子，所以，可怜的孩子裤子都尿湿了，空气中弥漫着汗酸气、尿臭气。人民日报7月29日第一时间发布了唐山大地震的消息，报道了党中央毛主席关心震区人民，号召人民要以阶级斗争为纲深入批邓（邓小平）。

当时四人帮讲："东震西震，不能干扰批邓"、《人民日报》刊登文章：抗震现场就是批邓最好的地方。姚文元在接见外宾时还说："我们的成功经验在于，唐山大地震期间，始终没有忘记批邓反击右倾翻案风，没有忘记阶级斗争"。所以当时唐山大地震的报道量很少，而且严格规定不报道死亡人数，不报道灾情的严重性、残酷性，报道什么呢，社会主义制度的优越性，全国四面八方支援抗震，一方有难八方支援，泰山压顶不弯腰，人定胜天。四人帮如此草菅人命，老百姓恨之入骨又可奈何？

直到1979年四人帮打倒后的一次全国地震工作会议上，来自新华社的记者徐学江，才力排众议报道出了唐山大地震的真实死亡人数 242,769 人，三年之后全国人民才知道唐山大地震究竟造成了多大的伤害，为什么这样一个触目惊心的数字，却要在几年之后才能被人们知晓呢，这不得不归咎于那个特殊的年代，无论是普通的民众，还是从事新闻报道的工作者，他们都处于时代的洪流当中，身不由己。那时批邓的游行队伍此起彼伏还带上道具，邓小平右倾翻案的大字报满街可见。

此时全国刮起了地震风，南京报纸、广播、都在报道着南京地震信息，要求市民加强防范。在生死攸关的时刻，老百姓惊慌起来，忙着采购塑料布、绳子、竹竿、避蚊用品、干粮与饮水。一时间南京城的空地搭起了无数的帐篷。老百姓每天关心的是地震信息、气候、天象、小动物如蟑螂、老鼠的动向，每当听到空中刺耳的警报声，不管是对是错，全家老小都惊慌失措地朝着自己的帐篷奔跑，搞得人们筋疲力尽甚至是人心惶惶。但是人们都毫无怨言，谁知道警报哪一次是不准哪一次又是准确的呢？尽管很多人知道南京不在地震带上，在当时的环境中也不敢冒险，总之提防要比不提防的好。唯独住在我们宿舍的中国科学院院士、地质学家、地质系徐克勤教授没有出来，他从地质上分析南京不可能发生地震。

9月9日83岁的毛泽东主席久病不治，离开了我们。9月18日，北京天安门广场举行毛主席追悼大会。老百姓接二连三地听着哀乐，扎着白花，心情沉重，心怀恐惧，很多人都有"天塌下来"的感觉。

我们筹建处提前半小时在礼堂开追悼会，整个礼堂鸦雀无声，一个个低着头静默着，等待着北京的声音，下午三点整全国追悼会开始了，当第三遍播出《告各族人民书》后，紧接哀乐播出了"现在广播周恩来同志治丧委员会"我们吃惊地看着主播，主播的心乱了方寸，他的手瑟瑟发抖。这一严重播出差错，如雷轰顶，这一罕见的事故，发生在极为悲痛的时刻，发生在这一重大报道上，真让人心惊肉跳，可以想象在四人帮的干扰下主播承担着多么大的压力啊。

1976年是极不平凡的一年。对于中国来说可谓灾难深重的一年，也是改变中国命运的一年，在这一年里粉碎了江青反革命集团，结束了长达十年的浩劫。1977年8月，"文化大革命"这场为期十年，给国家和人民造成严重灾难的一场内乱终于结束了。

第九章　曙光初现

山重水复疑无路，柳暗花明又一村。

——陆游

一、人生的拐点

文革结束后，父亲的冤案被平反昭雪，我写了一份材料通过中国科学院系统登载在新华社编发的一本《参考资料》（大参考）上。国家科委主任、国务院副总理、国务委员方毅看了我的材料，批示下达到南京市，经南京市的市长王昭铨签字后，我才被列入了国家编制。16个春秋，一条多么艰辛的路啊，我总算得到了正果，享受了每月62元的国家技术干部的工资待遇。

也就在这一年，我承担了核工业部101核反应堆运行中的一项科研任务。母校杨璋教授给我带入了这一领域，可是他却让我慎重考虑，怕万一材料腐蚀，核泄漏责任重大，我知道这是杨老师对我的关爱，我也很谨慎。古人说"不入虎穴焉得虎子"，我决定去北京蹲点调研。

那时核工部101所地处荒凉，除了生活区有个小卖店外，没有任何商店；交通极为不便，只有依赖于单位班车。南方人初去那里，会用"鬼不生蛋的地方"形容其荒凉。101所的保卫很严格，除了进大门需要通行证外，到工作区需要每天更换特殊通行证，下堆房必需经过批准，换上防护衣裤，戴上帽子口罩还佩戴一支测放射性剂量的笔，凭所受的剂量领取营养补贴。

我在这样环境中进行了一个多月的调研,总结了该堆自建堆来的生产运行日志、堆功率及维修概况,并进行了有关的动态模拟实验和机理的研究。通过五年的应用考验,才由化工部和核工部联合召开了技术鉴定,那年 4 月 26 日正是惊动世界的前苏联切尔诺贝利核电站核泄漏爆炸。鉴定委员会对我的这项成果的鉴定特别重视,学部委员汪德熙[46]和吴征铠[47]都参加了鉴定会。其中两项创新点分别获得了 1986 年化工部和核工业部科技进步三等奖。1986 这一年国家终于解冻了几十年才进行的技术职称的评定,我是第一批获得了高级工程师的职称,当时高级工程师职称评定较之今天要严格得多,我们院才有二人获取高级职称,想想现在人真是幸福。

　　在核工系统顺利的工作,我还要感谢王淦昌的支持与鼓励,王伯伯比我父亲小一岁,我们习惯称伯伯,是父亲在留欧时认识的朋友,也是我的公公在浙江大学聘用的教授。公公比王伯伯长一属,他视公公为学长与公公无话不谈,特别是王淦昌夫人常与婆婆话家常。八十年代他的女儿和蔡邦华的女儿还一起到我家来看望婆婆。婆婆也是个很重感情的人,当我第一次去 101 所时,婆婆写了一封问候信给王伯伯,那时他住在北京木樨地 22 号部长楼,王伯伯听我说要去 101 所(原子能研究所),他知道那里很偏僻,没有车,第二天派他的秘书陪我去了那里。在和王伯伯交谈中,他递给我一张他的名片,名片的头衔只写了"教授",而当时他有很多头衔,我好奇地问,"王伯伯,你的头衔很多,还有更高的头衔,怎么只写个'教授'"这位被誉为"中国两弹一星之父""两弹一星功勋奖章"获得者的王淦昌先生说,"我只想做科学家不想当科学官,官衔越大越不喜欢"可见他多么热衷于核科学事业。

　　王伯母是位不识字的旧时小脚妇女,比王伯伯大三岁,听婆婆说

---

46 汪德熙:中国著名的高分子化学家、核化学化工事业主要奠基人之一、中国科学院资深院士,中国核工业集团公司科技委高级顾问。
47 吴征铠:著名物理化学家、放射化学家和化学教育家、我国铀扩散浓缩事业、放射化学、分子光谱学的奠基者之一、中国科学院资深院士,中国核工业集团公司科技委高级顾问。

王淦昌自幼丧父母，全靠外公外婆抚养，幼小就与夫人王月娥订下了娃娃亲，外婆一手为他操办了终身大事，那时他还在上海读中学，受新文化运动影响，看到那群留洋归来的新运动人士的人格、学识、理念以及反叛精神，他开始思考自己的前途与生活。每每想到自己乡下的老屋里还有个小脚妻子时，他心里就有一种说不出的后悔和痛心。有几次，他鼓足勇气赶回老家要让外婆帮自己"退婚"，但一踏进家门，一看到善良贤惠的妻子笑容可掬地嘘寒问暖以及外婆对他的关爱，到了嘴边的话硬是憋了回去。

　　当然每个人都有自己的感情世界，去爱自己所爱的人，但往往受道德与社会影响，却不能如愿。在浙大的时候他才25岁，春情萌动的心还没有丢失，他与他的一个女学生后来的助教，来往密切，关系进入到无话不说的地步，这女弟子公开说，"一个大科学家娶了大字不识的小脚大媳妇，这本身就是一桩畸形的婚配。现在我郑重地说，我要与她竞争！"王月娥痛苦地来找婆婆商量。王伯伯是位真实、善良而有品质的人，也是对家庭有责任感的人，他听了公公与婆婆一翻分析与劝说，决定与原配王月娥白头到老，那位女弟子也被调离了他的身边。

　　自此以后，王淦昌与王月娥相伴走过了77年风雨岁月，王伯伯走向哪里就将王伯母带向那里。我几次去王伯伯家，看到王伯母不是在厨房就是在客厅看报，从不插话。王伯伯带点兴奋地说，"我有空教他几个字，现在你伯母也能看点小报了。"吃饭的时候，王伯伯还说，"以前我们还能吃上鸡，现在鸡一上桌，都给孙子们吃光了，我们俩都不敢伸筷子"多么实在的聊天话！可见大科学家的投入与收入与影星、歌星们相比是多么不公平。王伯伯和王伯母之间看似只有婚姻没有爱情，但他俩握住了幸福之手好似一部绝版童话，令人欣羡。周围的人无不赞赏王淦昌先生品质的高尚。

　　1992年适逢我们学校八十周年校庆，我和克民有机会见到了双方父亲的老朋友严济慈先生和他的长子严又光，老一辈人总是那样平易近人、和蔼可亲。严又光和克民都是搞数学的，也是研究同一方向，显得格外亲切。在开幕典礼之后，严老坐到我们的座位旁边，与我们亲切交谈着，老一辈人都很重友情，严老和我们谈起老一辈的事，津津乐道。他谈到三十年代初，和父亲一起在巴黎时的故事，也谈到他和克民的父亲一起创办中国物理学会的事，我知道严老喜爱文学，酷爱写诗，他写的诗很多，于是我将父亲翻译的《法国近代名家诗选》送了他一本，他翻了翻，连着说："慢慢读，慢慢读"显得很高兴。近年，他的孙女严慧英给我寄来一本严济慈著《法兰西的恋情》非常动人，原来他还是这样富有文学才华的物理学家。

图 9-1 1992 年东南大学 80 周年校庆
（自左起严又光、张克民、范瑯、严济慈）

二、走上国际专业会议的讲坛

十年文化大革命学校没有正规招生，造成人才的断层，1980 年我经江苏省科委主任周士锷的推荐终于到了高教系统，先后在南京能源工程学院和南京工学院（后改为东南大学）以科研为主兼任教学的任务。我终于走上了教学与科研相结合的舞台，实现了自己的理想和母亲的遗愿。

1987 年，我去澳大利亚墨尔本参加第五届亚太地区材料腐蚀与防护国际会议。当时我国参加国际学术交流的人并不多，公费出国时政府还发给置装费，以显示中国学者的精神面貌。在墨尔本和悉尼都很少能见到华人，我的论文被安排在大会上宣读，也许因为"女士"的关系，我被记者采访，记者对一位女士能在科研上做出这么多细致工作感到惊讶与敬佩，他问我："你的父母和丈夫支持你的工作吗？""那么谁做家务？"等等。看来，他对中国男女平等，妇女早已独立的社会现状并不了解。记者将他的采访、我的科研成果与照片刊登在《大洋洲腐蚀杂志》[48]上，题为：《亚太腐蚀界妇女》[49]。墨尔本和悉尼都是宁静而漂亮的城市，对外国人都非常友好，有一次我从住地到会议场所迷路了，当我去问过路的人，他回过头来一直带我到达目的地才离开。在会议期间，也会有人主动提出愿意开车带我去旅游，澳大利亚是个移民的国家，也是个好客的国家。

图 9-2 1987年在第九届亚太地区材料腐蚀与防护会议上

1990年和1993年间，我又先后参加在意大利佛罗伦萨和法国巴黎召开的第十一、十三届国际腐蚀会议。在罗马转机时不料刚下飞机走到出口大厅，光顾我们的首先是小偷与警察。那时我去换意大利货币，将背包放在手推车上，由我们腐蚀协会秘书长朱先生看管，一个吉卜赛孩子从后面将冰激凌靠到朱先生裤子上，朱先生一回头我的背包就不翼而飞了。会议邀请信、报告材料、幻灯片、钱、相机等都到了别人的手中，我们急着喊："抓小偷！"[50]，无人相助。我们找到警察局，警察向我们撇了一下嘴，

---

48 Corrosion Australasia.
49 Asian Pacific Corrosion Women in Corrosion.
50 Help! Catch the thief.

耸耸肩，给我一张表格，让我填写，就算结束了。

后来才知道小偷在意大利是司空见惯的，在意大利街头处处可见雨果笔下的吉卜赛人，他们喜爱在大篷车上载歌载舞，以卖艺为生，孩子们放养在街上养成懒与偷的习气，也有一些黑人骑着摩托飞驶而过，将你肩上的挎包掳走。无独有偶，我在使馆碰到了中国计算机软件学先驱，我的邻居徐家福先生，他的背包也是被摩托飞人掠走了，这在我们国家是很少发生的事，到了意大利我们都失去了警惕，我第一次体会到意大利的小偷比警察更厉害。

我和朱先生出了机场，一场折腾之后天色已晚，华灯初放，本来就陌生的地方，照得我们晕头转向，我们叫了一部出租车，请他送到机场附近的宾馆，以便第二天搭机去佛罗伦萨，司机开了约一刻多钟时间，我们付了不少的车费，第二天早上我们才发现宾馆就在机场对面，根本不需要搭车，我们笑话自己缺乏调查、缺乏经验又不懂意大利语，吃了亏。

一个国家什么样人都有，罗马的出租车宰客，并不能归结为它的国民性。现在网络信息那么丰富，像这样的事就会很少发生。后来我到会议上注册时，由于参加会议邀请信等丢失了，我只有拿出在警察部门登记的失窃记录，我说："非常遗憾，我一进入你们的国家，迎接我的是小偷与警察，而不是你们"。会务组接待人员查了一下存档，连说："抱歉！"，迅速办理了登记手续，并免除了我的会务费，办事如此果断麻利，我丢失物品的懊恼也就排解了不少。

在会上闲聊中意大利代表说，他们不是大国沙文主义，他们不会想当然地认为意大利人是最好的，除了芬兰和意大利，这种国民谦虚精神，在其他欧洲国家很少能看到的。意大利人性格一般比较开朗、健谈、热情奔放、直爽、不拐弯抹角。他们比德国人少一份刻板，比英国人多一份热情，典型的南欧人性格。

这次国际会议的会场也安排得标新立异，每天上午开会，在二楼会议大厅外的花岗石平台及阶梯两侧，站着管弦乐手演奏着意大利歌剧序曲，他们穿着艳丽的意大利传统节日服装，戴着船形帽子，还有羽毛的妆饰。代表们都跟随乐曲喜气洋洋走进会议大厅。出席会议的人都非常注意衣着整齐得体。意大利的歌剧文明世界,意大利人喜爱听音乐和看歌剧,他们的音乐天赋和欣赏能力大都比较高,会议上还安排了去大剧院看一场歌剧,那天上演的是四幕喜剧莫扎特作曲的《费加罗的婚礼》。我虽在唱片中听过这首曲子,对其内容有些了解,但亲临意大利歌剧院欣赏原汁原味的歌剧,还只有这一次。

意大利美食跟法国大餐一样著名,会议上开幕与闭幕两天的宴会也别具一格,它不仅是舌尖上的感受,也是一种艺术上的欣赏。当上羊肉这道菜时,会有四位全白着装的英俊的大厨抬着一只羊,在音乐伴奏下小踏步绕着每个餐桌走一周,那轻松的舞步和诙谐的表情使人忍俊不禁,食欲大增。当四小天鹅湖的舞曲响起,四位大厨抬着漂亮的火鸡出场了,每到一桌做个芭蕾动作,中国人忙着照相;西方人不少离开餐桌舞动起来,笑声掌声一片。在宴会上你会感觉到中国人与西方人的明显差异,中国人较收敛总喜欢和本国人或东方人在一起,坐在靠门口或靠边的位置,很少能融合到西方人中,这是文化背景与性格的差异,也是我们这辈人受到语言的障碍的缘故。

三、赴台湾参加学术会议有感

1995 年,"第九届亚太地区腐蚀与防护会议"在台湾高雄圆山大饭店举行。众所周知大陆不允许在台湾举办国际会议,举办方为了加强与大陆学者的学术交流,特别增加了一场"海峡两岸腐蚀防护研讨会"。大陆学者收到的都是"海峡两岸腐蚀防护研讨会"的通知。那时从严格意义上讲,双方还处在敌对战争状态,去台湾比去国外难度大得多,需要办理各种手续,比出国手续多很多,需要审批的部门也多很多,省台办、国台办,……,政审材料需要校党委第一书记亲笔签字,学校外事办公室还要送往江苏省公安厅审批,故那时去台湾的人很少。

在台湾方面就像我们这种搞学术的人去,也要会议组织方担保,

第九章 曙光初现

然后拿大陆签发的港澳台通行证和台湾方面核准的入台证副本，再到香港中国旅行社去换取入台证正本，这样才能从香港乘机抵达台湾。临去前校台办还告知什么地方不能去，什么人不能见等等，特别交代一个中国的宗旨。我拿到江苏省公安厅审批表后，校台办的人笑曰："有这张审查表你以后出国就不要审查了"。

令我惊讶的是从大陆去台湾参加会议的仅我一人，很多单位不敢审批，与会的其他的大陆人士都是在国外工作或留学，从其他国家转赴台湾的。也许因为我们学校前身是中央大学，我们的党委书记和校长一行人，代表教育界率先赴台与台湾中央大学交流过，已经打了头阵，接着我申请赴台在学校及江苏方面就没有阻力了。

我到台北机场入关时，谁知遇到了不知所措的尴尬场面，那里的海关仅有三种通道可供选择，其一，中华民国国民；其二，大陆的难民同胞；其三，外国人。没有一条符合我的通道，我只有打电话给会务组，最后从外交人员通道入关了。在这次会议上，我得到了会务、食宿全免的招待，被安排在附近的中钢公司宾馆。

当车行驶到离厂大门30米光景时，在宽阔的马路上出现了几行非常醒目、规整的白色大字，要求增加工资，一月内不解决则停产罢工等类的标语。我心想台湾怎么也像欧美那样，这在大陆是不可能发生的事。会后台湾大学材料科学系教授陈立业邀请我去台北台湾大学参观，给我印象最深的还是那一栋栋系图书馆和那一进门就迎来的一条宽阔的椰林大道，树干强壮有力、笔直向阳，一匹匹翠绿的新叶自由自在地舒展着，也给人以生生不息的向往。

在台北，陈立业教授留我在他家住了一宿，深感同样的教授，他们的工资水平比我们高得多，住房条件也比我们宽敞得多。次日，他带我在市中心逛了一圈后，驱车将我送往住在台北中和县的堂姑父姚佐治家，我是他们在台湾第一次见到的大陆亲人，大家特别高兴。姑父是桐城派姚鼐后裔，也出自书香门第，在他刚毅的眉宇间，透出了一股文人的气息，陈教授见到我姑父、母，说他们很像一对电影明星，完全猜错了。

姑父抗战时投笔从戎，在南京中央军校第十三期毕业。1968年起，曾任台湾陆军特种作战指挥部参谋长、空降部队司令、陆军特种作战指挥部副司令。1974年以三星上将退役后任台湾国画馆馆长，成为《清平画会》创办人之一，我在他家住了几天，欣赏了姑父的数本画册，知道他在台湾美术界，颇有点知名度，还有一幅和画家刘海粟二人合作的画，曾发表在人民日报上，人们称他将军画家。

我去的时候他正在办个人画展，在画展大厅，我见到了一位身材魁梧，步履稳健的一位观众，独自在展厅登记簿上签字，姑父赶忙迎上去握手寒暄，这位观众说起话来声音洪亮，虽着便装，却有一副军人气派，我瞥了一下签名"郝柏村"，他不是台湾前任行政院长、国防部长、参谋总长、陆军一级上将吗？虽然当时已经辞职，仅任"总统府"资政和国民党副主席，还是显得很低调，在他身上看不到一点官气、官架，身旁没有一个随行人员。

在我观光台北金融中心时，无意走到台北市政府议会大楼，我驻足看了一眼，占地面积不大，共十层楼，并不那么雄伟壮观，正想离开时，有人告诉我里面正在议事，心想这与我有什么关系，那热心的过路人也许看我背着摄影包，断定我是岛外来的，又补了一句："你可以进去听听"。果然，我登了记写明大陆人士也让我进去了。据说，在政府议事时，任何人都可以参加旁听，无须预先审批，我一人登上三楼即为议事厅旁听席。当时正在议论台北的道路交通问题，讨论非常热烈甚至是激烈，个别议员还站了起来挥动着手表示不同意见。不管这些议员

图 9-3 姚佐治字画《飞瀑泻碧岑》

们是高声叫嚷还是指点对方，可以看出他们都是在为改善交通着想。这种开放式的参政议政是我此生唯一一次体验。

在姑父家住了十来天有幸地欣赏了他的山水画，还收获二幅画卷和一本画册，这是我去台湾的额外收获了。巧合的是我的表妹夫当时是台湾电力公司总裁，是我们这次会议赞助者之一，他负责安排了我的旅游，并一直将我送到飞机上，避免了出关时多余的尴尬。在罗湖口岸入关时，海关人员看了我通行证后，问我："给了你三个月时间，你怎么这么早就回来了？"一句简单朴素的问话，却令人深思。

四、撒哈拉大沙漠的硕果

80年代末，我再次与核工业部原子能所合作，参加一项南南协议项目的重点工程——国家871工程（援外核工程），我主持承担了其中一个子项目。七、八年后，我作为中国核专家代表团一行十人赴阿尔及尔核研究所进行交流与讲学。当时该国对此项目相当保密与重视。当我们飞机抵达巴黎机场之后，在该国文化参赞安排下，换乘阿尔及利亚总统专机飞往阿尔及尔，该总统专机的特点除各项仪表设备先进、内部设施豪华外，就是有二张六人会议桌和一些沙发，仿佛你是在小型会议厅而不是在机舱里。

从阿尔及尔抵达现场时，前后都有几辆军用摩托和几辆吉普车开道与压阵，中间夹着行李车，我们代表团每两人一部轿车、副驾驶座与后座均是带枪的军人保卫着，让我感到不是高规格的接待，而是被绑架似的非常不自在。车队在沙漠中行进着，窗外是广袤的大漠，死寂的沙海，雄浑，静穆，眼前只有一种单调的颜色：黄色、黄色，总是灼热的黄色。突然狂风袭来，沙粒飞舞，天昏地暗，成了沙的世界。太阳渐渐西沉，我突然发现，在遥远的沙漠上空有一片淡蓝的湖水，湖畔山群矗立、树影摇曳，如画如梦，我连忙让同伙看天边的景象，同时咔嗒、咔嗒几声，撒哈拉大沙漠中的"海市蜃楼"映入了我的镜头，成了我永久的纪念。

汽车向前驰骋，约莫晚上九点多钟，到了阿尔及利亚原子能研究所，他们以晚宴接待我们。啖肉汤足夜色已降临，车队继续行驶在沙漠中，远方在柔和的月光下，呈现出一片黑色，星星点点的灯光在黑暗中闪烁，我们的居住地——中国人自己建的生活区终于到了。一排简易平房作宿舍外，一个大餐厅和厨房连成一体，还有一间会议厅兼影视厅，几间办公室。当地水源缺乏，住宿都是不带盥洗室的单间，只有一个套间可以洗浴，他们戏称为"总统套间"供部里领导来时使用。我是一个核工系统之外的教授又是位女士，也就享受了这种优待。

　　第二天我们从生活区开车二十分钟就到了工作区，一座黄色大楼雄伟厚实地屹立在广阔无垠的沙漠中，办公大楼融合着中国建筑的元素，两座双曲线外形的冷却塔高高耸立着，水雾直冲上空像蘑菇云般缓缓散开，在空中架起了二条彩虹，成了一道特殊的风景线。院子中间有一座大的喷泉、点缀着绿色仙人掌类植物，开着黄色、粉色仙人掌花，特别显眼，有的仙人掌上还结着像土豆般的果实。这座建筑物从远处望去，大有广漠杳无穷，孤楼四面空的那种冷落莽苍却又有新生的感觉。在这三个月时间里，每天大家一起乘车到工作区与当地的专家一起巡检反应堆的运行状况、讨论属于自己的那部分工作，每人作了两场学术报告。那

图 9-4　1996 年撒哈拉大沙漠工作区

里的专家多数是欧洲留学的，特别是在法国留学的人较多，他们提的一些问题很是到位，彼此都有受益。

　　当地官方语言是法语，我们代表团中配备了一名法语翻译，相当忙，我就直接用法文报告与交流，休息时自由交谈机会也就多了起

来。和实验室的年轻朋友们熟悉后,他们告诉我,他们喜欢中国人、喜欢中国产品,特别喜欢中国的万金油、风油精之类的产品,我给他们每人一盒万金油,他们就高兴地拥抱我,最后抱成一团,这就是当地人的豪爽性格。有位小伙子阿里·穆罕默德很有趣,他看上了我的傻瓜相机要我卖给他,他以为是中国货,我给他看是日本产的,在瑞士毗邻的避税小国列支敦士登大公国买来的,他要用红玫瑰石和我换。天啦,红玫瑰石,这可是沙漠中的宝石呀,我怎么能换给他!?旁边的人拍着手起哄地喊着"échange, échange, échange"(交换!交换!交换!)小伙子举起我的相机高兴地跳起舞来,然后用右手按住胸口,向我致意将相机还了给我,真是逗极了。阿尔及利亚人待人就是这样十分热情友好,慷慨大方。

我们在阿尔及尔期间都是工作、生活在广袤的沙漠地带,周围戒备森严、荒凉寂静,除了风声、沙鸣外连虫的叫声都没有,偶见黑色的沙漠之鹰,展开大鹏疾飞而过。每当日近黄昏,吃完晚饭,我总喜欢坐在路边的沙漠上,仰望着那湛蓝湛蓝的苍穹,它像一顶蓝色丝绸的大帐篷笼罩在撒哈拉黄色的大沙漠上,宁静而温柔。一轮红日缓缓西下,空中出现了一些变幻多端的云霞,使天空充满了瑰丽的神秘色彩。而我眼前的沙漠像块加上红色元素的调色板,由象牙黄、变成

图 9-5 1996年在阿尔及尔工作室

耀眼的金黄、橙黄,无数道沙子涌起的皱褶犹如凝固的浪涛,一直延伸到远方金色的地平线上,给人以轻快、温暖、辉煌,充满希望和活力的感觉。我有这机会每天在沙漠中看日出日落,与黄沙做伴;与苍天私语;进入了童话般地遐想,我心旷神怡,至今难忘。

那年元旦是我第一次遇到的穆斯林斋月，阿拉伯语"拉玛丹"月。头一天我听他们讲了"拉玛丹"月的故事，这是真主安拉胡将古兰经下降给圣人穆罕默德的月份，也是他们一年中最神圣的月份。所有穆斯林必须守斋戒，从日出到日落都得停止一切饮食和其他活动，日落后直到第二天晨礼（日出）前才可以进食恢复正常作息，晨礼后便又进入斋戒状态。

其实他们也怕饿着，在斋月第一天的凌晨，家家灯火齐明，人们唱着、跳着，尽情地吃着喝着，喧闹声连同做"粑斋饭"的油香，冲破了黎明的宁静。这时不吃饱，就要等到当天太阳下山后才能进食。我问禁食一个月是否有些折磨人？他们七嘴八舌地说，斋戒不是为了折磨人，而是通过这种人为的饥饿使饱汉知道饿汉饥，使有钱人慷慨解囊，救济饥民。啊！原来是让人学会忍耐，磨炼自己的意志，历练心性、净化灵魂啊。

我们在沙漠里工作了三个月，虽然没有走出过沙漠也没有条件和核工系统外的任何人接触，但有了多彩变幻的沙漠和苍穹，也足够调节我的生活了，我很满足，我喜欢这种变化多端的纯自然。

离开阿尔及尔前，我们被安排在阿尔及尔一所最豪华的宾馆里，面临地中海的半山坡上。带队的人通知我们，当地局势不稳定让我们不要出宾馆大门。的确，偶然会听到一二声零星枪声。好在宾馆后花园的热带植物品种繁多、生长茂盛，我爱在那里散步，好奇地看着高达四、五层楼的椰树和各种高大的仙人掌类植物，还有一串串香蕉、波罗蜜和一些未见过的果子，十分眼馋；有些藤本植物缠绕于粗大的树木上，攀枝交错，横跨林间；附生植物到处生长在树干及枝杈上；还有"树上生树，叶上长草"的奇观。在我住的房间斜对面 1402 号门上钉了一块铜牌，让人知道这房间曾是美国第 34 任总统艾森豪威尔曾经住过的房间，现在已不对外营业。根据门上铜牌的介绍 1942 年 7 月美英决定发动北非战役，8 月艾森豪威尔被任命为北非登陆的盟军最高司令官，他当时就是住在这间房间里指挥作战的。

这项国家南南协议的 871 援外工程，在 1997 年获得国家科技进步一等奖,而我承担的子项目也成为十大创新点之一。

五、管窥德国、比利时大学

这一年的下半年我应邀赴德国亚琛工业大学(简称 RWTH Aachen)进行学术访问,亚琛工业大学是德国最负盛名的理工科大学之一,也是世界顶尖理工科大学之一。在那里我学习到很多先进知识与测试手段,他们的认真严谨作风也经常感动我。那里的教师素质很高,不仅对学生要求严格,对自己要求也一样严格,包括习题本上的书写都要求整齐认真。在闲聊中一位德国教授骄傲地说自诺贝尔奖设立以来,德国人获得的诺贝尔奖人数将近总数的一半。

到那年为止,德国共有一百多人获得诺贝尔奖。如果把移民的德裔算上,获奖人数近二百人。我没有去考查该数据的准确性如何?我想这除了得益于自由、独立的科研环境之外,与德国学者对学术研究的敬畏、执着和较真态度密不可分。中国是个古老文明的国家,中国人非常聪明,如果有一个好的教育制度和教学环境,我相信中国获得的诺贝尔奖的人数会大大地提高。

德国人的严谨不仅体现在工作上,对产品的细节都有着极苛刻的追求,包括生活的方方面面。当你走进德国人的厨房,你会看到各式各样的锅、盆和专用厨房用具,整齐干净地挂在墙上,甚至每一道菜该放多少水、多少油都要用大小不同的量勺,好像是在做化学实验一样。即使在盥洗室,你都会发现面砖、地砖勾缝特别平整、光滑而夺人眼球。他们很讲究准时,约会把时间精确到分钟,早到后他们不会进入目的地,而是在附近耐心等待,几十人的聚会可以在几分钟内到齐,不像意大利和法国人散散漫漫、稀稀拉拉赴约、前后能拖几十分钟。

德国人非常注重规则和纪律,做什么都非常认真。只要有明文规定,他们一定会自觉遵守;只要是明令禁止的,他们绝不会去碰。有一次深夜我走在街上,看到路面冷清清的、没有车辆,正想穿马路时，一个年轻人伸出手来示意红灯，他们就是这样对秩序有着可怕的执着，让我顿时感到惭愧与敬佩。在地球上，无论哪个地区，找一些作风严谨的人并不难，我的丈夫就是这样，像他的父亲，一个非常严格的人，与人约会要求正负不超过五分钟，他的学生也能像德国人哪样遵守着。但难的是一个民族、一个国家的人都很严谨，就非常难了，而德国就是这样以严谨著称的国家。

图 9-6 1997 年在比利时鲁汶大学文学院楼梯上

在这段期间，我有机会到比利时鲁文大学和柏林洪堡大学进行校际间的学术讨论。这些学校都是研究自由，教学自由，提倡"研究与教学合一"的精神。他们的教授享受较大的学术自由的权利，可以自由讲学和研究，各学派可以并存和竞争，教授不只是"教"，学生也不只是"学"，大学生的主要任务是能独立从事研究，教授则在于引导学生对研究的兴趣，再进一步指导和帮助学生去做研究工作，学生在研究中受教育，个个都刻苦学习，图书馆灯光昼夜通明，这些都让我感触颇深。我国高等学校虽确定了学术自由，但'不自由'的情况、依然严重，各种'条条框框'依然存在，外在干预无处不在，并没有完全消失。随着教育改革的深入，我相信今后我国的高校会出很多跨学科的精英。

在比利时鲁汶大学我特地去参观了父亲曾经读书的文学院，这是一座历史源远流长的古老建筑，环顾学院一层楼厅，古典艺术的风味扑面而来，拱形彩色刻花玻璃窗，黑白相间的花岗岩地面、与楼梯共一色，泛着自然的光亮，给人一种肃静感。面对那些雕像和摆饰，我感到自己置身于艺术的殿堂，可惜缺乏西方文学艺术的底蕴，知其然不知其所以然。作为纪念，我站在父亲曾经走过几千次的楼梯上留了个影，我希望自己能秉承父亲求学的精神和人格的魅力步步向上。

80年代以后，我们兄妹的事业都比较顺利地发展着，在平凡中尽力工作着，各人在各自岗位上都有所作为，如果父母在世该有多么高兴。

回顾我的一生得益于父亲潜移默化的教导与培养，使我能用坚强的毅力在坎坷的路上走到今天，父亲留给我们的不仅是知识，更重要的是做人的道德，这是一笔无法用金钱来衡量的文化道德的遗产。

第十章　父亲归来

寒冰不能断流水，枯木也会再逢春。

——吕留良

一、一纸红头文件

1962年5月初，一个雨后初晴、空气格外清新的上午，我收到一张字条，要我去南京大学招待所。我到了指定的房间，房门敞开着，当我站在房门口时，两位文人气质的雅士从沙发上站起来，带着真诚的微笑让我坐下，一位清癯瘦削的脸上架着椭圆形眼镜的先生说："你是范任先生女儿吗？"我点点头答："是"，紧张的神经开始松弛下来。原来他是中国社会科学院文学所原所长戈宝权先生，另一位是人民文学出版社副总编辑郑效洵先生。戈宝权先生翻译的普希金诗选是我年轻时爱读的诗选之一，"假如生活欺骗了你"直至现在仍背诵如流。我也曾从父亲与出版社通信中见过郑效洵先生的名字，我当时感到一种莫名的高兴。

他们给我看了经中宣部、文化部周扬副部长批示的红头文件和附件。原来是1961年中央宣传部长陆定一同志提出和支持的一项国家重要的文化建设工程：《外国文学名著丛书》《外国文艺理论丛书》《马克思主义理论丛书》'三套丛书'的编选计划落实。计划要求编委会与工作组从全国的翻译界中慎重研究遴选出来的学风严谨的一流翻译家进行翻译。后来'三套丛书'编委会工作组于1999年9月在《出版史料杂志》发表的《三套丛书工作总结》也再次介绍了这一点。

第十章　父亲归来

在三套丛书中,世界名著卢梭《忏悔录》列入《外国文学名著丛书》,《圣伯夫文学批评文选》和《波瓦洛文学理论文选》(即波瓦洛《诗的艺术》)列入《外国古典文艺理论丛书》(后改为《外国文艺理论丛书》)的出版计划,编委会讨论结果,唯有任典(即范任,希衡)能够胜任这三部书的翻译。编委会负责人冯至先生冒着政治风险向文化部、中宣部提出了任典为该三部书的翻译人选。为此戈宝权先生和郑效洵先生带着周扬批示的红头文件专程赴南京,与江苏省公安厅和南京大学交涉,将父亲保释回家监外执刑,回家作为人民文学出版社特约翻译。每月生活费由人民文学出版社从预支稿费中支付,让我做好将父亲接回家住的准备。

我想,在当时极左的思潮下,如果有人能承担《圣勃夫文学批评文选》、卢梭《忏悔录》《布瓦洛文学理论文选》(《诗的艺术》)的翻译,编委会是不会冒着如此大的政治风险,向文化部、中宣部提出将父亲保外从事翻译的。这不仅说明《圣勃夫文学批评文选》、卢梭《忏悔录》和《布瓦洛文学理论文选》(《诗的艺术》)的重要性,也说明父亲的翻译水平得到同行的公认。此事给了我激励,我感到它的重要性。

可是,我们姐妹三人挤在一间小屋里,无法安排父亲的住宿,正好楼下有一间以前的共用厨房没人使用,厨房里面堆满杂物,中间水泥地坑陷碎裂,墙壁被油烟熏黑,电灯线早就被切断,窗玻璃蒙上了一层难以去除的棕色油腻。南京大学校产科同意让父亲搬进去住。于是我托人买了一张旧单人木床沿墙壁放着,后来居民小组长童奶奶的丈夫,一位退休老工人童爷爷也搬了进去。当然,他是带有任务的,彼此心照不宣而已。两老相处还很融洽,这就是父亲最后在南京住了八年的卧室,每个夜晚凭借着马路的灯光和电筒就寝。

住房安顿好以后,我焦急地等待着父亲回家的通知。终于在1962年5月底的一天,父亲回家了。那天阳光灿烂,我赶乘早班火车抵达龙潭,几乎是急行军来到采石场,父亲已经在等我了,行装很简单,几乎没有什么东西。一路走到火车站,我感到全身的热气在升腾,拂面而来的春风吹着精神很是爽朗。我问父亲："走得动吗？"父亲答："走得动。"也不多语。

此刻父亲一定思绪万千，他的内心深处也许在抒发一些感受，展开一些遐思，寄托一些希望，抛洒一些梦想，我没有再打扰他，我觉得此时无声胜有声。我们挤上了火车，车厢里熙熙攘攘挤满了人，这是父亲很久没有看到的景象，我让父亲坐在靠窗的座位上，他一直凝望着窗外，那漫山遍野翠色盈盈，水田的禾苗都已长高了，风儿吹来波澜起伏，层层叠叠的全都是绿浪！那种心旷神怡的感觉，与采石场的叮当敲石子声、或砰砰采石放炮声以及尘土飞扬令人窒息的情景，有着天壤之别。我相信父亲定会有恬静与快乐之感！在火车上父亲一言不语，我拿起父亲的手，那长满老茧、指关节都已经变形的手，已没有以往那种修长柔软的感觉，以前那双执笔的手，在采石场已经完全改变了。

父亲回家放下东西，没有坐下来休息，第一件事就是要我带他去派出所汇报，接受派出所和居委会的监督改造。我看他左手总是按着下腹部，我知道他有病痛，但他总是说："没什么，一会就好"。他是不倒下来，就不会喊痛的人。他在派出所接受一番训话后，接着他去居委会接受监督，又接受了另一种劳动改造方式的安排。此后八年中他在居委会身兼二职，承担着居委会的马路清道夫和厕所的清洁工。每天清晨，不论风吹雨打或是天寒地冻，都要去扫大约100多米长的黄泥岗巷子，晚上需要打扫黄泥岗口的公用厕所，每天下午五点钟向派出所交一份当天行动的汇报。

父亲患着严重的老年性慢性支气管炎、肺气肿，有时哮喘憋得都透不过气来，需要常常服用抗哮喘的药物氨茶碱，可是我们从来没有听到过他诉苦，他忍受着病痛，努力地劳动着。尽管，每次打扫回来，他都会坐在椅子上气喘一阵子，可是他做什么都井井有条、非常认真，街坊人说路边角落里有一冰棒棍或香烟头他都会清理干净，在冬天下雪的时候，街坊人见他滑倒在地上，爬起来，站都站不稳，又滑倒在地上，喘出的气像雾一般，他艰难地再爬起来继续扫着雪、铲着冰。公厕小便池的尿垢，他天天用力刷，老垢也去除了不少。邻里和居委会干部对他还算是尊敬的，都知道他学问高、人品好。

父亲第一次从人民文学出版社拿到一笔预支稿酬，相当于当时一家六个月的生活费时，首先补发给了孙阿姨在他走后三年半时间的工资，孙阿姨和她的丈夫都非常感动，那时孙阿姨也是无路可走才留在我们家里，后来她结婚搬走了，孙阿姨的生活条件比我们当时还要强得多，父亲说，"欠人的情一定要还，不论别人的情况如何"。

我们住的这栋二层小旧楼有八家人家，我们姐妹住在二楼楼梯口的一间不足十平方米的小房间。这房间仅有一张大床、一只樟木箱、一张靠窗的方桌及三张椅子和一张母亲留下的梳妆台。这方桌供吃饭、切菜、读书、做功课用。白天，妹妹们都上学去了，父亲就在这方桌上阅读、翻译。眼睛还要常常看着房门口走廊上的煤炉，管着烧水，我离开后他还要管烧饭。我呢，借隔壁王奶奶家房间读书，王奶奶一个人，儿子原在南京大学教俄语，被打成右派后在他乡劳动，后来王奶奶干脆让我住在她家，解决了晚上我们一家四口人没有地方读书写作的问题。

虽然父亲戴着帽子、生活艰难、清苦，但在邻居眼里他是一位清明、慈祥、豁达而有学问的老人，他那时年纪已近60岁了，留着一缕山羊胡须，楼层里的孩子和大人经过门口，都会亲切地喊一声"范爷爷"，他总是和悦地与他们应答着。甚至有一次派出所户籍员吴同志碰到邻居吵群架解决不了，也来到家里问父亲有什么解决的办法？父亲了解情况后，说了一个战国策·燕策中的《鹬蚌相争，渔翁得利》的故事，并给吴同志写了出来，谁知这故事还真管用，这些邻居之间的矛盾终于解决了。父亲就是这样一个受人监督劳动改造的"反革命分子"。

这一年8月在外地工作的哥哥和他女友回来看望父亲，全家团聚在一起，派出所户籍员吴同志告诉父亲，作为一场思想教育，可以让子女陪着去看一场《东方红》的彩色电影，也可以到玄武湖去看看。父亲从电影中看到祖国建设的迅速发展很有感慨，填了一首水调歌头的词来表达自己内心的感受。在玄武湖，父亲兴奋之中还为我们子女拍摄小像一帧，并题词"鹧鸪天"一首，在最后写道"老夫也觉情怀好，为摄欢容入画图"父亲十多年来都没有露出如此的笑容，我相信他一定感到欣慰。只是哥哥姐姐在外地工作，很难凑在一起合家团聚，不过哥哥姐姐错开时间来探望父亲，也给父亲多一次的欢乐。

我记得有一天下午，黄川谷伯伯喜气洋洋来到我家，带了一盒包装精美的糖果放到了父亲面前，父亲一看就明白了七分，说道："川谷兄今来请我吃糖，定有喜事。"黄伯伯幽默地说："今天'耳顺'了，'耳顺'了，家里多添了一套碗筷、一只茶杯"父亲连忙向他道新婚之喜与60寿辰，黄伯伯和黄伯母年龄之和正是100岁，真是喜上加喜。黄伯伯笑容满面地转入了英语交谈，我仅仅意会到黄伯伯借用莎士比亚的故事在谈他与夫人相识相知的过程，以往古板的黄伯伯现在变得笑容满面、开朗起来。岁月添白发，恩爱犹青春，父亲也为朋友的喜事展开了笑容。环境对一个人的心情是多么重要，我再次感受到父亲成天沉默寡言的内心苦痛，在这种世态炎凉的社会，朋友的来访多少会给他一丝欣慰。

图10-1 范希衡为子女1962年摄于南京玄武湖；左起：范珊、范琅、范玢、舒宜（范铮女友）、范铮

图10-2 范希衡和他的子女们 1963年摄于南京

几年前，我在网上溜达，偶然也会看到意想不到人写回忆父亲的文章，网名：风雨行舟人自称邻居，在"西祠胡同"网站上写了一篇《重拾往

事忆旧人》就是描写那的时期的父亲:"……,记得还有一次,妹妹领我去他家想听他小女儿拉小提琴。看我有点不好意思,他说:'没关系,不影响。你们这个年纪正是交际的时候'。那种修养,那份慈爱,我至今回想起来仍历历在目。……,在感触里回忆那个疯狂的年代,回忆那些在潜移默化中给我教诲的人"。

图 10-3 范希衡和他的女儿们,1963 年摄于南京
中:父亲范希衡;第二排左起长女范玲、姐夫李伯轩;
后排左起二女范琅、三女范玢、小女范珊

父亲在南京这最后的八年中,我想他感到快慰的莫过于能应国家所需,从事他的翻译研究工作和学生们的爱戴了。有一天清晨,父亲扫完街道,拿着一把大扫帚走在中山路人行道上,有辆三轮车在父亲的身边突然停下,跳下来一个人喊了一声:"范先生",伸出手来欲与父亲握手,父亲打了个招呼说:"手太脏!"。原来是父亲在震旦大学的学生沈言备,南京口腔医院外科主任。

过了一段时间,沈言备约了其他两位同学——江苏省第一人民医院肝胆外科主任张宝康和肝胆内科主任张祖询来看父亲,家里连坐的地方都没有,我和父亲只有坐在床边。以前我们住在大钟新村时,这些学生们也来过几次,父亲总是留他们吃饭,此时连个茶杯都没有，真是落泊狼狈。然而他们丝毫不在乎，谈起父亲在震旦大学上课时那种潇洒气度，神态自若的样子，如今父亲尽管衰老、憔悴，但目光仍是炯炯有神。他们要父亲保重身体，看病去找他们，这是多么深厚的师生之情。

父亲在南京大学教书的时候，配给他两名助教冯汉金先生和徐知勉先生，父亲像现在带博士生一样教他们，听说父亲回来后也分别跑来看望。有一次冯汉金还带来一篇意大利文的诗，请父亲翻译，父亲也帮忙解决了。

又过一阵子南京医学院有一些拉丁文医学文章需要翻译成中文，中文医学文章需要翻译成拉丁文，他的学生张宝康、张祖洵来找父亲翻译，父亲说这需要医学人员配合，经派出所同意后父亲到了南京医学院。父亲是很讲究仪表的，他认为这是对人的尊重与礼貌，于是我给他换了一套多年未穿的西装。后来南京医学院支付给他稿酬，他坚决不接受，他认为是学生搞科研需要，应该帮助，怎么能收取稿酬？他写了一封信将稿酬退了回去，还遗憾表示没有最后完成，因为他必须赶回家写一天的汇报材料，送往派出所。

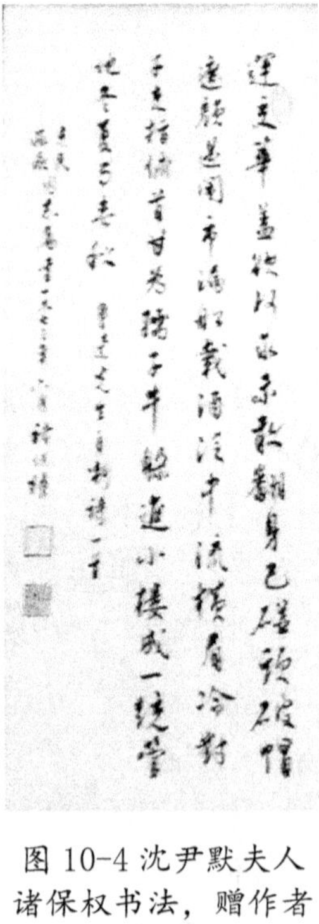

由于汇报送交迟了，派出所要父亲找南京医学院党委写证明，这本是一件协助医学科研的好事，却遭到了派出所的训斥。我前面说过父亲在比利时鲁汶大学是学拉丁语系语言学和拉丁语系文学，学过法国古文、拉丁文、意大利文与西班牙文，能懂得五国文字的人才并不多，可惜没有很好被使用，也没有让他充分发挥自己才能。

知识分子是人类社会的特殊群体，父亲这一辈知识分子在特殊的时期，通过特殊的方式都表现出了他们对社会深沉的爱。社会

图 10-4 沈尹默夫人诸保权书法，赠作者伉俪

良心、社会责任感，救世情怀是他一生行为的动力准则，也成了他行为方式的自我规范。

1963年6月沈尹默老先生八十岁寿辰，他知道父亲被保释在家中从事法文翻译，便将自己八十寿辰影印的一百册手体诗词集送给了父亲一本。父亲很是欣慰并赠祝寿诗一首，庆贺老师八十岁寿辰。沈尹默是个非常和蔼可亲的人，解放初期父亲常带我们去海伦路504号他的家里，一进太老师家门口，我们就高兴地喊着太老师、太师母。在他家我们也必定会替他研墨、看他写字。父亲和太老师亦师亦友、相知相识即使在父亲身陷囹圄时，太老师对我们也如同

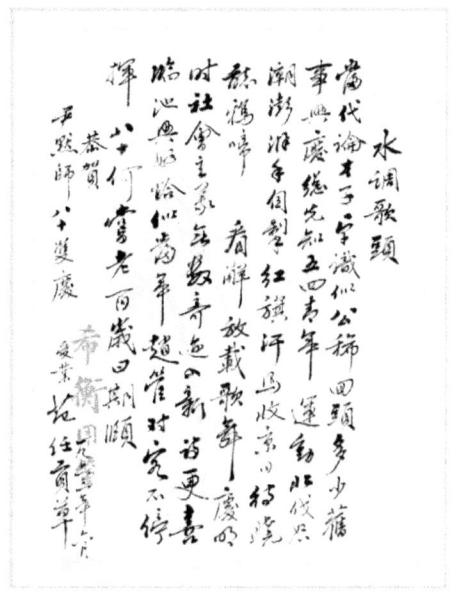

图10-5 1963年范希衡贺老师沈尹默八十寿辰

以往。1973年6月太老师逝世二周年时，我们去看望太师母，她还为我和我的先生书写了一幅鲁迅自嘲诗，笑问我们，她临摹太老师的字像不像？

父亲保外从事翻译工作的八年中，谁能想到，他的数百万字译稿，竟在那简陋狭小连个像样书桌都没有的房间里完成？谁又能想到，他患有多种疾病经常咳得喘不过气来，腹股沟疝气下垂，左手撤压住腹股沟，右手执笔翻译，而舍不得花点时间躺下休息？因为他觉得时间对他太珍贵了！每天他得外出三次，晨扫马路，晚扫厕所，下午还得去派出所交书面汇报，写上"反革命分子某某"。这对一个被错判的知识分子的精神是多大的伤害，父亲却默默地承受着，为了对这份事业的追求与坚守。

二、另类的教学风格

1962年6月父亲系统教我学法文,希望我以后能够借用法文增长自己的专业知识,并可从事中法科技书籍的翻译,这对我应该是一条出路。他让我去听他的学生冯汉金和徐知勉上的法文课,做南京大学法语专业考试题,以了解自己的法文水平与当时法语专业的差距。每天下午他安排两小时给我上课。在五十年代末中苏两国间出现了分歧,但当时很多高校用的法文教材,多数还是沿用苏联人编写的教科书,也有少量自编教材。父亲一贯主张学外文就是要学该国人编写的教材、读该国人写的书,看该国的文学名著,把自己放到该国的语言文化环境中,这样才能真正地学好该国的语言文化。我就是这样跟父亲学了四年多法文,直至动乱时期。

我在中学、大学都是学俄语,只会发大舌音,即卷曲舌尖发音,而法语字母r,巴黎的标准发音为小舌音,即震动舌根发音。这么细小的发音问题,父亲丝毫不放过,他让我不断练习,直至发音准确为止。父亲告诉我,俄语、德语属日耳曼语系,而英语、法语、意大利语、西班牙语都属于拉丁语系,大多数词汇有词冠、词干和词尾,了解了一个字词冠和词尾的意思及其变化规律,就比较容易去掌握更多的词汇。譬如,词冠com-表示:"与、共、同、合"等意思,于是共同委托人、联合企业、组合开关、与…作战、化合物、连衣裙等一连串词汇就引申开来。每碰到一个生词,他总是从语音、词的结构入手,分析给我听,举一反三,深入浅出地讲解,引申出许多词汇及这些词汇之间的差异等等,教我怎么记住它。

父亲的视野比较开阔,他要我阅读大量的文学原著,大声朗读、背诵其中对话片段,他教我唱"马赛曲",还选用《茶花女》原版歌剧,绘声绘色地教我朗读剧本,体会对话中的情景,以此来学习会话、学习语音、语调,培养语感。他渐渐地要求我和他只用法语对话,听不懂他会慢慢地带着动作反复说,直到我听懂为止,而不会改用中文去说明,父亲就这样给我创造说、听环境,加强口语练习。

第十章 父亲归来

有一次，我陪父亲到鼓楼邮局寄信，看到一位瑞士人在邮局和柜台的工作人员说法语，比比划划，邮局人怎么也听不懂，父亲让我前去帮忙翻译，那位瑞士人听到父亲用法文和我说话，惊讶地瞪着一双大眼睛看着我们父女，俏皮地说："如果我闭上眼睛，我还以为我回到了我那可爱的家乡。"通过我的翻译他终于寄出了他的包裹。他兴奋地说，在中国他第一次在路上遇到会说法语的人。于是，他给了我一张名片，热情邀请我去他住的丁山宾馆做客。

出于礼貌也为了提高自己的法语沟通能力，我去了丁山宾馆，他谈阿尔卑斯山、谈雪景、缆车；我介绍中山陵、灵谷寺、长城，彼此还能够交流。我记得我还谈了莫泊桑的《项链》、都德《最后一课》、……，他竟诧异地看着我问："你不是学化学的吗？"。我给他留下了对普通中国青年的良好印象，我也为父亲教我的法语，派上了小小用场而感到欣慰。

这在今天，也许很普通的一件事，提起来还有些可笑，可是在那个年代中国尚未开放，处于较封闭状态，来中国的外国人很少，对外国人甚至有围观现象。我能和那位瑞士人随意聊天，这对他来说感觉就不一样，而我的口语也进一步得到锻炼。不过，我和他交流了几次就被江苏省外事局宾馆保安部门阻止了，我才知道，那时中国人是不能与外国人随意接触的。

父亲经常跟我说，作为中国人要懂得点国学，学习法文也应该读些法国文学中如雨果、莫泊桑、莫里哀、拉封丹的作品。他考虑到我是学科学的，就选了卢梭在科学大会上的讲话——《论科学与艺术》，自然史学家兼文学家布封的散文让我读，让我自己翻译成中文，他再进行分析讲解。父亲给我分析布封的《动物肖像》中动词时态的应用，如何使马、松鼠、天鹅等动物习性、特点描绘得惟妙惟肖，以及文字美的所在。

从名著中让我感受到法文文法是那么严格，表述时态是那么精确，仿佛你身临其境般拨动着你的心弦，使人的精神升华，从而激励人去奋斗。我特别喜欢卢梭《论科学和艺术的演说》，他的第一部分一开始的精彩就激励着我,我试着翻译成中文:"这是多么伟大而美丽的景象啊!看见人由于自己的努力,可以说是从虚无中走了出来;用理智的光芒驱散了大自然封锁着他的那种黑暗,超越着自己向上升腾;用智慧一直奔向那太空的领域,像太阳那样大踏步地遨游着宇宙的无垠;而还更伟大更难能的,就是回到自己的内心,去研究人,去认识人的本性,人的职责和人生的最终目的。所有这些神奇,从很少的几代人以来,就又完全出现了"。这是多么豪迈而又富有哲理的语言啊!我一直铭记在心。

父亲还让我背诵经典之作——都德的《最后一课》,调皮的小阿尔萨斯形象和韩麦尔先生颤抖的声音至今仍存留在我的脑海里,这种爱国主义的教育,深深地感染了我。当韩麦尔先生写下这样的词句:"法语是世界上最美丽的语言"时,他所表达的不仅是热爱祖国、热爱民族语言的情怀,也表现出法兰西语言具有无穷魅力的事实。启蒙哲学家卢梭的思想、法国大革命的理念;雨果的浪漫诗篇;巴尔扎克的《人间喜剧》;就是借助这样的语言从法国走向世界、从过去流传到今天。

父亲在课文的讲解中,灌输语法知识,让我懂得法语的语法是那么严格、动作描绘的那么精致、准确,以至于使它成为外交文本的工作语言。这使我体会到要掌握好法语语法是何等重要。父亲让我读法国文学原著,不仅要求会读,还要会写。为了锻炼我的写作能力,他让我精读一些文学作品片段,并将其翻译成中文,然后脱开原文,再将中文翻回到法文,并与原文比较,帮我分析、寻找差异与不足。不仅如此,他还要求我每天用法文写日记。这种教学法,使我在用词、语法、写作上都有很快提高。我感觉到父亲尽量从寓教于乐的角度切入,启发我的学习兴趣。

父亲要我每读一本书都要记住书中精华,要注意逼真性与自然。正如父亲在《诗的艺术》引言中说:"艺术要注意逼真性,逼真性是大自然的艺术表现,是以艺术形式使所有人都能感觉到的真。像这样摹仿自然,像这样表现真,应该从哪里入手呢?怎么能辨别真与伪、短暂的与永恒的、个别的与普遍的呢？这要多读古人的杰作。因为古代杰作已经经过时间的考验，如果几十个世纪、几十国人民都一致赞美他们，那是因为他们的作品具有高度的真实性，在自然的画图中达到了真正的普遍性，永恒的人性。我们可以学古人的方法去摹仿眼前的自然加以现代化"。

父亲教我学法文，采取因材施教的办法，先是从词汇、语法、文学、写作及会话上给我打基础。然后他又从科技翻译入手，强化我的科技论文翻译与写作能力。那个年代，很难找到法文科技书籍，他便写信给他早期学生"两弹一星"元勋钱三强和何泽慧夫妇，从他那里得到了巴黎大学编写的原版《无机化学教程》和《居里夫人传》，为我后来阅读和撰写法文科技论文奠定了基础，至今受益匪浅。

父亲生动而独具一格的教学风格在他的学生中也留下了深刻的印象。我的四姑夫朱锡侯生理心理教授，他是我父亲上世纪三十年代孔德学院和中法大学的学生，他曾对我们说父亲的书教得极好；我去找南京市口腔医院院长沈言备看病时，他对别的医生说："她爸爸是我遇到的最好的老师，课讲得非常好。在课堂，没有预先写好的讲稿，天马行空，随意发挥，非常自由、开放又充满激情，他的课是我们学生最爱听的"、九十年代我去意大利开会，住在中国驻意使馆，傍晚在花园散步时碰到大使和他的夫人互相聊起天来，大使是南京大学英文专业毕业的，提起范任名字连大使和文化参赞也都带着尊敬的口吻说："听说他书教得不错，是位好老师"。从三十年代到六十年代，学生们都反映他的书教得好，可见父亲的确有他另类的教学风格。

三、对文学艺术艰难执着的追求与坚守

1. 老骥伏枥

父亲自 1925 年 19 岁时就参与了中法文化交流工作，这一辈子

除了先后五年半的囚徒生活外，无论在八年抗战，辗转于流徙之中，还是在五十年代中期后处于左倾教条主义的伤害之下，尤其是十年动乱，身心受到严重摧残之时，父亲都安贫乐道、不为名利、孜孜不倦地致力于中法文化的对话。

　　1962年5月父亲被保释从事'三套丛书'的翻译时，年仅56岁，应该是他的人生文学生涯辉煌、高产时期，可是在那个特定的历史时期，他被无情地裹挟在那风云变幻的时势之中，他戴着错判的"历史反革命"帽子，行动受到专政机关的监督，不仅每天要花时间清扫街道和厕所，去派出所送汇报，每周还要和街道上的"牛、鬼、蛇、神"一起受训，他的身体的衰老状况，已经远远超过了他的年龄。

　　他去南京图书馆借书都得等人民文学出版社寄来介绍信，经派出所同意才能前往。他是在承受耻辱和失去人的基本权利和尊严下，从事这份一般翻译家所难胜任的艰难而重要的翻译工作。他多么希望有个自由、安定环境，将时间用在刀口上，为国家做出更多更重要的贡献。然命运如此，无法改变，父亲每天就这样机械地工作着，他能挤出的时间只有自己休息的时间。当时房间很小，父亲能拥有的只是四分之一的桌面供他吃饭兼写作，书稿堆满了窗台和方桌底下的纸盒里，除给翻译工作带来极大不便外，夏日的西晒，冬日从门缝灌进来的寒风，让他咳嗽不已。他就是在这样生活环境中用毛笔或一枝秃了头的旧钢笔，写下了几百万字的书稿。

　　父亲对自己的作品总是反复推敲、反复修改。我当时不理解布瓦洛《诗的艺术》在1959年已经出版了，为什么父亲还在翻译？他告诉我，布瓦洛不仅是法国著名的诗人、美学家、文艺理论家还被称为古典主义的立法者和代言人，而《诗的艺术》是他最重要的文学理论专著，它被誉为古典主义的法典。布瓦洛劝人："还要十遍、二十遍修改着你的作品"。所以父亲又以法文"多努"版为依据，把自己的译文彻头彻尾地修改一番，当时未找到"大作家丛书"，他感到遗憾，希望再度修改时能有参考法文"大作家丛书"的机会。尽管这本书几十年来不断地在出版，而父亲这个小小的愿望再也没有实现。

父亲最后在已出版的《诗的艺术》基础上，增译了讽刺诗两首"自颂"和"韵与理之配合"，赠诗二首"从批评中求进益"和"没有比真更美了"。此外还选译了"读郎吉努斯感言"十二篇。父亲说："这些诗篇都富有文学批评意义，不仅与《诗的艺术》互相补充，也是脍炙人口的诗篇，值得让中国读者尝鼎一脔"。父亲对翻译就是这样孜孜不倦、精益求精、殚精竭虑，正因为如此父亲对该书增补本的选题提出了自己的种种看法，并对伍蠡甫先生在其主编的《西方文论集》中引用《诗的艺术》中《论风格》一文的修改提出了商榷意见，这个修改早在1957年译文编辑社引用《论风格》时所做的修改一样，父亲也是同样向伍蠡甫先生提出了商榷，父亲的商榷意见被伍蠡甫先生接受，最终也都被人民文学出版社采纳了。

《诗的艺术》增补本刚完成，父亲又马不停蹄地开始了《圣勃夫文学批评文选》的翻译。圣勃夫是近代文艺批评之父，他写下了卷帙浩繁的批评著作，绘制了法国文坛数百年经典作家的肖像，他的文学批评文选，足有四十多卷，在国际文学批评史上享有着重要的价值。然而圣勃夫也好、布瓦洛也罢，中国读者对他们了解甚微，于是父亲在这片贫瘠的土壤上艰苦地耕耘着。

为了将法国文坛数百年经典作家肖像比较完美地介绍给中国读者，父亲首先需要搜寻优秀的圣勃夫的文学批评原书版本，这看似简单的一件事，在电子化的信息尚未到来之前，需要人工搜寻就像大海捞针，多么不容易。我陪父亲在南京图书馆和南京大学图书馆查找，当时南京大学法文书几万册均未上架，一个体弱多病的老人在书海中"淘宝"，毕竟是劳心、劳力、伤神的事。父亲找了一个多月的书，好几次从书库中走出来，都突然停下脚步，扶着墙，面色苍白，虚汗淋漓，我知道他是因为长期营养不良，造成突发性低血压，他的身体脱了虚，我赶快让他坐下，要了杯水给他喝等他慢慢缓解，才搀扶他一步步走回家。而我拎着那么重的书也是上气不接下气，走走停停，幸而有路边年轻学生相助。如果不是经济拮据，一部三轮车也就消除了路途的辛劳。父亲就是在这样极其艰难的条件下、在困顿的生活中，克服重重困难，呕心沥血，开垦着他的那块处女地。

父亲凭借自己丰富的文学阅读经验，从圣勃夫的《月曜日丛谈》《新月曜日丛谈》《妇女肖像》《文学肖像》《时人肖像》等文学批评作品中精心选取了五十五篇法国名家评论翻译成集。那时候人民文学出版社也非常关心这部书的翻译进展，他们和父亲信函来往密切。父亲表示："希望今后能这样密切联系，做出点像样子的成绩。为了搞好这个艰巨工作，我不惜精力，也望你社详加审定。"父亲也自认为这是一项艰巨的工作。

非常可惜的是：1964年4月1日人民文学出版社来函："数年前所交之第一批稿件十二篇，约二十万字，因其他单位同志借阅，在往来递送途中不慎丢失……，我们当补偿你的劳力"。父亲四五个月的劳动成果付之东流。然而，父亲的4月4日给出版社回函却给予了很大理解和谅解，函曰："数年前所交之第一批稿十二篇均系初稿，未经抄缮，故无底稿，重译约时4个月，稿件遗失事出偶然，不必补偿劳力，以免造成你社困难"。

在1964年底，人民文学出版社外国文学编辑部将卢梭《忏悔录》上卷译文六章寄给了父亲，要求在原译的基础上重新做一次校订错误、润饰文字的工作，以求此译稿能达到出版的水平。父亲详细修改《忏悔录》译稿，1965年2月22日，父亲回函编辑部负责同志，其中说："不得已在南京向私人借得G版（出版书局代称），经仔细比较，发现异文数处，确较原译所据版本为佳，故即以G版为依据，进行工作。凡所损益，均予注明，以凭核对采择。……，上册似可即此定稿。"

我看到《忏悔录》第一部译稿上已经用黑、深蓝、浅蓝、红笔、铅笔修改过，无法再在稿上下笔，父亲只有在其他纸张上对《忏悔录》第一部译稿逐条写出修改意见，花了四、五个月时间，就将校稿工作完成。一共提出四百多条修改意见都被出版社编辑接受了，人民文学出版社向父亲提出重译上卷，父亲鉴于尊重原译者的劳动，他尽力修改以求文字畅达，未肯给予重译。于当年7月26日再次收到人民文学出版社函："十分感谢你的帮助，拟请你续译卢梭的《忏悔录》下卷，……"并要求译出上卷的"跋"、卢梭在上下卷首的短言及圣勃夫评卢梭"忏悔录"。

卢梭《忏悔录》原文是一部探讨人性，哲学的自传体回忆录，它可以作为关于人性研究的第一份参考资料。卢梭在《忏悔录》一开始就写道："我现在要做一项既无前例，将来也不会有人仿效的艰巨工作。我要把一个人的真实面貌赤裸裸地揭露在世人面前。这个人就是我"。原文文字晦涩，相当难读，更是难翻译的一本书。

父亲以他的人生经历、在他的深厚广博的中外文化艺术和历史哲学的素养的基础上，凭借着他顽强的毅力和孜孜不倦的精神，每天早起晚睡抓紧时间笔耕于纸间，父亲在翻译卢梭《忏悔录》时曾对我说，卢梭《忏悔录》文字晦涩、难读，要翻译好这本书，必须将自己的思想完全进入到卢梭的真挚、诚恳的精神家园中，与之共鸣；在书中近似于迷雾般的一些小故事，小片段中去贴近作者的回忆，作者的心灵；在文字上或激昂、或沉默、或抑郁、或舒畅、或快乐、或平静、抑或热烈的起起伏伏、或浓或淡的叙述中行进；去领略卢梭人生道路上的风风雨雨、阴晴圆缺；去探寻卢梭经历的爱恨情仇、恩怨变迁。卢梭生命的最后八年是在孤独与不幸中度过，他继续写了自传的续篇《一个孤独的散步者的遐想》。

而父亲生命的最后十余年又何尝不是如此。正因为父亲心血倾注中法文化交流，对文学艺术艰难执着的追求与坚守，终于在人不堪其苦的艰难岁月，呕心沥血以难以想象的翻译速度，始终不渝地开垦着他的那块处女地。从1962年5月到1966年5月四年间，将人民文学出版社所约的'三部丛书'中《诗的艺术》增补本、《圣勃夫文学批评文选》、卢梭《忏悔录》下部译稿全部完成，并寄给了人民文学出版社。父亲译稿的寄出正踩在了时间点上，也许是个巧合，也许是一种政治的敏锐感，若迟半个月寄出译稿，文化大革命一开始，这批译稿可能就前功尽弃了。

2. 命运多舛，历尽磨难

1966年5月16日，这对中国人民来说是个灾难开始的日子，由中国领导人错误发动和领导、被林彪和江青反革命集团利用的政治运动开始了。这是自1949年至今给中华民族带来最动荡不安的严重灾难时期。当时要"高举无产阶级文化革命的大旗，彻底揭露所谓'反动学术权威'，批判学术界、教育界、新闻界、文艺界、出版界的资产阶级反动思想，夺取在这些文化领域中的领导权"。在"怀疑一切，打到一切"的口号下，当权派、民主党派负责人，各领域专家、教授、教师、干部都是被批判的对象，文化大革命给国家带来了十年浩劫。

那时父亲是保外执刑的社会人员，由派出所、居委会严加看管，如何被批斗就不得知了，父亲所受的苦从来不会告诉我们。而人民文学出版社的造反派也没有放过父亲，接连不断收到恐吓信、批判信，什么"打到周扬大红伞保护下来反动学术权威""吸人民血的寄生虫""罪大恶极的反革命、牛鬼蛇神""赶快向政府自首、坦白从宽、抗拒从严"，这些疯狂的语言、莫须有的罪名，在当时的社会上到处可见。

正如前中共中央主席、中央委员会总书记胡耀邦曾经所说，"中国在文化革命中两亿人被批判、斗争、牵连，所以几乎家家户户都有人受到过不公正对待和迫害。那么在文化革命以前呢，从流血土改，到清匪反霸，到镇压反革命，到三反五反，到批判俞平伯啊，胡风啊，再到反冒进，到社会主义改造，反右派，大跃进，在中国几乎所有有知识的、有教养的、有文化的、有头脑的、有不同意见的，几乎没有人能逃过这场浩劫[51]。"胡耀邦总书记简单概括了那一段历史。那时，不仅我父亲，就拿我所熟悉的大画家傅抱石一家的遭遇来看，亦可见一斑。

1965年9月傅伯伯因脑溢血不幸突然辞世，离他61岁生日还不

---

[51] 引自前中国经济体制改革研究所所长陈一咨讲话。

到一周的时间，家人措手不及，悲伤的场景自不必言，在江苏省国画院主持下，举行了一场隆重的悼念仪式，这对家庭多少有些安慰。傅伯伯一向关爱着家庭每一个人，不料他的长女傅益珊，在1958年刚入大学时，就投入了学校组织的"大跃进""大炼钢铁"的运动中，白天她站在竹梯上画着大幅宣传壁画，晚上在小高炉工地坚持战斗。不久，她终于累倒在"大炼钢铁"的战场，昏迷不醒，连续高烧了一个多星期，从此一病不起，不得不退学回家。傅伯伯开始教她学画，并说益珊是他六个孩子中学画画最有灵性、画出来的画最有气魄，要妹妹们向她学习。

不料，一个性格爽朗、通达的女孩子，后来又患了忧郁症，那时她才20岁。经久治不愈，终身未工作，未成家，更未实现自己的理想。偶然间，她也提笔画画，只是自娱自乐而已。作为傅伯伯眼睁睁地看着自己的长子、长女的遭遇，却无解救之力。七八年来，像两块沉重的石头压在了他的心头，总是耿耿于怀直至离世。但他万万没想到文化大革命开始后，自己的坟墓竟被掘地三尺，暴力侵犯了他的尊严，摧毁了他的尸骨，连一个亡者睡在棺材里也得不到安宁。一位国家级一流的大画家，风云间就被定性为反动学术权威，死后还遭受到此等侮辱，情何以堪？！

他的家庭、他的妻子儿女自然受到灭顶之灾，全家被赶出了自己的别墅，居住在一个简陋、阴暗的仓库里，儿女和亲人被污辱、被伤害、被判刑、被流放、被夺取生命。傅伯母后来说："这种有悖于常理、有违人性的残酷和丑恶，也远远地超出了她的人生经验，甚至于超出了人们的想象能力。"她在感伤之余，又欣慰地说，傅伯伯极其聪明，聪明得连自己的死都安排得如此得当，避免了一场皮肉之痛和妻离子散之苦。

1970年，傅小石为保护他父亲的四百多张画作不被损坏，将其收藏起来。造反派找不到傅抱石的画作，就诬陷其私藏父亲的画作，企图"叛国投敌"。为此，傅小石被判了十年刑，坐了九年多牢，致使左腿断残。在1979年平反时，他因过分激动突患脑中风，右半身偏瘫，四肢仅剩左手不残，他却以坚强的毅力，探索国画创作，终于独创了用左手泼墨没骨人物画风。傅二石在文革的十年风雨中，被批斗、监禁、审讯，他几次逃脱成为一名流亡的逃难者。至于不能自理的长女傅益珊在无人照顾与各种恫吓殴打下，失去了年轻的生命，无形中她成了那个时代的牺牲品。

三女傅益瑶，1970年正面临南京师范学院毕业，因受父亲和哥哥的牵连，也被定为"反革命"送往苏北农村劳动。小女益玉没有能上大学，自然也是去农村插队了。直到1979年，国家落实政策，傅家兄妹们才回到画坛，各自发挥了自己的才能，都成了世界瞩目的画家，负有盛名。他们遭遇的磨难没有气馁，自然也是傅伯伯、傅伯母教育有方的结果。

1966年6月，人民日报发表《横扫一切牛鬼蛇神》社论，掀起了以大中学生红卫兵为主力进行的"破除旧思想、旧文化、旧风俗、旧习惯"的社会运动，伴随着红卫兵运动的兴起而席卷了中国大陆。全国到处破"四旧"，砸古迹，烧古藉，就以南京栖霞山千佛岩而言，一座座石像的头部都被红卫兵砸掉，这种明火执仗地对中国优秀传统文化毁灭性的摧残达到无以复加的程度。

从此打开了人类人性里的糟粕这个魔鬼，将它发挥到极致。揪斗学者、文学家、艺术家、科学家……，把他们打成"资产阶级反动学术权威"等，暴力行为成风。在这场运动的笼罩下，中国没有法律、民众失却自由，俨然一片乱世，没有受保护的文化遗产，没有受保护的私人财产、私生活领域，没有受保护的人身自由——荒诞的是，有些年轻人肩靠肩、手拉手走在一起也被当成"四旧"的对象，红卫兵就会伸出手来像斩肉骨头一样将两人分开。大街上到处贴着这样大字报，说什么现有交通规则靠右侧行走是右派分子们的规则，要变右侧行走为左侧行走，在中国这样的革命国家，应该是左派处处通行。大字报上红卫兵还提出，交通路口的指示灯也有政治路线问题，因为交通规则说明，红灯停绿灯行，这也不符合左派的要求，红色代表革命，绿色代表资产阶级，怎么能红色一出现就停止呢，怎么处处与红色作对呢？应该是红灯行、绿灯停才对！

　　1966年8月破"四旧"运动如火如荼展开了，文物古迹、图书字画等文化遗产，均成为"革命"对象的重中之重。那时国家的一些寺庙、石碑、石像都被红卫兵打、砸、抢了，更何况私人收藏品。红卫兵可以不通过公检法随意抄家，抄家时私藏的字画、古书、古董、西洋物品等都以"四旧"为名被掠走。父亲为了让自己辛苦研究、收藏的一些有研究的价值的文物能被政府保护下来，在破四旧一开始，父亲就积极响应了政府的号召，主动将他珍藏的金石器、文玩、考古书籍、古书及外文书刊和一些金银首饰纪念品全部上交给居委会了，并列有清单注明其文物价值，还写了说明："建议有关部门审查鉴别，有文物价值者转送有关单位保存利用，无价值者，听凭处理"。后来又将他爱不释手的、平时书写用的北宋古砚作为"四旧"交到了居委会，不去考虑会被人中饱私囊，我想父亲只是想求点平安而已。但无论如何，父亲这一细微举动可以看出他本分的爱国及爱中国古老文化遗产的思想。

　　十年动乱开始之后，父亲没有了生活费，家庭生活靠我一人微薄工资维持父亲和我们三姐妹的生活。我的大妹与父亲划清界限的积极表现，作为特例被批准为"共青团"团员，我们全家都为她高兴。那时珊妹才15岁刚进高一，在中学常遭班上同学批判，同学们将课桌围成一圈，让小妹站在中间，要她交代父亲的罪行，小妹的确一无所知，回答不出来，就被围攻、挨打、将她的两根辫子吊起来，骂她们是黑崽子。珊妹气得回家问父亲为什么要生下她？父亲无语。一时间珊妹气得不叫一声"爸爸"也不和父亲说一句话，父亲毫无怨言，照常为两个小妹妹做饭烧水，其内心当然是有说不出的滋味。

　　不过，让父亲最伤心的事，莫过于铮哥的判刑和他的部分译稿被毁。铮哥在清华大学毕业后，分配到上海锅炉厂，曾为厂历届先进工作者。文化大革命时期，一下子就被厂里打成反动学术权威、里通外国的间谍，累计了种种莫须有的罪名被公安部门判刑十年。上海锅炉厂造反派到了南京父亲住的地方抄家，将父亲翻译的法国作家诺贝尔奖获得者法郎士的《企鹅岛》、法国汉学家葛兰言的《中国古代社会研究》《欧洲民族心理素描》等译稿撕毁得残缺不全。父亲内心的疼痛可想而知，他深深叹了一口气，却没有说一句话。

祸不单行，有一天父亲没有起床，我们看到他睡在床上急促地喘着气，摸着他的手和额头体温很高，我们姐妹仨人急得手足无措，我想没钱也得先送医院，珊妹急忙去挂号，我和玢妹搀扶着父亲，父亲的全身已没有力，没走几步腿就软了，身体慢慢滑到地上，整个人瘫了下来，寸步难移，我和玢妹好不容易将他架到安全岛上，眼看鼓楼医院就在街对面，只有几十米的路，就怎么也跨不过大马路。玢妹赶快去急症室求救，找来一副担架，那时父亲已被这点路途折腾的疲劳不堪，高烧、昏迷、心肺病，医生建议立即住院。但是住院处不交钱就不能开住院单，我们苦苦哀求也无法打动对方的心，看见父亲耷拉着脑袋，加速喘气。我飞快跑到南京大学找克民想办法借钱，他一听情况毫不犹豫地带上存折到古楼医院办理了住院手术，出院也是克民结的账，那时我们正准备结婚。

父亲在医院住了二十来天，病情刚稳定，他就躺在病床上和我们谈起诗，他很兴奋地告诉我们，他找到了译这本诗的格律，用的是每行十四个字，七个字一个停顿，……。他要克民去读读他译的诗，看看他的译诗里可有什么毛病？父亲很愿意听取各类读者对他译作的反映。克民是搞自然科学的，只能肤浅地谈自己读诗的感受，尽管克民算是个读书很仔细、爱挑剔的人，但他从外行角度打心里感觉，读着父亲的译诗朗朗上口、文字流畅而优美，实在很难挑剔出什么。克民说，你翻译的《布封文钞》译文那么优美，读你的诗更有一种美的享受。父亲的回答是，布封的散文本身就很优美。克民不懂法文，就请他朗诵一段原文诗，再对照读他的译文，觉得两者的音调、节奏颇像。后来再去体会父亲精心推敲的译诗，更觉得优美流畅，不能不钦佩老人的才思。

父亲无时无处不在想着如何更好地沟通中法文化的对话。在心灵严重的创伤和经济的窘迫下，父亲的宁静而致远的精神和严谨自律的品质完全屏蔽了社会上打砸抢的浮躁声。他把青年时代就开始着手研究，并作为博士论文的课题《赵氏孤儿》与《中国孤儿》，又进行了比较研究，这个以历史事实为素材，以政治斗争为内容的学术题目，事隔三十余载，在父亲垂暮之年的长期逆境之中，又苦心劳志，在翻译伏尔泰的《中国孤儿》五幕诗剧的同时，抒写了《〈赵氏孤儿〉与〈中国孤儿〉》的《译序》。

正如我国比较文学学科奠基人之一贾植芳先生在该书序中所说："重新拿起来进行研究，必然会对它产生一个全新的认识和感情，真正通过生活实践的本身达到对历史的深入其里的思考与评价，越出书本上的抽象概念世界，做出自我的研究成果，由成熟的人生高度达到真实的学术境界。这篇《译序》是范先生对重新崛起的我国比较文学研究事业一个崭新的高质量的贡献的用意之所在"。

1968 年 4 月是父亲期盼了十年的日子，他已服'刑'期满，'刑'期中为国家做出了贡献，而没有新的'罪'状，按照我国刑法，本应释放获取人身自由，父亲以为自己将熬出头了，可以回到人民内部，尽自己的力量为国家、为人民服务了。可是，父亲等啊！等啊！一个月、二个月、三个月过去了，没有丝毫消息。珊妹为此跑了江苏省公安厅很多部门，最后得到一句话，所有判刑人员都不做处理，继续服刑，公安人员不回答任何理由，任何刑法依据，一句话就给珊妹打发走了。在那动乱的日子里，造反派砸烂了公、检、法系统，国家宪法也起不了作用，形成了新案造反派掌握，陈案无人清理的状况。天道不测，造化弄人，一个人的政治生命就这样继续被剥夺着。时运不济的父亲仍然是戴着"帽子"带"罪"服刑，直至他与终生热爱的祖国大地融为一体。

1969 年 9 月，城市搞清一色的"遣返"运动，将"地、富、反、坏、右、资"六类人遣返农村监督劳动。户籍员对父亲说："你回原籍出生地，就可以'摘帽子'了"。父亲信以为真，连做梦都想获取自由，他认为他的祖辈在家乡一向积德，本人没有做过坏事，当地老百姓不会太为难他，所以他也想到农村以求得"摘帽"的机会。我想，这是父亲为了安慰我们的一番话，当然，也是他奢望，其实父亲也是不得已而为之。

人们都说日有所思，夜有所梦。父亲在家从不多语，也没笑容，不知他曾经有过多少噩梦惊醒，他都埋藏在心中。可是有一天早上，父亲一见到我就高兴地对我说，昨天夜里他做了一个梦，梦见自己从杂草灌木丛生的坟茔地里走了出来，手脚都被荆棘划破，他忍着疼痛向前走着，突然在茂密的枝叶缝隙中看到了一缕阳光，他向着阳光方向跑去，前方豁然开朗，阳光灿烂，满眼鲜花，迎风招展，他深深地吸了一口新鲜空气，梦就醒了，他继续地追梦，……。父亲说："这是好兆头！"。他认为自己会很快重见天日，他是多么想获得自由、想有一个好的工作环境，做他热衷的事业啊，他等待着、期盼着、深信着、不久就能获取自由。我看他那高兴的样子，怎么舍得打消他的兴致呢。我天真的父亲啊！他默默地忍受着一切，根本不去想'名'与'利'，而是执着地坚守他那份事业，本能地要将自己的那点知识反哺于社会与人民。

1970年8月父亲接到公安系统通知，强制农村劳动。父亲年迈多病，再去农村劳动，生活肯定无法自理，通知要求有一个子女陪同。玢妹胃下垂，珊妹患严重风湿性心脏病，她俩都不是当年知识青年上山下乡动员的对象。可是老父亲要发配到农村劳动，两个妹妹必需一人跟随，珊妹因几年前不懂事，让父亲伤心了，作为忏悔，她挺身而出，愿意照顾父亲跟随父亲去农村。当时父亲的心似乎很平静，他相信党和政府，寄托着到农村'摘帽子'。于是父亲向我交代了他的译稿清单，他深信他的译稿是有用的，他让我有机会就将这些译稿交出版社出版。

父亲和珊妹即将离开城市，需要准备行装，准备御寒衣被，以往两个妹妹裹着一床被睡觉，现在不得不分开了。当时家里一贫如洗，玢妹、珊妹都将自己多年的长辫子剪下来卖了，买了点牙膏、牙刷、手纸等零星用品。克民的一点储蓄已消耗在父亲的住院费上，克民想了想，就将他心爱的吉他转让给别人，换取了30元，买了几丈灰色咔叽布和棉花，托高中同学李承引妈妈给父亲做了一套棉衣裤，给珊妹做了一件棉大衣、一床棉被。在现在看来小事一桩，可是在那一切凭票证的时代，可不是一件容易的事。

珊妹是跟随父亲下农村，未被列入知识青年上山下乡范畴，没有布票等补贴，在当时居民每人一年只有 12 尺布票、0.3 公斤棉絮票，做一套棉衣至少要 24 尺布票，用掉了家里所有布票、棉絮票还远远不够，只得东凑西凑，向周围能开口的人都开口借了，有时感到难以启齿，终于还是启齿了，心里真不是滋味，在'证券'时代，买双袜子及棉鞋都得要布票啊。

李妈妈是位善良的老人，靠缝纫为生，她同情我们的遭遇，知道轻重缓急，于是她放下手中的活，为我们赶制衣装，不肯收我们一分钱，这种雪中送炭、这种人间之情，令我难以忘怀！父亲和珊妹要下农村的日子越来越近，本应该买些吃的东西来给父亲和珊妹补充一下，苦于受计划供应的限制，又没有能力买高价物品，眼看父亲和珊妹两人拖着有病的身躯，去他们力不能及的农村劳动，心里不知有多沉重！"纷纷世事无穷尽，天数茫茫不可逃"终究无可奈何地看他们离去。方昌翰诗云"聚散人生常，此别难为情。尔我本一树，相期共枯荣。"我期盼着父亲早日归来，而父亲却很达观、坚定，他相信自己会再回到南京。

次月的一天清晨六点整，天气有点阴沉，一阵秋风吹来凉簌簌的，我和克民早已帮父亲和珊妹行李拿在人行道上等候，行李很简单，除了两人衣被、一些日常必用品外，还有一只父亲的公文包，里面装着他带到农村去进行译作的书稿，再没有其他物品，就这点东西也够他俩慢慢挪动了。不一会儿一辆卡车缓缓从南向北行驶而来，停在中山路 350 号家门口，一位手持长枪的军人下了车，站在驾驶室的外面，我顿时毛骨悚然，为了避免临别的悲伤场面，也害怕日后被人抓辫子、受批判，我们没有敢送他俩上车，也没有向父亲、妹妹最后道别。

我站在十米外护士学校门口的人行道上，目送着他们坐上了驾驶室后排,父亲的表情仍是那么沉稳、气质凝重、双目向前看着,没有回头。卡车从我身边驶过,彼此没有一句言语,更没有挥手致意。我一人呆呆地站在人行道上,目送着卡车离去,直至消失在我的视线里。我迟迟没有离去,心想这条路那么长,前方又如此迷惘,我那时的心既空且乱,我愣在那里双眼模糊了,分辨不出是现实还是梦幻,谁会想到这竟是一场生死离别?若知如此,我拼命也会送他们到车上,临别拥抱亲吻一翻,我的胆怯让我失去了表达对父亲的情意!

下午卡车抵达合肥,司机与二位"保卫"人员需要休息,珊妹借此找到合肥邮局,看望小姑。小姑神情有些紧张,拉着珊妹走出邮局才敢说话,她在附近的小饭店里买了几只菜装在饭盒里,让珊妹带给父亲吃,随即就去上班了。在当时的社会环境下,人人自危,这已经是很大的情意了。

3. 不堪回首的归宿

第二天上午抵达安徽桐城县挂镇挂车河公社——父亲的出生地,然而爷爷当年赁居范氏同宗那里,自己并没有房产,以教书行医为业,遇到穷困人家就医,无钱也同样诊治,老一辈人对爷爷都有良好印象。听珊妹说,当地人并不认识父亲,也没父亲住处,公社安排父亲和珊妹住到四周被水田环绕、仅留有一条小路的"孤岛"上。那里只有一间无人居住的破旧不堪的黄泥茅草屋,据说以前是村民们上工躲雨的地方,也有人说曾经是个土地庙。墙壁是竹胚黄泥制成,中间有半截泥墙隔了房子的三分之二,剩下三分之一为进出的门洞。外间靠墙有一张用黄泥砌成的长方台,其余一无所有。长方的黄泥台铺上草垫就成了父亲睡觉的床和堆放衣服、书稿之处,后间珊妹的房间就是厨房,珊妹临时买了一张旧竹面床架在竹架上,铺上稻草就是珊妹的床。一张小方桌、二张小凳子和两盏带玻璃罩的煤油灯以及锅、瓢、碗、盆、桶、柴等都是从乡民那里买来的。

经过半天的奔波操劳,那天晚上缺东少西,无法开伙,珊妹向村民家买了六个粑粑(米饼),借了一桶水,混了一顿晚餐,"虽说给钱,也像讨饭一样,头两天连夜间如厕还得跑到室外……爸爸本就体弱多病,夜起也多,风吹受寒,整晚咳嗽哮喘。"珊妹说到这里泪水纵横,她说:"在南京生活虽苦,家庭用品是现成的,周围的人与物也是熟悉的。但在农村无人相识,无人相助,一切空空荡荡,门前除了水田还是水田,到了晚上周围漆黑一片,除了风声就是蛙鸣实在令人胆寒。"

从此,父女二人相依为命,蜗居在这个茅屋里,苦苦地度过了父亲生命的最后一年。一时我没有让她说下去,我也难以压住自己的情感,我们姐妹相对流泪,默默不语。可想而知,他们没有劳动力,在农村度日如年,过着最简单、最艰苦、最压抑的凄凉生活;过着没有人的最基本尊严的生活。现实使人更加理解"湖南农民考察报告"里说的,什么叫作'把他打翻在地,再踏上一只脚'的真实含义。唐代诗人高蟾在《金陵晚望》中所抒发的情感"曾伴浮云归晚翠,犹陪落日泛秋声。世间无限丹青手,一片伤心画不成。"正描绘了父亲人生最后的十余年处境。

父亲到农村的第二天,由于途中劳累咳嗽、气喘加剧,加之疝气下垂,整个身体都撑不住了,二个民兵就上门来喊他下地劳动,因为父亲是被江苏公安部门押送农村的,所以,公社也派了二个民兵看守着父亲,他们不用下地干活就可拿到工分。那时正是秋收季节,父亲被安排去割稻子,谁知父亲体力不支,刚弯腰割稻时,一屁股就坐到了水田里爬不起来,二个民兵走上来就是拳打脚踢,这就是父亲到农村第一天劳动的遭遇,这之后挨骂、挨打是常有的事,年老体弱的父亲动作慢一点,就会有扁担打过来,在他的身上总是留有青一块紫一块的伤疤。

然而人要活着总是和柴米油盐、吃喝拉撒分不开,这间孤零零的房屋里没有任何生活资源,一切都要靠珊妹穿过田间小路从外面拿回来,这的确难为一个有风湿性心脏病人了。有一次公社分稻子,拿了稻子还要跑到镇上碾成米,村民家家有推车、有劳动力,而珊妹两手空空什么都没有,凭她的体力无论如何也没能力到镇上将稻子碾成米再拿回来。

　　一位好心村民答应帮忙带去碾米，珊妹将谷糠给他作酬谢，被造反派农村干部发现了，第二天这位好心村民也遭到了训斥，还有谁敢于伸出援助的手呢？这不等于让人自生自灭吗？有一次，父亲被斗，珊妹陪斗，珊妹说她心脏不舒服，全身冒冷汗，村干部见她脸发白，拿张凳子给她坐，她让给父亲坐，结果凳子给村干部踢翻，父亲的下身也莫名地挨了一脚，父亲下意识地用两手捧着下腹部，很快父亲又将胸部挺了起来，他尽力保持着他的人格。珊妹养了一只母鸡，母鸡第一次生蛋，她高兴地煮来孝顺父亲，父亲说珊妹有病需要补养，两人推来推去，相持不下，最后一个鸡蛋两人分吃了，这本身就是家事，也是让人心酸的事，后来一位村妇问珊妹："昨天听到你家鸡叫，下蛋了吧？"。珊妹回答："是呀，我们都吃掉了"。

　　结果第二天父亲就挨批斗，珊妹也站在那里陪斗，村干部说："别人家的鸡下蛋都去换日用品，你们家的蛋怎么给吃了？"。珊妹抬着头据理辩驳："是我养的鸡，我有心脏病，煮来自己吃的。我生在新中国、长在红旗下，我是知识青年为什么不能吃自己家的蛋？"。村干部哑口无言，狠狠地扇了父亲一记耳光，这种疯狂已经完全丧失了做人的道德底线。

　　在农村除了心灵受到莫大创伤、身体受到伤害外，生活自然艰苦。他们没有屋边地，吃菜需到集市或向乡亲们买，无法享受自给自足的农家生活。白天父亲除劳动外还要参加各种的批斗与训话。第一次参加受训时，父亲发现人群中，有一位酷似自己大妹坤和的人，两眼对视，却不敢相认。二姑家离开父亲住的地方约七、八百米路，晚上她让女儿启明带了点蔬菜来找珊妹，珊妹有了个表姐妹，喜出望外，在这人生地不熟的农村，似乎有了依靠不再孤立无援，启明告诉珊妹，下次批斗会时，她母亲穿一身黑色衣服，让父亲注意看，那时在五类分子之间是不能交流的。

　　到受训那天，父亲提早到了受训场，他见对面一位穿黑衣的老妪走了过来，拎着一只瓦罐站在远处的大树下，轻轻地放下了瓦罐，然

第十章 父亲归来

后抬起头来看着父亲，就在目光相触的那一瞬间，二姑向那瓦罐挪挪嘴示意着，父亲微微点点头，双方目光移去。受训结束后，父亲将瓦罐拎了回家，从那浓香的鸡汤里洋溢出那血浓于水的手足亲情，胜过一切语言。父亲感慨地说，这是他十多年未闻到的香味了。珊妹说，父亲每次挨批斗之后，第二天早上都会看到屋前放着一些蔬菜，不知谁送来的，可能是善良而纯朴的村民为自己白日逼不得已的批斗行为表示点歉意吧，这也说明中国的老百姓良心未泯。

在农村一年的时间里，父亲不管如何挨斗，总还是利用自己一点知识为村民们做些力所能及的事。村里常有洪涝灾害，父亲积极提出并参与利用河石分流灌溉农田，发挥着防洪灌溉的作用，使村子成为水旱从人的状况，深受村民欢迎。直至 2015 年 8 月 18 日，新浪网上素不相识的网民 wjiuling 写了一篇文章："挂车河人民的骄傲！1969 年 52 至 1971 年间，范任利用河石分流灌溉农田的事，至今仍有人记起……"与"……受爵承先志，诗书启后昆，文章华国重，礼义经邦兴"来纪念父亲。可见父亲这种发自内心深处对人们的爱，至今仍留在普通老百姓心目中，真是难能可贵！

在农村，父亲和当地农民们一起劳动，工间休息时，他会坐在田埂上，思考着法文诗的翻译，晚上在批斗会后，他就埋头专注写作。一年四季不论夏季炎热、汗流浃背、蚊虫叮咬；还是冬夜严寒手脚冻僵，父亲总是在昏暗的煤油灯下，伏案于不像书桌的小'书桌'上，墨水从他手握的笔尖里流淌出遒劲的文字和优美的诗文来。那时，没有钱买纸，珊妹就为父亲捡香烟壳作草稿纸。1970 年初，农村广播即将发生地震，父亲连忙将他从南京带去的法文版法国名家诗集和译稿，包裹在自己的衣服里紧紧抱着，其他什么都没有拿。

《法国近代名家诗选》，是他继翻译波瓦洛《诗的艺术》之后，用再创作的方法，利用十年空余时间的思考，在农村一年的时间里呕心沥血译成。在这本诗选中，父亲介绍了法国近四百年的二十九位著

---

52 此处原作有误，应为 1970 年——作者注。

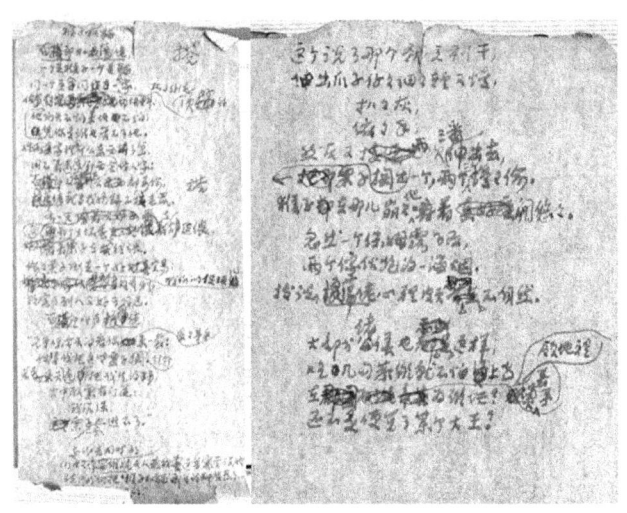

图 8-6 拉封丹寓言故事《狮子和猫》，香烟壳稿纸

名诗人的六十首的代表作，以此反映这一历史时期的法国诗坛的面貌。为了让读者更好进入诗的意境，父亲在每一个诗人的作品前面，都写了作者简介，当你把这些简介连起来，就是一篇法国近代四百年的诗歌简史。由此可见父亲对待翻译工作特别是译诗的工作，态度十分严肃，一丝不苟。

他曾对我说："译诗是比作诗难得多的一项复杂的工作。既要尊重诗人的原意，又要适合中国风味；既要探索其内容，又要物色反映内容的合适形式；既要使词语确切，又要使意境再现。每译一首诗之前，必须从诗人所表现出的意象，追溯到他当时的感情和感觉；然后回过头来，从感觉进入到感情，直至构成完美的意象。

简单地说，译诗的过程，就是再创作的过程"他这番话，我从他译著工作中时常得到印证。在他译诗时，或高声吟诵，或伏案沉思，或仰视遥空，或俯视足下，或徘徊咏叹，沉潜于诗的意境之中，超脱于诗的语言之外。正因为如此，他的译著，博得同好者称誉。

1971 年 8 月 1 日清晨，父亲突然感到身体不适，但是那两个民兵仍然逼着他去劳动，他撑着带病的身体上工了。这天夜晚，满天星辰闪烁，半个月亮挂在空中，照得水田泛出淡淡微光。一片蛙声划破夜的宁静，天气特别闷热，大有酷暑袭人的感觉。父亲却舍不得花点时间到室外纳凉，一如既往地在昏黄的灯光下耕耘着，谁也不知道他是在用生命来争夺光阴。

夜深了,珊妹一觉醒来,看见父亲仍在伏案写作,渐渐地灯光跳了两下,灯油燃尽,灯光熄灭了。父亲缓慢地套上笔套,踉踉跄跄走向床边,倒下睡了,睡了,永远地睡了。他给自己安排的那么得当,手边能够翻译的译作几乎都完成了,在迫害与羞辱中,在病痛与贫困中,他驾鹤而去。在他临终之夜,他的书桌上放着"诗王"魏尔伦的诗《伤感的对话》:

"——天多么蔚蓝呵!希望多么远大!
希望失败了,已逃向黑的天涯。
就这样,他们在野荞麦里彳亍,
只有夜影听到了他们的话语。"

以及具有高度艺术技巧的诗人萨曼的诗《有些离奇的夜晚》:

"有些凄凉的日子,倦于人生的体验,
心儿坐在包袱上像已经活了千年,
……
有些怀疑的深夜,烦扰绞得你心疼,
我过这些深夜呀,冥冥中像个死人。"

我不知道父亲最后的驻笔在哪里,但他的生命最后定格在这本诗选精益求精地润色上,他就是这样每天思维、沉浸在诗美的世界里,从容地渡过了那些现实难以忍受的残酷时光。他的译著之所以不同于一般,在于它译作过程不仅凝结着许多艰辛,还渗透着冤情与苦难。

1971年8月2日,农历6月12辛亥年乙未月己未日早晨,珊妹看父亲没有起床,才发现父亲已走了,丢下了她离开了人间。他走得那么突然、那么仓促又那么平静,没有给后人带来任何麻烦,也没有带给子女丝毫的医疗负担。珊妹措手不及,一下扑倒在父亲的胸前,泪、汗浸湿了父亲的衣衫,晕倒在父亲身上,直至一个粗暴的声音叫喊父亲上工，珊妹才回到现实中苏醒过来。

在农村他们没有一锥之地，尸体在那破屋里停放了三天不给下葬，周围又没有火化场，竟到了"死无葬身之地"。意志坚强的珊妹跪下来哭求："请求随便给块一人之地将父亲埋了，总不能让他暴尸在荒野吧！"也无济于事，珊妹急得头往墙上直撞，不想活了，被看管的民兵拦住了，他们见老的没下葬，小的也要死，出了人命案，对上面不好交代。

珊妹说："既然不让我死，就让我找口棺材吧，我会给爸爸带走，你家也是有老人的，……"。也许一个瘦弱的女孩一阵阵凄厉的哭声和求死的决心，让这些村干部感到害怕，他们走开了。珊妹带着伤痛，顶着烈日跌跌撞撞到镇上给我们打电报告知丧事，等我们寄钱买棺材。珊妹在表兄弟、表姐帮助下找到了一口曾经被老鼠啃破的棺材，无奈事急，花了100元买了回来。

在那炎热的夏天，父亲躺在他那张泥土做的"床"上，身上都发出了异味。珊妹将父亲遗体洗换干净，就这样带着珊妹的汗水与泪液入殓了，最终总祘给父亲争得了一点最起码尊严与体面。四表兄妹连夜将父亲棺材拖了出去，暂厝在一处隐蔽的荒凉之地，除了哭声刺破青天外，没能遵照任何习俗与葬礼。月冷椿庭夜迢迢，感风木，动悲号，父骨何处沙场草！

我未想到才离开父亲一年，父亲就躺在了凄冷的荒野里，"昔日骨肉离别，泪雨挥，柔肠断，留不住。一抹千里荒野，芳草无归路，羌笛一声痛绝，肠断处。"我的悲痛的心啊，倾注了一阕《定西番》寄托着我的哀思。

夜深了，珊妹魂不附体地回到二姑家。父亲的棺柩停厝在野外终究不是事，第二天，珊妹走了三十多里路，找到了住在月山的方三家，他的父辈受救于我的祖父，方家的儿孙辈们始终没忘掉报答这份恩情。也是在一天的晚上，方三家父子将父亲棺柩悄悄地拖走了，葬到了月山他们生产队的小山岗上，父亲的遗体总算有了安身之地。父亲走得如此凄惨，一生却又如此荣光，我的心头不觉再次涌起了另一

第十章 父亲归来

阕《定西番》,权作一次心灵的呼唤,敬献给父亲的亡灵,以感谢父亲生前对我的教育培养:

《定西番》

狂飙袭来树折,叶飘零,落入土,委作泥。
一曲悲歌永别,惊轩窗桃李。春蚕临终丝撒,茧亮霓。

父亲走了,走到荒野的山坡;父亲走了,灵魂在时空中穿梭;他走向辽阔的宇宙,那里有他的尊严与自由。

我可怜的珊妹啊,孤苦伶仃。一个二十出头的花季少女,怎能独自生活在充满悲伤、恐怖的屋子里?!可是珊妹变成了农村户口,在票证与户口管理制度下,再回到南京定居真是难上加难。

幸巧,那时国家六.二六指示号召医务人员下农村去,玲姐就从山东济宁市医院调到南京江浦县医院,由于玲姐对病人认真负责,医术得到当地干部和老百姓的信任,上下关系都不错。于是,玲姐决定去桐城乡下,将珊妹接到了南京江浦县,她们共同生活在一起。可是珊妹却成了一个黑户,经过很长时间的努力和疏通,才取得了户口和油粮计划。

珊妹离开农村时,队里派人来检查她的行李,一只装着父亲译稿的牛皮公文包,被检查的人扣留下来,不允许带走,珊妹誓死不从,紧抱着公文包说:"这是我的东西,你们没有权利拿走,你们要拿走,我就撞死在这里!"那时,珊妹真有死的念头。说着,她的头就往墙上撞去,额头上撞出了一个紫红色的大肿块,被来人拉住了,他们也怕知青出事会受到领导的追究,不好交代。

父亲在乡下期间,我和玲姐每月各给他俩寄五元生活费,珊妹却从来没有收到过,一直都被短路了,变成了他人囊中之物。父亲在世时一直不知道我们寄钱之事,以致从南京带去的一点食油和白糖都舍不得吃,他还打算细水长流呢,最后这点油和糖也被拦截了下来。如果父亲看到我们寄的信和钱,多少也可以从中得到一丝宽慰,可是这点点宽慰也被贪婪、无知的人夺走了。

父亲从这块被龙眠山河孕育的古老文明的村庄来到人间，曾经是闻名县镇的神童、才子；他曾以自己的努力和聪颖，先后考入了国内知名学府上海震旦大学和北京大学；他曾获取了庚子赔款奖学金，进入了世界顶尖大学之一的比利时鲁汶大学；他曾教书育人桃李天下，培养出许多杰出人才；他曾为中法文化交流、为法国文学的翻译作出了毕生贡献，特别是填补了法国文学理论诗译这一专门领域的空缺。然而父亲的不朽译作是在他生命的最后十三年，在那特殊的年代，人不堪其苦的艰难岁月，呕心沥血完成的。他的后半生可以说是一颗冷落在河沙里的宝石，默默地闪着光芒。尽管他的生命在坎坷的历程中过早地离开了人世，最后回归到孕育他的故土，然而他的人生事业犹如星辰般地散发着永恒的光芒，他的理想追求、他的人格精神，将彪炳千秋，应该是后人的学习榜样。

自1951年8月父亲在苏州华东人民革命大学政治研究院学习结业时，组织给出的政治结论是："历史问题交代清楚，不予追究，回原单位原职工作"；1955年肃反运动时，微文深诋，以莫须有的"现行反革命小集团"罪名，身陷囹圄政治审查一年，江苏省公安厅结论是"反革命小集团查无实据，历史问题交代清楚，回原单位、原职工作"；1958年反右期间却以"历史反革命"判刑十年；被无辜关押、监督劳动，失去人身自由和最起码的人的尊严，竟然戴了二十一年"反革命"的帽子，受刑二十一年。罪莫大焉！

人生最有创造力能为中华民族作出贡献的时光，就这样在苦难中流淌过去，直到1979年6月21日，江苏省高级人民法院刑事判决书，刑监（79）第138号文判决如下："撤销本院（58）刑初字第497号的刑事判决，宣告范任无罪"。这张迟到的平反昭雪的判决书是在父亲生命消失八年后颁布的，"荣枯咫尺异，惆怅难再述"其因何在？令人沉思！如果在20世纪50年代以后，父亲能处在一个稍宽松的环境，必然会为社会做出更多的贡献，诚可悲乎，其不安也！犹如诗经大雅《荡》吟"天生烝民，其命匪谌。靡不有初，鲜克有终。"

第十一章　尾声

无意苦争春，一任群芳妒。
零落成泥碾作尘，只有香如故。

——陆游

1979年停顿了10年之久的出版事业终于又重新开张了。第一批批准出版的书籍中，就有父亲翻译的科幻小说启蒙书《格兰特船长的儿女》。当年出版了二十万册，受到读者的喜爱，直至今天中国青年出版社仍然在出版发行中，深深影响了前后三代中国读者。正如2015年，他的学生著名法国文学翻译家马振骋先生在这本书（范希衡译文集，南京大学出版社）的封底上所写："范希衡先生是我的恩师，我从他以及其他老师那里学到的法语，给我的一生工作打下坚实的基础。中法文化博大精深，范先生在这方面的卓越研究，早在上世纪四五十年代，已得到学界承认。1956年，我还在中学生时代，他翻译的《格兰特船长的儿女》便已出版。据我所知，这是该书在中国出版的第一部中译本，至今已过去六十多年了依然是最出色的一个中译本"。

作为子女，我从心底里感到能给父亲的译稿出版是尽最大的孝道，也是父亲唯一心愿。父亲被平反的次年，我就将父亲弥留之前仍在孜孜不倦地润色的《法国近代名家诗选》，送到了人民文学出版社资深编辑、中国翻译协会理事、诗歌翻译家卢永福先生手中，他当场浏览了一下，就接受下来。翌年由人民文学出版社分社——外国文学出版社出版了。

为了表示对父亲的纪念,封面专门设计成:一只花圈,上蓝下红的花环图案围绕着父亲的手迹《法国近代名家诗选》。笔力刚劲挺拔,难以想象这是一位身处悲惨折磨的老人,在昏暗的灯光下,坐在一只粗糙不平的小饭桌前随笔书写的字迹,这是非坚韧顽强的品格所能致焉。正如荣获傅雷翻译出版奖的胡小跃先生所说,这本诗集走进了六十年代文学诗歌爱好者的心中,很多人放在口袋里或枕边作为美的享受。

2012年彭建华先生在《文学翻译论集》(浙江大学出版社2012年10月第一版)第七节论"范希衡《法国近代名家诗选》"中写道:"范希衡《法国近代名家诗选》是新中国最初30年间最重要的一部法语诗选。范希衡认为'中国新诗正在旧体和民歌体之间摸索,还没有定型,所以我只好另辟蹊径。'"显然范希衡努力以译诗方式参加中国新诗的建设,为新诗创作提供借鉴模样。这本诗选在选择过程中坚持的文学原则和批评精神,大量的事实表明,译者的认知世界知识和时代影响力的组合是丰富而复杂的,反映了一代中国人对法国诗歌的最深入的了解状况,表明了一个正直的中国学者在特定时期的学术风格和人格。

图11-1(左)《法国名家诗选》外国文学出版社1982;图11-2(右)南京大学出版社,2012

范希衡没有借助于信、雅、达的陈式,实难能可喜了。范希衡的新诗显然指讲求格律,讲求技艺,讲法语规范的严谨的汉语白话诗体,即艺术地译作新诗。没有硬译和非硬译,直译和意译的争辩,而这些翻译界的话题,困扰了20世纪的中国数十年。作为学者最明智的是仔细地观察。尽量尊重原作而不失真，仿佛于原作神情，严谨的学术追求，推崇翻译中的求真原则，是诗译的精神，也是诗译的实践本身。适合中国风味，译诗使中国读者无陌生之感，是本诗选翻译的另一原则，法国文化和法国诗与中国文化和汉语诗迥异，沟通或者消除其间的隔离，往往是翻译者的一份重要工作，翻译者便以说明、注释或评述等方式来实现或者获得理解。

在此诗选中，范希衡积极地评价读者的世界知识和接受的文化准备基础，从而努力沟通读者与诗人，传达一份异域文学的丰姿，展现翻译的价值。诗集170多条注释，包含翻译诗人或法语诗选的20条左右的注释，证明范希衡的选译工作是极严肃而认真的"。彭建华先生在他的书里用大量的事实诠释了父亲的学术水平，学术风格和人格。

后来我注意到几乎所有的外国诗选中都引用了父亲的译诗。而且他的诗如魏尔伦《天在那边屋顶上呵》、戈蒂埃《早春的微笑》等被某些学院的中文系及中学语文人教版选为《外国诗歌散文欣赏》等读物，读者的需求使南京大学出版社2012年9月再次出版了这本诗选。

父亲常说人来到社会，应该为社会留下一点足迹，对于知识分子来说，人生不朽是文章。《法国近代名家诗选》出版后我特别兴奋，兴奋的不只是父亲的愿望实现，而更是父亲的精神得以传承。当时我买了几十本"诗选"寄送亲友，让他们知道"枯木逢春"了，叶芽儿开始舒张起来像个"人"样透出了春天的气息，亲友们无不为之高兴。

1982年夏天一个烈日当头的下午，我去北京中国对外友好协会看望王炳南会长，当时门警不让我进去，等了约半小时在我善言请求下，门警才为我打了几个电话，但仍无人接待。后来我等得不耐烦了，就直接拿起话筒对话："请转告王会长，我是范希衡女儿，来北京开会，顺道看看他，送他几本父亲翻译的书"。

接话人让我等一等，很快秘书就出来领我进了会长办公室。办公

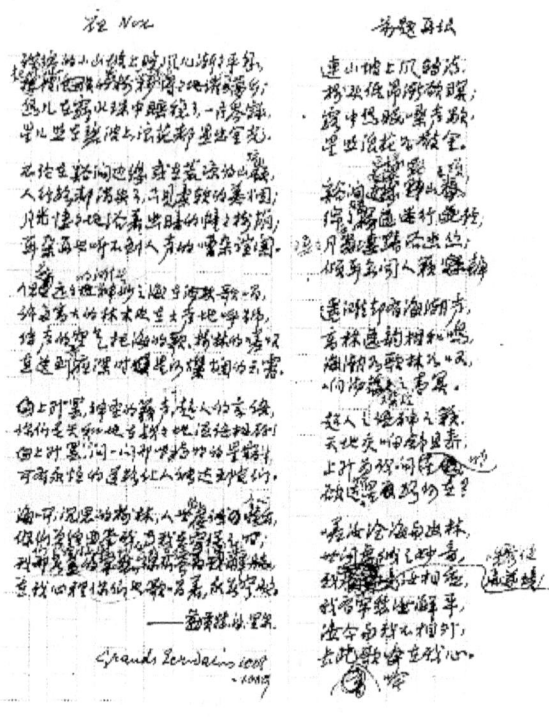

图11-3 《法国近代名家诗选》草稿，一诗二译

室朴实无华，但办公桌椅、沙发、灯具组合在一起，却显出了中华民族的庄重与气派。王会长一边翻着父亲的书，一边对我说："你父亲是才子啊"，接着谈起父亲起草旅欧学生的抗日救国宣言书的事，还问起在抗战时期他和我父母亲乘船去武汉时，在船上出生的那个女孩是不是我。我告诉他那是我的姐姐。让我吃惊地感到王会长日理万机，竟然还记得这芝麻小事，记忆力真好！这时我这不速之客，也许给他带来了抗战的回忆以及他和安娜在一起的日子。我向他告别时，他让秘书一直送出了大门。

王炳南、宦乡和我父亲都是好朋友，我去王伯伯那里，必然想到去看望宦乡伯伯，他住在东四报房胡同的外交部机关大院。那时的通讯没有现在发达，可以随时电话相约，我是不速之客，到了机关大院门口，一位门卫通报后，宦乡亲自到大门口接我。我喊他一声"宦伯伯"，他笑着说，"喊我叔叔，你爸爸比我大几岁呢"。多么亲切朴实而诙谐的语言！他带我向右边的一个单元走去，他家好像是在二楼，一进门他就对夫人许绍芬阿姨说："我的老首长范任的女儿来了，多包点饺子"。

第十一章 尾声

我听了很惊讶"老首长"是怎么回事！？原来他是指抗日期间在上海市各界抗日后援会国际宣传委员会和第三战区长官司令部的时候。宦乡叔叔对问题有他自己的独立思考和政治见解，当时在极左的阴影下，宦乡叔叔也受到了不小的冲击，并没有因为父亲的遭遇对我有丝毫的冷落。"我的老首长"的称呼，说明了宦乡叔叔敢于说真话的优良品质。

我拿出一本1981年刚出的《法国近代名家诗选》送给他，他翻看着说："很可惜，你父亲去世太早！这是社会的财富啊！中国需要这样的知识分子"，他让我保存好父亲的译稿。他还谈了不少在抗战期间的故事，意在让我知道父辈们如何为国家的存亡、民族的气节去艰苦、顽强战斗的。短短的拜访时间，他那大气凛然的人格风范，让我受益匪浅。吃饺子的时候，他说我出差在外，让我多吃点醋，对身体有好处，现在回想起来仍那么的温馨。

那个时期我经常出差北京，办完事后我还会去探望我的表姑父张知行[53]老人家，他住在禄米仓胡同26号。姑父比我父亲大5岁，他们在爷爷的学堂里同窗，父亲当年比他矮一个头，每次见他，他都会谈起儿时与父亲同窗的趣事。还说父亲的国学底蕴深厚、西方文学的造诣颇深，应该可以为国家做出更大贡献的人，不幸遭遇错案折磨，姑父为此感到叹惜。

最后一次我去他家是1991年，正是他九十大寿那年，大门是半掩的，姑父正在四合院里浇花。我高兴地跑过去拥抱他，他也兴奋地在我背上拍了两下，领我进屋坐，马上沏茶、还拿出茯苓饼来。我惊讶九十岁老人的手仍是那么有力，表情仍是慈祥，仪表仍是堂堂，只是比以前更念旧了。

---

[53] 张知行(1901-1994)，祖籍安徽桐城，陆军大学特别班第二期毕业。1927年任国民革命第2集团军军官学校副校长，1948年任联勤总司令部副总司令，同年9月兼任联勤总部重庆指挥所主任，后与共产党取得联系，脱离国民政府出走香港，从事策反工作。1955年回到北京，任国务院参事，1989年加入中国共产党。

他见到我高兴之极，问长问短，滔滔不绝谈起往事，诉说了不少珍闻逸事。谈及他如何与第二野战军八路军领导人彭德怀、刘伯承秘密取得联系，脱离国民政府出走香港，从事策反工作；谈及他的主张'协商'，以协商解决问题，于1956年他参与了著名的"十八参事上书"直言中共的统战工作的偏差；他喜欢谈论政治，还说："政治的原则含糊不得，不可以将就。他的所谓政治原则"尚同而不执偏"。尚同在墨学里主要是指"君必须要同于民，民意若天意。"

文革时期他拒作伪证，坚决抵制林彪、江青反革命集团迫害彭德怀，姑父的"直"使他在文化大革命中也吃了不少苦，受了不少罪，他的"主张""原则"都没有能实现。这是我和知行姑父聊天印象最深的记忆，也是最后的一次见面，两年后他也进入了九泉。

父亲在同辈亲友们心目中留下的印象是才华横溢，怀才不遇，壮志难酬的悲凉之人。滚滚地迎面扑来的"左"的政治灰尘，并未能闷熄父亲的精神世界，他的灵魂在承受与担当中挺立，默默地用自己的惊人毅力与执着，用人不堪其苦的劳动，冲破层层尘封向人们走来。同时也从父亲身上看到中国知识分子传统的安贫乐道、忠于所业、死而后已的高洁晶莹的灵魂！无不在欣慰之余又不禁扼腕叹息。

父亲说，我们家有着长寿的基因，希望自己能多活几年，多出些成果，然而却在种种心身的折磨下，过早地辞世了。在父亲仅有的六十五年生涯中，有四十多年的时光从事中法文化的交流与法国文学的译介工作，1949年后除了较早出版的译著凡尔纳的科幻小说《格兰特船长的女儿》与编著《拉伯雷》《维克多·雨果》《布封文抄》等外，在生命最后的十余年，他在没有头衔、没有职称、没有职业，没有收入，身处"囚徒"的屈辱境遇中，以超人的耐力与顽强的意志相继完成了《圣勃夫文学批评文选》《波瓦洛文学理论文选》卢梭的《忏悔录》、伏尔泰的《中国孤儿》诗剧等译著，选辑与翻译了《法国近代名家诗选》，写下了《从赵氏孤儿到中国孤儿》《18世纪法国启蒙运动中的中国影响》等论著。

在诸多译著中，布封《动物肖像》里的《马》《天鹅》《松鼠》

图 11-4 高中语文北京版
第一单元

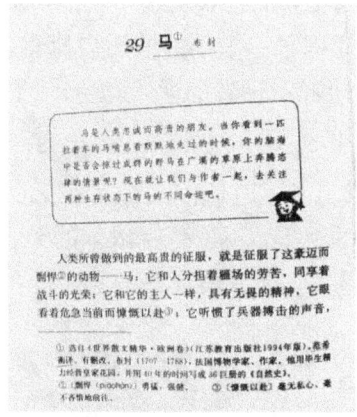

图 11-5 中学语文七年级
第六单元第 29 课

图 11-6 人教版语文五年级上册
第 17 课

《鹰》数十年来均选入中小学课本。如布封的《马》被选入中学七年级课文；《松鼠》被选入小学人教版五年级上册课文，沪教版六年级上册课文，苏教版七年级下册课文，部编版五年级上册课文；《天鹅》被选入高中语文北京版课本第四课课文……。直到 2017 年北京出版社"大家小书"图书系列中，再次出版了父亲翻译的《动物肖像》。

《格兰特船长的儿女》译本也被列为教育部新课标大纲指定为中、小学语文课外文学名著必读书目。然而译者的名字却长期隐没在历史的尘埃中，很少为人知闻。

近四十多年来父亲的书不断地在出版，卢梭《忏悔录》在八九十年代成了出版社销售量最大、最受读者欢迎的一本书。人民文学出版社外文编辑室资深编辑、他的学生徐德炎曾告诉我，那时出版社全靠《忏悔录》发工资了，这也许是夸大之语，却也说明在文化大革命后，出版业尚未恢复繁荣之前，他的译作已跑在了时间的前面。

关于卢梭《忏悔录》的署名背后还有其鲜人所知的故事，1980年12月人民文学出版社出版的《忏悔录》第一部，内封上署名"（法）卢梭著、黎星译"，徐德炎编辑告诉我，此书是当时"北京翻译社"组织的五六人的翻译组集体翻译的，译者都是在当时有"政治问题"的人。"黎星"是集体化名。

1982年9月出版《忏悔录》第二部，内封上署名"（法）卢梭著、范希衡译、徐继曾校"。到了2010年10月由人民文学出版社出版的精华版名著名译的插图本《忏悔录》内封署名"（法）卢梭著、范希衡等译"，第一部内封署名"黎星译、范希衡校"，第二部内封署名"范希衡译"，这个版本终于还原了三十年前的历史原貌。这一小小的拨乱反正，说明人民文学出版社对译者的学术与劳动的尊重，他们是认真的、严肃的，也是实事求是的。

父亲曾经生活的时代已经变成了网络时代，我经常在上面学习知识、搜索信息。我注意到在父亲的名下，不说是有浓郁的芳香，但却始终散发着"竹"的高洁和淡淡清香。像豆瓣读书网上一位在读研究生西蕴写道："尤其应当致谢的就是范任先生，他高深的法文造诣，使《忏悔录》的文化穿越，得以漂亮地实现！"更多的网民评价《忏悔录》："范希衡的译本最好，这样的翻译家现在已经很少了。"他的译本《忏悔录》和《格兰特船长的儿女》现在都是教

图11-7《忏悔录》人民文学出版社，2021

育部门向大中学生推荐的读物，历史的进程没有辜负父亲的期望。

当父亲正准备翻译第二部凡尔纳科幻小说时，接受了人民文学

出版社赵少侯先生的建议，改变了译作方向，从小说走向了外国文学理论的翻译研究。这是个读者面狭小、翻译难度又大的一项工作，从名利讲这个选择绝对是一件吃力不讨好的方向，父亲毫无顾虑为国家需要转到了这项有着重要意义的领域去垦荒。

父亲很清楚《诗的艺术》的形式是和内容密切配合着的，作者以优美的诗句表达着他那斩钉截铁的思想。他在迻译的时候，很踟蹰了一下：如果译成散文，则原文的精神要失去一半；如果译成诗，则中国新诗还没有定式，怎么能达到原文诗句那么整齐、斩截与和谐呢？他苦苦地反复研究思考，最后利用中国传统的七言诗句，双迭着以十四言诗进行了翻译。

他说，《诗的艺术》本身就是一部不易懂透的经典著作，何况以诗译诗。他深知这是一个冒险的尝试，因为中文都是单音字，不免失之于呆板，而且毕竟是翻译，要以"信"与"达"为主，至于节奏的雍容、音律的和谐都谈不上了。他自己就不满意于这尝试的结果，不用说，他是热烈期待着读者的批评和指教的。他希望再度修改时能有原文参考"大作家丛书"版的机会，如果他有这个机会，我相信他会修改得更完美，然而……。

我在网上看到网民对《诗的艺术》的评价："译笔极佳，凭良心说译作中很少看到这样文笔的"；祈尘："任典版本翻译水平很高，难得押韵如此地道"；赛亚人："字字珠玑"；诺亚如鲸："很有意思。关键是，翻译的太牛逼了！"；长风："任老的翻译极为成功，十四言诗完美契合了内容，读来朗朗上口"；惊散楼头飞雪："序言和每章起始处的总结，为我节省了大半的力气"；七年："缪斯附体"，从读者帖子中可见，这些读者并不知道任典、范任、范希衡究竟是谁？他们之间关系？但却对父亲的作品做出了公正评价。

父亲研究了多年的比较文学著作《赵氏孤儿》与《中国孤儿》及伏尔泰的五幕诗剧《中国孤儿》，有着很重要的价值。随着文艺春天的到来，在1979年暑假我冒着酷暑去戈宝权先生家，请他推荐出版这本书，他转给了中国戏剧出版社总编、从事外国戏剧研究与翻译的专家萧曼女士。她很欣赏这本书,并为此书写了初版后记,她写道:"在那年的炎炎夏日里,拜读了范先生力求保持原诗剧风格的韵文体译本,以及治学态度十分严谨、广为旁征博引的译者序,深感这是一部不可多得的译本和学术价值很高的比较文学论文式序言。最早曾经想过在《外国戏剧》季刊上发表,但又觉得杂志不易保存和不可能在一期内登完洋洋十余万言,于是大家认为不如完整地出书为佳。当时戏剧出版社已打印成纸型,终因征订量不足,而未出版。后来,我又忙于自己的工作,疏于对父亲的书出版的关心,至此该书稿又搁置了十年之久,我自感内疚。可幸的是译本的自序《从〈赵氏孤儿〉到〈中国孤儿〉》于1987年至1988年连载在《中国比较文学》杂志第4-5期年刊上。

几经周折这本比较文学研究专著及《中国孤儿》的译本被台湾大学中文系教授、台湾书法家、古典诗人汪中所欣赏,推荐给台湾学海出版社1993年出版,汪中还亲笔为这本书题写了书名。直至今天我们从互联网上还可查到这本书依然是台湾一些大学文科研究生选读书目。遗憾的是,尽管这篇比较文学学术论文被大陆书籍刊物多次转载,然而这样一部脍炙人口的伏尔泰《中国孤儿》的中译本,却很长时间未在大陆出版,于是这部五幕诗剧经历了一波三折之后,又沉睡了四十余年之久。

图11-8《赵氏孤儿与中国孤儿》台湾学海出版社,1993

2010年这部书终于被同好者钩沉,由上海古籍出版社出版,并和大陆读者见面了。后来又被中央编译社列入中法文化交流史,跨文化对话系列丛书中,不幸的是在即将付之黎枣时,被出版社认为书的内容涉及国家现时的民族政策,而未能付印。一部中国渊源的古代文学作品在国际上享有荣耀的比较文学的书籍就这样被牵强附会地取消了出版。

比较文学奠基人之一贾植芳先生为这本书写了序,他视父亲早年的博士论文为中外文学论析的先行者,视这篇"自序"为比较文学在中国重新崛起的经典作品。

贾先生在他的序中倾情地写道:"这篇完稿于 1965 年现在才作为遗作

图 11-9(左)《赵氏孤儿与中国孤儿》上海古籍出版社,2010;图 11-10(右)《赵氏孤儿与中国孤儿》美国华忆出版社,2021

得到发表的《自序》,则应该是范先生对历经劫难又重新崛起的我国比较文学研究事业的一个崭新的高质量的贡献"。他认为:"这些是范先生身在难中仍然矢志不移地忠于所业的历史鉴证。"并感叹地写道:"斯人虽去,业绩长存。范先生在我国比较文学研究事业中的历史功绩,将永为人们所纪念!"从行文的字里行间我感受到了贾先生与父亲之间的深厚的友情。

1990 年天津师大学报第五期孟华先生在他的《'中国孤儿'批评之批评》一文中,指出:"这种只见异不同的一统天下迟至 1987 年《中国比较文学》杂志开始连载范希衡先生的遗作《从赵氏孤儿到中国孤儿》才真正被打破。孟华先生评价范老的文章首先是一篇集大成之作,更是一篇创新之作,作者没有拘泥于两个剧本本文的比较,而是凭借着在中、法文学方面的深厚功底,把两部作品、两位剧作者统统置于历史、社会的大背景下去解读,从而得出了一种大胆的却又立足于严格实证基础之上的新结论:《中国孤儿》沿袭、发展和演变了《赵氏孤儿》。

换句话说,中国渊源作品对《中国孤儿》剧创作的影响是不言而喻的。"孟先生还说,范老的大作在引证了大量史料、事实予以说明后,他读《赵》剧时就感悟到了一种"中国精神,不由得……不把宋元斗争和原主题搜孤救孤合在一起来……"。孟先生认为,我们无法否认范老的研究恰恰实践了汉克斯的理论《文学影响行为还是交互行为》。正因为范先生将接受者伏尔泰作为参与影响的主动因素来研究,他才打破了传统看法而得出了更具说服力的结论。范希衡先生对《中国孤儿》第二部分内容的分析是范先生研究中最为精彩的部分。他所提到的"中国精神"正是原作能激动伏尔泰、而伏尔泰又能感悟原作力量的契合之处。

范老认为伏尔泰所用"中国精神"一词在这里是指戈比尔在《成吉思汗及蒙古朝史》中描绘过的那种精神:一大批抗元的南宋儒臣们所表现出的不屈不挠、舍身救国的精神。这是颇具识见的。范希衡先生认为《赵氏孤儿》在国内外的流传和影响已使它在世界文坛上形成了一个"文学组"。"在这个文学组里,最成功的两部作品显然要数纪君祥的《赵氏孤儿》和伏尔泰的《中国孤儿》。"它是迄今为止"中国文学在国际上享有的,如果不是唯一的,也是最大的光荣。"

为了纪念父亲诞辰115周年暨逝世50周年,2021年这本书又由美国华忆出版社出版,并收入了美国国会图书馆。

从1961年中宣部筹划的我国第二个五年计划中一项重大的文化工程'三套丛书'书目里《圣勃夫文学批评文选》入选,到父亲耗尽心血,完成《圣勃夫文学批评文选》的翻译,向人民文学出版社交付几经修改的译稿时,他深深地吸了一口气,高兴地说:"完成了,终于完成了!",他竭力做到了"四尽"——尽心、尽力、尽善、尽美。只有这时候我才看到父亲的脸上露出了开朗的笑容。他向人民文学出版社交付译稿后,适逢十年动乱,随之就带来的'三套丛书'计划四十年未能及时落实,《圣勃夫文学批评文选》出版计划也就一而再

第十一章　尾声

再而三地被搁置下来。改革开放后'三套丛书'出版计划迟迟未起动，人民文学出版社也就处于等待状态。作为我们子女非常担心这部书稿再被丢失，就将这部稿子从人民文学出版社取了出来。

一个偶然机会在素不相识的法文翻译家胡小跃先生引荐下2005年7月28日《深圳商报》记者写了一篇采访文章，题为《41年，皇皇巨著梦未圆》，文端配有两行黑体字："一部大翻译家编译的法国文学经典译著，为什么放了40年不能付梓？""遗稿的背后封存着什么样的历史隐情？"。这位记者是向出版社呼吁刊行该书，大约是碍于经济效益问题，终究未果。

2005年8月19日法文翻译家胡小跃先生又在《中国图书商报》法国专刊上发表了题为"滴血的杜鹃——记著名法国文学翻译家范希衡先生"文中写道："太多的巧合，让人不敢相信。唯一可以相信的是，范希衡是我国屈指可数的大翻译家之一，他的法文炉火纯青，他的功底深厚。范先生的翻译成就和翻译水平是当今翻译家很难企及的，更重要的是范老先生的翻译态度十分严谨，他的译文经得起比较、挑剔、和推敲，他是以做学问搞研究的方式来进行文学翻译的，因为他知道他翻译的大多是理论性著作，往往一字之误，差之千里。这样的翻译家现在已经不多了，这种翻译精神今天尤其显得可贵。"

在法文翻译家胡小跃先生和马振骋先生的极力推荐下，有了几家出版社独具慧眼，如安徽文艺出版社、北京大百科出版社、北京时代华文书局、上海书店出版社等前来约稿。最终考虑到南京大学是父亲最后教书育人做学问的地方，他的所有手稿也珍藏在南京大学档案馆名人全宗档案中，我最后确定将他的这本译稿托付给南京大学，交由南京大学出版社出版。南京大学校长陈骏教授说："这是范先生留给社会、留给南京大学的一笔珍贵而永恒的精神遗产"。

著名法语翻译家南京大学外国语学院院长许钧教授为这部书作序并深情推荐，以此纪念父亲诞辰110周年。他在《代序》中写道："在这个意义上，我们相信，范希衡先生编选、翻译的这部《圣勃夫文学批评文选》，对于我们这个时代而言，便不仅仅具有学术的参照价值,更有其求真精神的传承价值"。

他还在《代序》中写道:"文艺评论自圣勃夫之后才成为一个专门领域而获得蓬勃发展。范希衡生前译出《圣勃夫文学批评文选》一百二十万字之巨,填补了这个空缺,这些独特的选题透露出译者敏锐而开阔的眼光"。他还在《代序》中写道:"在当时特定的历史背景下,鉴于国内的政治氛围和译者困顿的生活境遇,选编并翻译这样一部字数达一百多万字,而且'涉及范围太广,征引又极赅博'的作品,其难度可想而知,压力不言而喻。而圣勃夫本人变幻多样的语言风格,也为翻译带来了诸多障碍。在这样的条件下,范希衡先生凭借超强的忍耐力、非凡的毅力和高超的翻译水平,一步步推进翻译工作,他在前言中坦言翻译之难,称'求畅达已觉不易,更难说表出神情'。通读全书,我感觉这只是译者的自谦之言,事实上他不仅做到了译文'畅达',更做到了翻译'精彩'。凭借深厚的中文功底,范希衡先生成功地再现了圣勃夫原文的神韵,将原文的语句之美展现到了极致,并融入了鲜明的个人风格,译者语言典雅厚重,译文极具形式美感"。

2016年5月南京大学出版社以精装本隆重推出。当我拿到这部厚重的样书时,那种喜悦无法形容,我端详着这独具匠心的封页设计:在草绿的底色上烫着一颗光芒四射的金星,它寓意着"常青"与"永恒",还有书裙上书写的两句话:"近代文艺批评之父圣勃夫绘制的法国文坛数百年经典作家肖像","法语翻译界元老范希衡先生艰难岁月呕心沥血完成的不朽译作",让我爱不释手,迫不及待翻阅着,对出版社的设计、装帧、印刷毫无挑剔。不少业内人士为此书著文叫好。

近些年来不少人从他的作品中读懂了父亲,读懂了父亲的品格为人、读懂了父亲的学术水平。譬如,中国赋学会会长、中国韵文学会副会长、南京大学中文系教授许结在他的"嘤其鸣矣求其友声——

写在范译《圣勃夫文学批评文选》出版之际[54]"的文中写道:"范先生译著的经典性除了在叙事性文体,如小说与散文体义上见功力,其被学界推誉的还在两个方面:一是理论著作的译介。从范先生所译圣勃夫与波瓦洛的文学批评论著来看,其选择译介对象就具有经典性。例如圣勃夫,他观察敏锐,见解精辟,描写风趣,语言机智,充满个性,为法国历史上众多重要作家绘制出一幅幅生动而有趣的肖像,他把广度与丰富和多样化结合起来的方式几乎是独一无二的。正是这种"独一无二"的方式与"机智生动"的描绘,使译者的鸿篇巨制,既呈现出原有的面貌,而且也彰显了译者的学识广度与理论深度。

范先生又采用大量的'注释'方式加以疏证与解析,则显然与中国传统的学术相契合。二是韵文的译介。在翻译文学中,以诗歌译文最难,这在于韵律与意境。对此,范先生既感喟其难,却又始终不懈地进行探索。在这方面探索颇有甘苦且卓有成效的是他用十四言体翻译《诗的艺术》和《中国孤儿》"。他接着写道,"20世纪是翻译文学风起云涌的时代,精通中外文学的译者进行了各自不同的思考与探索,使翻译文学本身取得了长足的进展,而范希衡先生毫无疑问的是其中的优秀代表。他法文译著中蕴涵的深邃的理论思考和表现的诗意化的慧心,正与其厚实的国文基础有着不可忽略的关联"。朱光潜在评述"桐城的才子是范希衡"时,接着说:"希衡国学基础厚实,在此基础上才能有这种成就"。

许结教授从父亲的不幸遭遇和在遭遇中所做出的成就,看到了父亲潜心译事,毫无'名''利'之心的驱使,接着许结教授在文中写道:"范希衡先生的成绩,是在隐身社会而无人知晓的情境中获得的。古人论治学要平矜释躁,这自与利欲熏心而构建'宏大'的某些研究不可同日而语。如果范希衡先生能多活几年,逢上改革开放后的好时光,作为资深教授又该斩获多少荣誉?可惜历史不能重来,他的平反在生命消失后,荣誉潜藏于悲辛往事中,他是被遗忘的'大师'或'泰斗'。圣勃夫在《月曜日丛谈·原序》附录中写道:"文学在

---

54 许结:中国社会科学院杂志,2017,03,06

法国是不会死亡的。它可能一时如日月之蚀,但时代一承平就立刻会显现出来。人们越是感觉到文学的缺乏,就越会以更多的吸引力回来。""圣勃夫对'文学'的自信,一如范希衡先生对'翻译文学'的自信。五十年后,他的译作冲破了历史的尘封而光耀当今,这幸运,真是耐人寻味。"

从互联网上还可以看到一些细致的读者对父亲的评价,财经杂志公众号有位读者云也退在"将我的灵魂与他们的灵魂相容"——读《圣勃夫文学批评文选》一文中写道:"圣勃夫只求做匠人,做着做着却成了'巨匠'。我掩卷时想,作为翻译家的范希衡,也是一样的经历。我遐想着他的当年:在民国受的语言教育,将生命中最难熬的日子都交给了 19 世纪法国人的书,以高缈的纯文艺的志趣,在一个将文艺二字完全政治化、卑琐化的世界里活着,直到不能再活"。他说:"《圣勃夫文学批评文选》是他 2016 年最喜爱的一本书"。

图 11-11《圣勃夫文学批评文选》,南京大学出版社 2016 年

华东师范大学外国语学院院长法语翻译家袁筱一教授在"与一切时代都同时[55]"的文章中坦率地说,"……被人遗忘的诸如吴达元、郭麟阁、罗大冈等等,这一干人中,还有今天的法语文学翻译和研究界更不熟悉的范希衡。在人生的不同阶段,他们同样不能左右自己的命运,但是他们更多的是保持沉默,做一点翻译和研究的事情。读范先生的译文,即便不多加思忖,也还是要禁不住有些惊讶。从新汉语生成时期过来的这一代译者,文笔多能将艳丽和简洁、理性与激情奇怪地融合在一起,所有的时代印记竟然都是美好的,生动的,完全能够

---

55 袁筱一文汇报,2016-11-23.

接受的，并没有一丁点儿的稚拙和过时。在圣勃夫的批评文选里，他几乎完整勾勒了自龙沙以来的庞大作家群体，从启蒙，到古典，直至他与之并肩战斗、后来又保留了一定距离的浪漫主义，当然还有脱胎于浪漫主义的现实主义。我是在读完了这本圣勃夫文学批评文选之后，完全理解到为什么在六十年代，周扬和戈宝权独独挑了这部圣勃夫的批评文集，又独独挑了已身陷囹圄的范希衡先生来翻译"。

袁教授还提道：在译文前范希衡先生写有很长的前言，在他的前言中显示了与另一类译者的同与不同。"同"在于他的语言，鲜活的，集聚了新生儿般的新语言的能量和活泼。不同却是更重要的：这三万六千余字的前言可能是到目前为止，中国对于圣勃夫的最好的研究结果。范希衡老先生写圣勃夫，用的几乎是和圣勃夫一样的方法，从社会环境、文体的来源一直到个人的气质与生活。但是他的评述绝不是对于圣勃夫个人生活的臆想和虚构，而是基于阅读之上所勾勒的带有主体立场的逻辑之线——浪漫主义之前的古典主义，浪漫主义针对古典主义的态度，圣勃夫与浪漫主义作家，尤其是与雨果之间的亲近，他对浪漫主义的反思，以及由此生成的批评的新方法。范希衡老先生对圣勃夫的价值肯定，正是基于法国文学批评史的，如果说以布瓦洛为代表的古典主义批评在于规则的确立，圣勃夫的批评则是"摆脱了一切教条"，借用圣勃夫自己的话来说，是"与一切时代都同时"。

2016年12月20日袁教授在《新译者访谈》接受界面文化采访时，界面文化问："你最喜欢的翻译前辈是谁？"，袁教授说："我发现，傅雷作为一个译者其实代表了一代人……从个人命运上讲，他成长为一个非常独特的翻译家；但就他的翻译方式、经历、对翻译的认识还有文笔译笔而言，是有一批这样的译者的，他们都是在新文化影响下，用新语言翻译，并将翻译语言融入了现代中国写作的一代人。前几天我在读《圣勃夫文学批评文选》，这是南京大学范希衡老先生的译本，我发现他跟傅雷有惊人的相似性，但是他们各自的道路不同，范老师以学院任教为生，傅雷以翻译为生。现在能超过这批人的还很少，但是他们留下来的著作和译作很可能被忽视了"。不少读者认为这部翻译巨著可谓翻译界的沧海遗珠，是学界和众多读者期待已久的作品。

　　由老一辈文学、翻译家朱光潜、贾植芳、冯至到现在许钧、许结、袁筱一教授及一些读者的记述与评价，已足见他们对父亲的推崇，正切合于父亲的开创性与经典性。

　　父亲被历史尘埃淹没了几十年，生前不幸成了时代的牺牲品，然而今天他却在垦荒中收获，在开拓中发展，他的精神气韵袅袅而升，他的译著六十多年来从未离开过读者的视野，这正是他的作品的经典与社会的认可。现在他的身影渐渐变得清晰而进入读者心中。

　　父亲已经离开了人间半个世纪，但他却还活着，活在人们心中；他的人格和风范、永远是人们学习的榜样，他的博达英灵会在人间永存！

www.ingramcontent.com/pod-product-compliance
Lightning Source LLC
Chambersburg PA
CBHW052046220426
43663CB00012B/2457